Wolfgang Swat

MORD OHNE MÖRDER

Authentische Kriminalfälle aus der DDR

Das Neue Berlin

INHALT

VORWORT

Die Pressefreiheit ist ein Grundpfeiler des demokratischen Rechts-
staats. Das bedeutet, dass wir auch ihre Schattenseiten hinzu-
nehmen haben. Dazu gehört die mediale Ausschlachtung von
Kriminalfällen mit dem Ergebnis, dass das Sicherheitsgefühl der
Bevölkerung vielfach geringer ist als die tatsächliche Kriminali-
tätsbedrohung. Diktaturen pflegen hingegen nicht nur zum Selbst-
schutz einen aufgeblasen Sicherheitsapparat mit zwangsläufig
präventiven Auswirkungen zu unterhalten, sondern auch die
Medien zu instrumentalisieren, um das Sicherheitsgefühl der Bevölkerung nicht zu erschüttern. Dazu bestand in der DDR auch
deshalb Anlass, weil nach der Lehre von Marx, Engels und Lenin
die Wurzel des Verbrechens nicht in der Natur des Menschen,
sondern im kapitalistischen Gesellschaftssystem erblickt wurde,
so dass man mit dessen Überwindung allen Ernstes die Hoffnung
auf Beseitigung der gewöhnlichen Kriminalität verband. Ereigne-
ten sich also in der DDR spektakuläre Straftaten, die man nicht
propagandistisch dem Klassenfeind anlasten konnte, bestand sei-
tens der Staats- und Parteiführung kein Interesse daran, darüber
die DDR-Bevölkerung umfassend mittels der Medien zu informie-
ren. Dies hat nach meiner Einschätzung zu einem zu rosigen Bild
von der Kriminalitätsbelastung in der DDR bei vielen ihrer ehemaligen Bürger geführt. Daher halte ich es für verdienstvoll, dass
Wolfgang Swat durch die Schilderung spektakulärer, vielen DDR-
Bürgern aber unbekannter Kriminalfällen in seinem nun schon
zweiten Buch falschen Vorstellungen über die gewöhnliche Kri-

minalität in der DDR entgegenwirkt. Die Darstellung der Verfahrensverläufe belegt im Übrigen, was der Bundesgerichtshof in einer Entscheidung aus dem Jahr 1994 als »allgemeinkundig« bezeichnet hat, nämlich »dass Richter der DDR, zumal in den letzten Jahren, bei der Aburteilung von Taten der gewöhnlichen Kriminalität, insbesondere von Kapitaldelikten, eine Tätigkeit entfaltet haben, die mit dem Wirken von Richtern in der Bundesrepublik Deutschland insofern vergleichbar war, als unter den gegebenen Bedingungen die Verwirklichung von Gerechtigkeit angestrebt wurde.« Auch hätten »die Staatsanwälte der DDR bei der Ahndung gewöhnlicher Kriminalität mitgewirkt und damit zum Schutz der Menschen vor solcher Kriminalität beigetragen.« Daher besteht das weitere Verdienst dieses Buches darin, aus dem Westen stammenden Lesern zu vermitteln, dass Kriminalisten, Staatsanwälte und Richter in der DDR nicht nur politisch agiert, sondern auch anerkennenswerte Strafverfolgung betrieben haben.

Dr. Erardo C. Rautenberg
Generalstaatsanwalt des Landes Brandenburg

Der Schlag hinter die Ohren ist kräftig. Er führt zur Bewusstlosigkeit. Dann der Schnitt mit dem Messer durch den Hals. Das Blut fließt stoßweise im Rhythmus der letzten Herzschläge. Der Junge ist neun Jahre alt, als er dem Kaninchen den Garaus machen muss, weil ihm die Erwachsenen das befohlen haben. Monatelang hatte er das Tier gefüttert, hatte es gestreichelt und sich an sein weiches Fell gekuschelt. Jetzt fühlt er das warme Blut auf seiner Hand.

Am Sonnabend, dem 31. Mai 1969, verschwinden in Eberswalde die Kinder Roman und David. Die Jungs sind dicke Freunde, gehen gemeinsam zur Schule und wohnen mit ihren Eltern in einem Haus als unmittelbare Nachbarn zusammen. Wie so oft haben sie sich verabredet, um mit den Fahrrädern durchs Wohngebiet und die umliegenden Wiesen und Wälder zu stromern. Sie können es kaum erwarten, dass die Eltern sie vom Mittagstisch entlassen.

Die Stadt, 50 Kilometer von Berlin entfernt, wurde im Zweiten Weltkrieg vor allem im Zentrum schwer zerstört. Der Wiederaufbau erfolgt in der DDR nur schleppend, stattdessen entstehen an der Peripherie neue Stadtteile in Plattenbauweise. Durch den Zusammenschluss mit dem Städtchen Finow und den Zuzug Tausender Arbeitskräfte für die wachsende Schwerindustrie, den Eisenbahnwaggonbau und die Forstwirtschaft hat sich die Einwohnerzahl mit 50 000 zu Beginn der 70er Jahre fast verdoppelt. Dennoch bleibt der Stadt inmitten des Eberswalder Urstromtals seine landschaftliche Idylle mit vielen Wäldern und kleinen Seen ganz in Stadtnähe erhalten. Für Kinder ist es eine herrliche Erlebnis- und Abenteuerwelt, in der sie sich fern von städtischen Verkehrsgefahren frei bewegen können.

Roman und David wollen am Vorabend des Kindertages allein sein. Ihre Altersgenossen treffen sie am Abend beim Fackel- und

Lampionumzug, doch jetzt brauchen sie keine Spielgefährten. Die Höhle, die sie bauen wollen, soll ihr Geheimnis bleiben.

Als die ansonsten stets pünktlichen Freunde nicht zwischen 18 und 19 Uhr zu Hause eintreffen, werden die Eltern unruhig. Sie beginnen mit der Suche nach ihren Söhnen, befragen Mädchen und Jungen der Umgebung, schauen in alle Ecken des Wohngebietes. Kinder berichten den Eltern, dass sie Roman und David am Nachmittag im Bereich der Drehnitzwiesen am sogenannten »Franzosenbunker« gesehen haben. Der besteht aus den Resten eines einstigen Lagers für französische Kriegsgefangene, die in den beiden letzten Kriegsjahren in Eberswalde für die Hitlersche Kriegsindustrie schuften mussten. In der hereinbrechenden Dunkelheit bleibt die Suche nach den Kindern vergebens.

Als die Vermissten um 22 Uhr immer noch spurlos verschwunden bleiben, alarmieren die Eltern, die inzwischen der Panik nahe sind, die Kriminalpolizei im Volkspolizeikreisamt Eberswalde. Der diensthabende Offizier nimmt das Verschwinden durchaus ernst. Dennoch versucht er, die Eltern zu beruhigen. Der Polizist weiß aus Erfahrung, dass die meisten Ausreißer schon nach kurzer Zeit wieder zu Hause auftauchen. Roman und David aber haben keinen Grund, sich zu verstecken. In der Schule gab es keinen Ärger, und auch daheim haben sie wegen eventueller Streiche nicht mit Stubenarrest oder anderen Strafen zu rechnen.

Die Aufnahme der Anzeige erfolgt nach einem standardisierten Protokoll: Wer wird vermisst? Wo wohnt die Person? Wer sind die Eltern oder Angehörigen? Die Personenbeschreibung wird sachlich-kühl aufgenommen: Alter, Größe, Gestalt – sportlich, untersetzt, schlank, schwächlich. Das gleiche Muster gilt für Farbe, Form, Fülle und Schnitt des Haares, Farbe und Form der Augen, Aussehen und Auffälligkeiten im Gesicht, Besonderheiten beim Gehen und Laufen. Informationen über Freunde, Bekannte und Verwandte werden eingeholt. Es ist ein bürokratischer Akt mit vielen Fragen, der Angehörige eher verunsichert als dass er ihnen die Angst nimmt. Polizeiintern wird die Suchmeldung nach den Kindern verbreitet, Streifenpolizisten bekommen die Personenbeschreibung in die Hand.

Die Hoffnung, dass die Kinder von selbst wieder heimkehren, erfüllt sich nicht. Ab Wochenbeginn rechnen Eltern und Kriminalisten mit dem Schlimmsten, von Tag zu Tag wachsen die Befürchtungen. Trotz aufwändiger Suche durch Bereitschaftspolizei, Feuerwehr, freiwillige Polizeihelfer und Kampfgruppen der Betriebe findet sich weder in der Stadt noch in den Wäldern, an Seen oder in den Gewässern, die mit Tauchern abgesucht werden, auch nur der kleinste Hinweis. Einheiten der Roten Armee, die in Eberswalde stationiert sind, beteiligen sich mit Menschen und Technik am Boden und aus der Luft an der Aktion. Lautsprecherwagen kurven durch die Straßen und verbreiten die Vermisstenmeldung. Die Stadt ist nun völlig aus dem Alltag gerissen. In dem Maße, wie die Diskussionen über die ergebnislose Suche nach den Kindern unter der Bevölkerung hitziger werden, schwindet die Hoffnung, dass sie noch leben. Zwölf Tage sind seit dem Verschwinden vergangen.

Am 13. Tag wird aus dem Vermissten- ein Mordfall. Ein Forstarbeiter findet auf dem Weg zur Arbeit, einem Holzeinschlagplatz nördlich der Bahnstrecke, die von Eberswalde nach Berlin führt, auf einer kleinen Lichtung die Leiche von David. Trotz der bereits fortgeschrittenen Verwesung erkennt er den Jungen sofort. Er hat die Suchmeldung der Polizei gelesen, die tags zuvor im *Neuen Tag*, der regionalen SED-Zeitung für den Bezirk Frankfurt (Oder), veröffentlicht worden war. Neben den Namen und den Personenbeschreibungen waren die Fotos der beiden vermissten Kinder abgedruckt. Eilig holt der Holzfäller seine Kollegen zur Fundstelle. Dass es Mord ist, daran zweifeln die Männer nicht. Der Körper des schmächtigen Jungen ist voller Blut, am Hals klafft eine Schnittwunde bis hinauf zum Ohr. Umsichtig sperren sie den Tatort ab, rühren nichts an, auch nicht das Fahrrad, das abseits im Gebüsch liegt. Vom nahe gelegenen Forsthaus aus benachrichtigen sie die Polizei. Der Tatort ist vom Mörder gut gewählt, er ist durch das dichte Unterholz und den in diesem Waldabschnitt durchnässten, stellenweise sogar moorigen Boden nur schwer erreichbar und kaum einzusehen. Es ist kein Ort für Spaziergänger oder Pilzsucher.

David ist gefunden, sein Freund Roman noch nicht. Doch niemand zweifelt mehr daran, dass auch er ermordet wurde. Am nächsten Tag durchkämmt eine Hundertschaft der Bereitschaftspolizei den Wald links und rechts der Bahnstrecke. Die Uniformierten müssen nicht lange suchen. Knapp 300 Meter von David entfernt finden sie die zweite Leiche. Sie ist noch schlimmer zugerichtet, selbst die hartgesottenen Gerichtsmediziner müssen sich bei der Leichenschau überwinden. Der Körper ist von Maden zerfressen und stark verwest. Der Kopf ist vom Rumpf getrennt. Dass der Täter auch hier den Hals durchtrennt hat, ist mehr zu erahnen als sicher zu diagnostizieren. Die Körper der Opfer weisen im Brustbereich Stiche und Schnitte von einem scharfen Messer auf, die schmerzhaft für die Kinder waren, aber nicht tödlich. Bei Roman ist der Latz der kurzen Kunstlederhose aufgeknöpft.

Der Doppelmord an zwei Kindern schockiert die Bevölkerung in Eberswalde. Und er schreckt über die Kreisstadt und den Bezirk hinaus die Partei- und Staatsführung auf. Die ständige MUK Frankfurt (Oder) wird mit Spezialisten aus anderen Bezirken der DDR verstärkt. Auch das MfS schaltet sich mit seinen Kriminalisten in die Aufklärung des Doppelmordes ein.

Die Arbeit wird in mehrere Komplexe aufgeteilt. Die Ermittlungsgruppe »Tatort« konzentriert sich vor allem auf Personenbewegungen auf Feld- und Waldwegen, die zu den kleinen Lichtungen führen, auf denen die Leichen gefunden wurden. Die liegen immerhin fünf Kilometer vom Wohngebiet der Opfer entfernt. Die Kripo geht davon aus, dass der Mörder mit einem Fahrrad, vielleicht auch mit einem Moped unterwegs war. Wochenlang beobachtet sie die Gegend. Wer angetroffen wird oder als eifriger Waldgänger bekannt ist, wird verhört. Wer kein Alibi hat, ist verdächtig. Selbst der Waldarbeiter, der David gefunden hat, muss sich bohrende Fragen gefallen lassen.

Die Ermittlungsgruppe »Opferkreis« konzentriert sich auf die Elternhäuser der getöteten Jungen und alle Verbindungen, die bestehen. Neben Eltern, Verwandten und Bekannten gehören dazu auch die Kinder in den Schulen und im Wohngebiet. Von ihnen erhoffen sich die Ermittler Hinweise auf den Unbekannten, der sich in den Wäldern aufgehalten oder sich den Jungen im Wohngebiet genähert hat. Alle Gespräche werden protokolliert. In der Auswertungsgruppe häuft sich das Papier.

Hier werden die Aussagen miteinander verglichen, auf Ansatzpunkte und Widersprüche geprüft. Vielversprechend sind Hinweise auf den sogenannten »20-Mark-Mann«. Der soll Kindern in der Zeit vor den Verbrechen und auch noch danach 20 Mark geboten haben, damit sie mit ihm mitgehen. Die Beschreibungen der Mädchen und Jungen ergeben jedoch kein einheitliches Bild.

Andere Spezialisten richten ihr Augenmerk auf den Kreis der in der Gegend bekannten Straftäter und Kriminellen. Sie fischen alle wegen Gewaltverbrechen, Unzucht, gewaltsamer Sexualdelikte oder Tötungsverbrechen mit Messern Vorbestraften aus den entsprechenden Täterkarteien heraus. Auch Wilddiebe sowie psychisch Kranke, die zu Gewalt neigen, werden überprüft.

Die Ermittler im vierten Komplex suchen all jene auf, die sich aus beruflichen Gründen oder wegen ihrer Hobbys in den Wäldern und an den Seen, vor allem am Großen und Kleinen Schwärzesee, bewegen, die in der Nähe der Tatorte liegen. Zeltler, Angler, Wasserwanderer und Wassersportler gehören dazu, aber auch Ornithologen, Förster und Waldarbeiter.

Der Aufwand ist riesig, die Ergebnisse zum Verzweifeln. 328 Spuren verfolgen die Kriminalisten der MUK und die Ermittler des MfS. Darunter sind zahlreiche Hinweise aus der Bevölkerung, die sensibilisiert und verängstigt ist. Ein junger Mann macht die Polizei auf Schulhefte und Bekleidungsstücke aufmerksam, die er im Bereich der Drehnitzwiesen entdeckt hat. Eine heiße Spur wird daraus nicht. Alle Ermittlungen enden in einer Sackgasse.

Mit Dr. Dr. Hans Szewczyk wird schließlich sogar ein Diplompsychologe als Profiler in die Suche nach dem Mörder einbezogen. Der Dozent und Oberarzt von der Charité in Berlin ist Chef der DDR-Leitinstitution für Forensische Psychiatrie, auf seinem Gebiet eine Kapazität von internationalem Ruf. Er soll anhand der Spuren am Tatort, der Verletzungen der Opfer und dem daraus resultierenden möglichen Tatablauf Schlüsse auf den Charakter des Mörders ziehen.

Für die DDR ist das in den USA bereits praktizierte Profiling Neuland. Es ist anzunehmen, dass Szewczyk der erste Profiler in der gesamtdeutschen Kriminalgeschichte ist. Die leicht geöffnete Hose bei Roman könnte auf ein Sexualdelikt hinweisen, überlegt Szewczyk, selbst wenn es für einen sexuellen Missbrauch oder eine Vergewaltigung keine klassischen Anzeichen gibt. Die aus medizinischer Sicht geringfügigen Stich- und Schnittverletzungen sowie die Halsschnitte könnten auf sadistische Veranlagung hinweisen, wobei das Quälen der Opfer dem Täter höchste sexuelle Befriedigung verschafft. Der Profiler glaubt, dass es sich um einen noch jungen Mann handeln könnte, der vermutlich in geordneten sozialen Verhältnissen lebt. Weil Sadismus in seiner sexuellen Ausprägung nicht heilbar ist, besteht hohe Rückfallgefahr.

Der Mörder von Roman und David ist demnach eine tickende Zeitbombe, die jederzeit neue Opfer fordern kann. Wer diese Einschätzung kennt, kann kaum noch ruhig schlafen, denn die MUK steht vor einem ungelösten Rätsel. Das Ermittlungsverfahren wird Ende des Jahres 1969 aus Mangel an weiterführenden Ansätzen für die Aufklärung des Verbrechens gemäß Strafprozessordnung vorläufig eingestellt.

Trotzdem zieht in Eberswalde nach und nach wieder Normalität ein. Angst und Vorsicht der Elten ebben langsam ab. Sie lassen ihre Kinder wieder in den Wohnkomplexen von Eberswalde-Finow spielen, die Wälder und Seen erforschen, Buden und Bunker bauen. Mit der Zeit verblasst die Erinnerung an das Verbrechen an Roman und David. Vielleicht ist der Mörder gestorben? Oder er hat die Region aus Angst vor Entdeckung verlassen?

Der Schein trügt. Der Sadist ist bei bester Gesundheit und lebt weiter mitten unter ihnen. Die Angst, dass ihm die Kripo auf der Spur sein könnte, ist gewichen. Er hat getestet, ob man ihn verdächtigt, als er während der Fahndung der Polizei den Tipp mit den Schulbüchern und der Kinderbekleidung im Bereich der Drehnitzwiesen gab. Dennoch meidet er die nähere und weitere Umgebung des Tatortes, ist auch nicht auf dem Friedhof, als die ermordeten Kinder zu Grabe getragen werden. Der junge Mann lebt nach außen hin ein normales, unauffälliges Leben. Die Tatwaffe bewahrt er als Trophäe auf. Sie erinnert ihn an Roman und David, denen er mit dem Messer Schmerzen zugefügt und den Hals aufgeschnitten hat. Allein die Gedanken an seine Taten verschaffen ihm sexuelle Befriedigung. Doch bald schon beginnt es in seinem Kopf erneut zu rumoren.

Nachts und manchmal sogar am Tage sucht ihn ein Traum heim, der für jeden anderen ein schlimmer Albtraum wäre. Einzelne Bilder formen sich nach und nach zu einem perversen Ganzen. Der Traum versetzt ihn in die Zeit des Faschismus. Er ist Adjutant von Hitler und besitzt eine erstklassige Uniform mit vielen Orden. Seine Aufgabe ist es, in einem unterirdischen Kinder-KZ Knaben und Mädchen zu quälen und zu ermorden. Auf all seinen Wegen wird er von einem 14 Jahre alten, nackten Mädchen begleitet. Er küsst und liebkost es, aber mehr passiert nicht. Das unterirdische Gefangenenlager befindet sich in einem großen Waldgebiet. Die Kinder im Alter ab sechs Jahren, die von Kinderfängern herangeschleppt werden, haben es zunächst gut. In den verzweigten Bergwerksstollen ist es warm. Jedes Kind hat ein eigenes Bett, ist gut gekleidet und bekommt genug zu essen. In den Träumen des Mörders enden sie jedoch alle in der Folterkammer. Dort gibt es verschiedene Bereiche: Peitschenkammer, elektrische Kammer, Messerkammer, chemische Kammer, Pistolenkammer, Verbrennungskammer und eine Kammer mit mittelalterlichen Folterinstrumenten. Dreimal am Tag finden Appelle statt. Die Jungen und Mädchen sind nackt. Er sucht die Hübschesten aus, um sie dann in den einzelnen Kammern auf sadistische Art und Weise zu quälen und zu töten.

Wenn der Mörder morgens aus diesem Traum erwacht, ist er erschöpft und zufrieden zugleich. Die Schlafanzughose ist nass vom Samenerguss.

Der Mann, der von derartigen Wahnvorstellungen heimgesucht wird, vertraut sich keinem Menschen an. Bald reichen ihm der Anblick des Messers und die Erinnerung an die Morde nicht mehr. Er geht auf die Jagd und sucht sich Kinder, die er wie in seinem Traum töten will. Der Drang ist unwiderstehlich. Er durchstreift die Eberswalder Forste in der Umgebung von Spechthausen und den Drehnitzwiesen. Was er im Schutz der Wälder treibt, bleibt verborgen.

Bis zum 9. Oktober 1971.

Zum wiederholten Mal geht der Täter auf die Suche nach Jungen, für die er sich mittlerweile ein Idealbild zurechtgelegt hat. Sie müssen zwischen sechs und vierzehn Jahre alt sein, und er legt Wert auf einen schönen Gesichtsausdruck, gut angelegte Ohren, sauber geschnittene Haare und gepflegtes Äußeres. Sie sollen einen kindlichen, süßen Mund haben und insgesamt einen lieblichen Eindruck machen. Ein solches Opfer will er finden und töten.

Mit diesem Vorsatz verlässt der Mörder, bekleidet mit schwarzen Halbschuhen, einer schwarzen Hose mit weitem Schlag und einer gleichfalls schwarzen Lederjacke aus Knautschlack mit einem hellen Webpelzkragen, gegen 15 Uhr die Wohnung. Der 9. Oktober ist ein Sonnabend. Das Wetter ist schön, und viele Kinder spielen im Freien. In der Hose steckt in einem Futteral das Messer mit feststehender Klinge. Lässig hat der Mann einen Plastikbeutel in der Hand. Er sieht aus wie ein Pilzsammler.

Im Bereich der Drehnitzwiesen bemerkt er drei Kinder. Es sind zwei Jungen und ein Mädchen im Alter von elf und zwölf Jahren. Das ist zwar nicht ideal, vor allem das Mädchen stört. Doch ihm wird schon etwas einfallen. Die Kinder heben eine Grube aus. Der jüngere der beiden Knaben in Turnhemd und Turnhose entspricht seinem Schönheitsideal und verursacht bei ihm ein heftiges Ziehen in der Lendengegend.

»Was macht ihr da?«, fragt er freundlich.

»Wir bauen eine Bude«, bekommt er ohne Scheu von den Kindern zur Antwort. »Da baut mal schön weiter«, ermuntert er sie und setzt seinen Weg fort. In der Zwischenzeit sind mehrere Personen näher gekommen, und außerdem schätzt er das Risiko, seinen »Liebling« aus der Gruppe herauszulösen, als zu hoch ein.

Der vermeintliche Pilzsucher bleibt rastlos. Zwei Stunden später trifft er an einer Müllkippe auf eine andere Gruppe von Kindern. Es sind wieder zwei Jungen und ein Mädchen. Sie laden Steine von einem Handwagen ab und werfen die Klamotten auf die Kippe. Der Mörder sieht ihnen zu, während er am unteren Kippenrand steht und mit dem Messer die Sehne von einem zerbrochenen Federballschläger abtrennt. Sie kommen miteinander ins Gespräch und veranstalten eine wilde Schlacht mit umherliegenden alten Fahrradreifen. Dabei gerät die Gruppe außer Puste. Jetzt lässt es sich gut mit den Kindern reden, beispielsweise über Judo. Der Mann bietet den Jungs an, ihnen ein paar Griffe zu zeigen. Er hofft, spielerisch die Gruppe zu sprengen und doch noch töten zu können. Vor allem der Kleinere der beiden Knaben hat es ihm angetan.

»Komm her, ich zeig dir einen richtigen ›Schwitzkasten‹«, fordert er ihn auf. Der Junge nähert sich ihm ohne Scheu. Der Mörder nimmt das Messer aus der Scheide und rammt es – in einen Baum. Es ist das Mädchen, dem es schließlich zu unheimlich wird. Die Elfjährige will nach Hause – und zwar mit ihrem Bruder und dessen Freund. Das rettet den Kindern das Leben.

Enttäuscht, wütend und hoffnungslos macht sich der schwarz gekleidete Mann mit dem hellen Webpelz auf dem Jackenkragen auf den Weg nach Hause. Innerlich flucht er über seine Erfolglosigkeit.

Der Heimweg führt ihn durch einen Garagenkomplex. Ganz am Ende hört er Geräusche. Auf einem Bretterstapel sieht er einen Jungen, der einige Stücke nach unten wirft, wo ein anderer das Holz aufliest.

»Was soll das? Komm runter, das ist verboten«, ruft er ihnen zu. Erschrocken darüber, dass sie ertappt wurden, sprengen die Freunde auseinander. Kai, der ein Jahr ältere, flüchtet ins nahe liegende Wohngebiet. Ronny, der vom Bretterstapel springt, rennt im Zickzack über die Drehnitzwiesen Richtung Wald. Der zwölf Jahre alte Junge hat gegen seinen Verfolger keine Chance. Der schneidet ihm den Weg zu den Wohnblöcken ab und damit die Möglichkeit zu entkommen.

»Bleib stehen, sonst passiert was«, schreit er den Flüchtigen an. Schließlich erreicht er sein Opfer, packt es am Kragen und lässt nicht mehr los. Jäger und Gejagter sind außer Atem. Der Mörder geht geschickt vor. Er will das Vertrauen des niedlichen Jungen gewinnen, fragt ihn nach Name und Alter, nach Eltern und Geschwistern und was er mit den Brettern vorhatte.

»Eine Bude bauen«, antwortet Ronny. Der Junge hat sich tatsächlich beruhigt und ist sogar bereit, dem Erwachsenen die ausgehobene Grube zu zeigen, die 200 Meter entfernt am anderen Ende des Wäldchens liegt. Unbefangen klettert das Kind hinein, um zu zeigen, wie sie mit Brettern abgedeckt und mit Zweigen getarnt das geheime Versteck werden soll.

Jetzt ist die Mausefalle zugeschnappt, nun entkommt er mir nicht mehr, freut sich der Täter und lächelt genießerisch. Scheinbar interessiert springt auch er in das Erdloch.

»Tja Ronny, das mit den Brettern ist Diebstahl. Ich muss es der Volkspolizei melden, oder, wenn du das nicht willst, deinen Eltern«, setzt er den Zwölfjährigen unter Druck. Der will weder das eine noch das andere.

»Wenn du mir einen Gefallen tust, kann ich natürlich auch alles vergessen. Das muss aber unsere Geheimnis bleiben«, macht er ihm Mut. »Es ist auch nicht schlimm. Du ziehst dich aus, und ich sehe dich ein bisschen an.«

Ronny streift in seiner Not die Trainingshose bis zu den Kniekehlen hinunter, dann die Turnhose und nach einigem Zögern auch die Badehose. Er schämt sich, als der Unbekannte ihn mustert und an das Geschlecht fasst. Dann schiebt er das entblößte Kind bäuchlings auf den Grubenrand, so dass die Beine in der Luft baumeln, und versucht, in den Jungen einzudringen. Das missglückt, was die sexuellen Gelüste nur noch steigert und das Rumoren im Kopf verschärft.

Ich will und ich muss ihn töten, steht sein Entschluss fest. Der Triebtäter fordert Ronny auf, sich anzuziehen und vor ihm her tiefer in den Wald zu gehen. Der Junge versucht zu fliehen. Der Mörder reißt sein Opfer an der Schulter herum, schlägt dem Jungen die Faust ins Gesicht und stößt das Messer in Brust und Rücken.

Die Stiche schmerzen entsetzlich, doch sie sind nicht tödlich. Jede Verletzung, die der Verrückte dem Kind zufügt, steigert sein Lustempfinden. Sein Glied ist hart. Und er will quälen und töten. Ronnys Schreie kann niemand hören. Mit dem Daumen drückt ihm der Täter die Luftröhre zu. Der Junge geht stöhnend zu Boden. Sein Zucken erinnert den Kinderfänger an Fische, die man aufs Trockene geworfen hat. Er packt sich sein schwer verletztes Opfer wie ein erlegtes Tier über die Schulter. Zuvor hat er den Kragen der Jacke hochgeschlagen, damit das Blut nicht den schönen hellen Pelzkragen versaut.

Sein Ziel ist eine Lichtung inmitten des Waldes. Auf Lichtungen fühlt er sich am Wohlsten. Die umstehenden Bäume schützen vor zufälligen Pilzsuchern und sind Orte, an denen er sich zur Ekstase bringen kann. Wie ein Besessener sticht der Mörder erneut auf den Jungen ein, der mit letzter Kraft noch einmal dem Häscher entkommen will. Ein langgezogener Schmerzensschrei ist das Letzte, was aus Ronnys Kehle kommt. Der Sadist hat ihm das Messer an den Hals gesetzt und es mit aller Kraft durchgezogen. Pulsierendes, warmes Blut fließt über seine Hände, Samen ergießt sich in die Hose.

Kritisch betrachtet er das Messer in seiner Hand. Es scheint ihm stumpfer zu sein als sonst. Die Klingenspitze fehlt. Er zündet ein Streichholz an und findet sie. Das abgebrochene Messerteil steckt er in die Hosentasche, das abgebrannte Zündholz zurück in die Schachtel. Keine Spuren sollen ihn verraten.

Die sexuelle Erregung ist noch immer nicht abgeklungen. Er will vollenden, was er sich in seinen Träumen immer wieder vorgestellt hat, und greift in die Hose des Opfers, um ihm die Genitalien abzuschneiden. Das entfernte Hecheln eines Hundes hindert ihn daran, sein perverses Vorhaben zu vollenden. Aus Furcht, dass ihm die Polizei schon auf der Spur ist, sucht der Mörder das Weite. Auf Umwegen nähert er sich seiner Wohnung. In der Nähe des Westendstadions landet das Messer samt Spitze im Gebüsch und wird nie gefunden.

Es ist kurz vor halb acht Uhr abends, als der junge Mann die Wohnungstür aufschließt. Seine Eltern sind auf einer Veranstaltung des Betriebes der Mutter. Dort wird der 22. Jahrestag der Deutschen Demokratischen Republik würdig und ausgelassen nachgefeiert. In aller Ruhe kann er die Spuren der Tat beseitigen. Das Wasser im Waschbecken wird rot, als es über Hände und

Arme fließt. Gewissenhaft wird die Lederjacke abgewischt und geprüft, ob Blut auf dem Kragen ist. Das Taschentuch, das er sich zur Vermeidung von Fingerabdrücken beim Zudrücken am Hals des Opfers um die Hand gebunden hatte und das ebenfalls voller Blut ist, geht im Ofen in Flammen auf. Der inzwischen wieder hergerichtete biedere Bürger schmiert sich zum Abendbrot zwei Stullen, schaut im DDR-Fernsehen das letzte Stück der »Aktuellen Kamera« und im Westfernsehen einen Spielfilm. Dann zieht er sich in sein Zimmer zurück, hört Schlager vom Tonband und denkt über die Tat nach. Angst vor Entdeckung paart sich mit dem Bedauern über den Verlust des Messers, der Trophäe. Es hätte ihm bei der Erinnerung an das Abschlachten seines dritten Opfers im Wald von Eberswalde sexuelle Befriedigung verschafft. In den nächsten Tagen will er sich ein neues kaufen. Allerdings gibt es in keinem Geschäft ein gleich aussehendes Stück.

Ronnys Leiche wird nach einer groß angelegten Suchaktion am 11. Oktober 1971 gegen zehn Uhr im Wald an den Drehnitz-wiesen gefunden. Gut zwei Stunden später treffen die Kriminalisten der MUK aus Frankfurt (Oder) an dem bereits gesicherten Fundort ein. Schon bei der ersten Inaugenscheinnahme sind die Ermittler überzeugt, dass der Mörder von Roman und David wieder zugeschlagen hat. Die Leiche liegt auf einem Moospolster mit einer dicken Schicht Kiefernnadeln. Vier Bäumchen säumen das Opfer, das bis auf eine fehlende Sandalette vollständig beklei-det ist. Die Oberbekleidung ist vom Nabel ab nach oben ver-rutscht und voller Blut. Am Hals klafft vom Kinn bis zum rechten Ohr eine breite, verkrustete Wunde. Ein Halsschnitt wie bei Ro-man und David. Die Kriminaltechniker, die wie üblich den Tatort Zentimeter für Zentimeter absuchen, finden an den Ästen der Bäume, unter denen die Leiche liegt, sowie an der Trainingshose des toten Kindes Fasern. Die Fusseln können die Kriminalisten nicht zum Täter führen, doch sie können einen Tatverdächtigen überführen.

Auf welche grauenvolle Art und Weise Ronny abgeschlachtet wurde, macht die Obduktion der Leiche durch Gerichtsmediziner der Humboldt-Universität Berlin deutlich. Neben dem Halsschnitt stellen die Obduzenten 23 Stichverletzungen in Kopf und Oberkörper fest. Drei Stiche haben den Brustkorb geöffnet, drei den Schädelknochen durchstoßen, drei sind tief in den Hals eingedrungen. Ronny ist an den vielfachen Stichverletzungen und dem Halsschnitt verblutet.

Die MUK des Bezirkes Frankfurt (Oder) quartiert sich wie vor mehr als zwei Jahren erneut in Eberswalde ein. Spezialisten aus anderen Teilen der Republik, vor allem aus den angrenzenden Bezirken Potsdam, Neubrandenburg und Cottbus, stoßen dazu. Und wie schon nach den Morden im Mai 1969 widmen sich Ermittlungsteams den bekannten Arbeitsgebieten: Tatort, Personenbewegungen, Gewalttäter, Berufsgruppen, die speziell mit der Tötung von Tieren zu tun haben wie Fleischer und Jäger.

Sechs Tage nach dem Mord wird auch der Psychologe Dr. Dr. Hans Szewczyk von der Charité Berlin erneut um Mithilfe als Profiler gebeten. Auf seine Bitte hin werden ihm zwei weitere Experten zur Seite gestellt. Sie studieren vor allem den Fall des Serienmörders Jürgen Bartsch. Der hatte in der Bundesrepublik in der Nähe von Wuppertal zwischen 1962 und 1966 vier Jungen im Alter zwischen acht und dreizehn Jahren sadistisch gequält, sexuell missbraucht und bestialisch getötet. Auffallend bei Bartsch waren die pädophilen Neigungen, die deutlich sadistische Züge trugen. Bartsch war bei seinen Taten zwischen fünfzehn und neunzehn Jahre alt. Er hatte seine Opfer in einen Bunker gelockt und sie gezwungen, sich zu entkleiden. Dann missbrauchte er sie sexuell, tötete sie und zerstückelte die Leichen. Die Profiler um Szewczyk empfehlen nach dem Studium der Akten über Bartsch und aus den Erkenntnissen nach den nunmehr drei Morden in Eberswalde heraus, nach jungen Männern zu suchen, die es auf kleine, blonde Jungen abgesehen haben.

Aus der Bevölkerung gehen Hunderte Hinweise ein. Hinzu kommen die Ergebnisse aus den Ermittlungsgruppen. Mehrere Teams sind in Schulen und Kindergärten unterwegs und sprechen mit Knaben, die nach Aussehen und Alter dem Idealbild des Täters entsprechen könnten. Wieder wachsen die Aktenberge in der Auswertungsgruppe, und wieder sind die Ergebnisse niederschmetternd.

Erst die Spur 1357 bringt den Durchbruch. Der Sohn eines Biologielehrers berichtet nach langem Schweigen von einem Erlebnis im Winter 1968. Während einer Skifahrt im Gebiet der Drehnitzwiesen sei er damals von einem Jugendlichen angesprochen worden, den er schon mal gesehen hatte, weil der Aufsichtsschüler in der Schule war. Der etwas dickliche große Junge habe ihn zu einer Skifahrt durch den Wald überredet. Während einer Pause habe er ihn auf einer Waldlichtung zu Boden geworfen, ihm die Hose geöffnet und ihn »da unten« angefasst.

»Das hat ganz schön weh getan«, berichtet er den Kriminalisten, die ihn befragen. Dabei habe der Jugendliche ein Messer in den Boden gesteckt und gedroht, ihn auf der Stelle zu erstechen, wenn er seinen Eltern auch nur ein Sterbenswörtchen sagt.

Fast drei Jahre hat der Lehrersohn aus Furcht und Scham geschwiegen, nun führt er die Polizei zum Täter. Er kennt zwar dessen Namen nicht, weiß aber, wo er wohnt. Einmal hat er ihn am Fenster eines Hauses im Eberswalder Stadtteil Westend gesehen. Am 12. November 1971 wird der 19 Jahre alte Koch Erwin Hagedorn aus Eberswalde-Finow verhaftet. Er ist der Junge, der mit neun Jahren ein Kaninchen schlachten musste, das er gefüttert und gestreichelt hatte und dessen Blut über seine Kinderhände gelaufen war. Schon bei seiner ersten Vernehmung gesteht er die Morde an den Kindern Roman, David und Ronny. Bei der Durchsuchung der Wohnung wird unter anderem die Knautschlederjacke mit dem aufgesetzten Kragenpelz sichergestellt. Die Fasern sind mit denen von den Bäumen am Tatort und an Ronnys Kleidung identisch.

Erwin Hagedorn ist vom Augenblick seiner Festnahme an kooperationsbereit. Als das Ministerium des Innern der DDR einen Lehrfilm für die Kriminalistenausbildung über die Morde in Eberswalde drehen lässt, fühlt sich Hagedorn als Hauptdarsteller sichtlich wohl. Er bringt lustvoll sein schauspielerisches Können ein, das er sich als Mitglied des Arbeitertheaters des Reichsbahnausbesserungswerkes »8. Mai« in Eberswalde erworben hat. Bei der psychiatrischen Begutachtung in der Berliner Charité plaudert er munter drauflos. Ist eine Sekretärin bei den Gesprächen dabei, achtet er darauf, dass diese beim Aufschreiben seiner Aussagen mitkommt. Er sitzt in lockerer Haltung den Psychiatern gegenüber, schlägt gemütlich die Beine übereinander, wippt mit den Füßen, bedient sich ohne Scheu aus der angebotenen Zigarettenschachtel. Aus seiner Sicht unsinnige Fragen kontert er schon mal mit einem empörten »Denken Sie, ich bin doof?«.

Die Gutachter schätzen nach Abschluss der Untersuchung ein: »Seine Haltung war die eines Kronprinzen, der sich seiner Bedeutung voll bewusst war.« Nur einmal verweigert Erwin – er will von allen mit Vornamen und Du angeredet werden – seine Mitarbeit: bei der Abgabe von Sperma zur medizinischen Untersuchung. »Mein Samen geht Sie nichts an. Ich sehe darin eine Verletzung meiner Männlichkeit«, giftet er die Ärzte an.

Was im Zuge der fast fünf Monate andauernden Ermittlungen nach der Festnahme von Hagedorn ans Licht kommt, ist von unvorstellbarer Perversion. Erster Höhepunkt ist der Doppelmord an Roman und David am 31. Mai 1969. Der damals 17 Jahre alte Hagedorn ist mit dem Fahrrad auf Jungenfang im Wald um die Drehnitzwiesen. Im Hosenbund hat er ein Fahrtenmesser mit rotweißen Plasteringen und einer feststehenden Klinge von 12,5 cm Länge und 2,5 cm Breite. Die Klinge ist gut geschärft. In der Nähe des sogenannten »Franzosenbunkers« sieht er Roman und David, die ihm bis dahin unbekannt sind. Er sucht das Gespräch mit den beiden Kindern und sondiert die Möglichkeit zur Verwirklichung seines Mordplans.

»Kommt, wir machen eine Geländefahrt Richtung Schwärzesee«, schlägt er ihnen vor. Die etwa einstündige Fahrt endet an einem Hochstand in der Nähe des Tatortes südlich des Schwärzesees. Abenteuerlustig klettern die Freunde auf den Jägersitz und sehen sich die Umgebung an. Unten sinniert Hagedorn darüber, wie er die Kinder trennen kann, um sich an ihnen befriedigen zu können und sie dann zu töten. Die Überlegung, sich an beiden gleichzeitig zu vergehen, verwirft er schnell. Das scheint ihm zu riskant. Da ihn vor allem Roman interessiert, will er den kleineren David mit einem Handkantenschlag bewusstlos schlagen und Roman mit dem Messer zwingen, sich zu entkleiden. Als die Freunde genug gesehen haben und vom Hochstand herunterklettern, schlägt Hagedorn eine Hetzjagd vor. Er ist der Fänger, die Knaben die Gejagten. Durch das Herumtollen will er sie außer Atem bringen und müde machen, um die Umsetzung seines mittlerweile präzisen Plans einzuleiten.

Deutlich sichtbar lässt er das Messer bei dem Getobe zur Erde fallen.

»Warum hast du denn ein Messer bei dir?«, erkundigen sich die beiden Freunde arglos. Bereitwillig erklärt Hagedorn, wie man das Messer anwenden muss, um sich gegen Tiere oder gegen Fremde zu wehren. »Ich zeig es euch mal«, sagt er und greift sich David. Wie aus Versehen sticht er ihm das Messer in die Brust. Blut rinnt aus der Wunde. Mit gespieltem Entsetzen lässt er sein Opfer zu Boden gleiten und bejammert sein Missgeschick. »Bleib ruhig liegen, ich hole mit Roman Hilfe. Es wird alles wieder gut«, tröstet er den Verletzten.

Eilig nehmen Hagedorn und der schockierte Roman ihre Fahrräder und entfernen sich. Schon nach wenigen Metern schlägt er dem Jungen vor, nicht den weiten Weg nach Eberswalde zu nehmen, sondern quer durch den Wald zu gehen und von einer näher gelegenen Eisenbahnblockstelle nach einem Arzt zu telefonieren. Alles läuft ab, wie Hagedorn es sich ausgedacht hat.

Als sie auf einer Lichtung ankommen, fordert er Roman urplötzlich auf, seine Hose herunterzuziehen. Roman blickt den Jugendlichen vor ihm, der noch vor kurzem mit ihnen gespielt hat, ungläubig an.

»Warum soll ich mir die Hose ausziehen? Wir müssen Hilfe für David holen.« Nun holt Hagedorn sein Messer aus dem Hosenbund, richtet die lange und spitze Klinge auf den Jungen und brüllt ihn an: »Mach schon, sonst helfe ich nach. Es hängt von dir ab, ob dein Freund verblutet oder nicht.«

Roman schreit um Hilfe. Erwin Hagedorn rammt ihm das Messer in die Brust, wütend darüber, dass Roman nicht so spurt, wie es zur Befriedigung seiner Bedürfnisse an einem lebenden Kind nötig gewesen wäre. Roman wehrt sich verzweifelt und ruft nach seiner Mutter. Der Mörder drückt ihm mit dem linken Daumen den Kehlkopf ein und durchtrennt mit dem Messer die linke Hals-schlagader. Zu seinem eigenen Erstaunen stellt er fest, dass ihm das Töten selbst höchsten sexuellen Genuss verschafft.

Noch knieend säubert er das Messer und steckt es sich wieder in die Kleidung. Danach knöpft er dem toten Kind den Latz der kurzen Wildlederhose auf und befühlt das kindliche Genital. Der Täter zieht die Hose wieder hoch, knöpft aber den Latz nicht zu. Motorengeräusch in der Nähe mahnt zur Eile.

Hagedorn hat sein Gemetzel noch nicht beendet. Da ist noch David, der auf Hilfe hofft. Der liegt so im Gras, wie er ihn verlas-sen hatte. Hagedorn setzt sich zu dem Jungen.

»Dein Freund holt Hilfe, du musst keine Angst haben«, spricht er auf das Kind ein, das durch den Blutverlust geschwächt wirkt. Davids größte Sorge ist, ob er bald wieder baden gehen kann.

»Du musst operiert werden, drei Wochen im Krankenhaus blei-ben, und dann ist alles wieder gut«, verspricht der Ältere schein-heilig. In der Ferne ist das Grollen eines nahenden Gewitters zu hören. Für Hagedorn ist es nun an der Zeit, die Sache zu beenden, seine sexuelle Erregung ist nicht mehr beherrschbar. Außerdem will das menschliche Ungeheuer nicht nass werden. Unvermittelt wirft sich der Mörder auf sein zweites Opfer und tötet auch dieses mit mehreren Halsschnitten.

Hagedorn blickt auf seine Armbanduhr. Es ist 17.57 Uhr. Im Flüsschen Schwärze, das ganz in der Nähe vorbeifließt, wäscht er sich die Hände und fährt mit dem Fahrrad nach Hause. Die Eltern sind im Theater in Berlin. Hagedorn geht zum Fackel- und Lampion-umzug anlässlich des bevorstehenden Internationalen Kindertages.

Nach seiner »Fahrt auf dem Riesenrad« ist er in Hochstimmung. Sie war viel befriedigender als die bisherigen »Fahrten mit dem Karussell«. Mit diesen beiden Jahrmarktsvergnügungen beschreibt Erwin Hagedorn den Psychiatern seine sexuell-sadistischen Spiele, die er seit Jahren mit Kindern betreibt. Als ihn die »Karussellfahr-ten« – das Spielen, Züchtigen, Quälen und der sexuelle Missbrauch von ihm bekannten Kindern – nicht mehr befriedigen, steigt er auf das »Riesenrad« um. Das erzeugt größeren Nervenkitzel. Hage-dorn beschreibt seine Fantasien so: Das Einsteigen sind die eiskalten Gedanken des Tötens. Dann setzt sich das »Riesenrad« in Bewegung – die Suche nach unbekannten Kindern, die ihm gefallen, das Finden der Opfer und das Töten am höchsten Punkt des Riesenrades. Dem folgt der Abschwung – die Angst vor dem Gefundenwerden, die Nacherregung, das Nacherleben des Tötens, das öffentliche Aufsehen nach den schrecklichen Verbrechen. Auf die Frage, ob das »Riesenrad« bald wieder in Gang gekommen wäre, antwortet Hagedorn: »Die Zeitabstände wären kürzer geworden.«

Und er fügt hinzu: »Ich könnte schon wieder töten.«

Neben den drei vollendeten Morden an Roman, David und Ronny hat der Triebtäter davor und dazwischen weitere Tötungsversuche unternommen. Acht »Fahrten mit dem Riesenrad«, die nur durch glückliche Umstände nicht vollendet wurden!

Der Sohn des Lehrers wird verschont, weil Erwin bei diesem Mann Biologieunterricht hatte, ihm Achtung entgegenbrachte und seiner Familie durch die Tötung des Sohnes kein Leid zufügen wollte. Ein anderes Mal bleibt es beim sexuellen Missbrauch, weil sich bereits ein Liebespaar die angepeilte Waldlichtung als Bett im Freien ausgesucht hat. Ein weiterer Versuch scheitert, weil ein ihm bekannter elfjähriger Junge seinen Mordplan mit einem einzigen Satz durchkreuzt: »Du kannst mich nicht töten, Olaf (ein Freund) weiß Bescheid.«

Wie ist aus dem im Januar 1952 geborenen Einzelkind der Schlächter von Eberswalde geworden?

Die Eltern heiraten, als der kleine Erwin von innen an den Bauch seiner Mama klopft. Es ist mehr eine Vernunft- als eine Liebesheirat. Die Eltern sind beruflich und gesellschaftlich aktiv, stellen etwas dar in der Kreisstadt. Der Vater ist Bibliothekar, die Mutter eine Schneiderin, die sich zum Ingenieurökonom heraufarbeiten will. Erwin verbringt in den ersten Jahren viel Zeit bei den Großeltern. Materiell fehlt es dem Sprössling an nichts, emotional an sehr vielem. Die Mutter kann ihm Gefühl und Zuneigung nicht geben. Sie hat es in der eigenen Familie, bei den Großeltern, die Erwin betreuen, nicht erlebt. Der Junge sehnt sich nach einem Kuss, nach Zärtlichkeit zwischen Mutter und Kind. So wenig er diese erfährt, so hoch sind die Erwartungen an seine schulischen Leistungen, sein Auftreten, sein Benehmen, an die Pflichterfüllung in Haus und Garten. Sonntags muss sich das Vorzeigekind schick anziehen, Hemd und Krawatte tragen. Das Kind, das »etwas Besseres« werden soll, ist aber nur ein Durchschnittsschüler. Durch mangelnde Leistung und Krankheit ist seine Berufswahl eingeschränkt. Nicht mal für den Dienst in der Nationalen Volksarmee ist er tauglich.

Eingeschränkt ist auch die Kontaktfähigkeit. Der kleine Erwin ist ein Einzelgänger. Er ist grob, aggressiv und jähzornig, manchmal auch den Lehrern gegenüber. Die Mitschüler geben ihm den Namen »Amanda«. So heißt ein blindes hinkendes Huhn im Garten der Hagedorns. Der Junge wächst heran und interessiert sich durchaus für das weibliche Geschlecht, allerdings auf eine merkwürdige Art. Gemeinsam mit einem Freund nimmt er sich kleine Mädchen vor, entkleidet sie, um sie zu betrachten und zu befingern. Für diese Übergriffe erntet er Prügel. Dreizehn ist er da, und noch nie hat er ein Mädchen oder eine Frau nackt gesehen, auch die Mutter nicht. Sexuell aufgeklärt wird er durch die wenigen Stunden im Biologieunterricht und durch den Vater, der ihn vor den Mädchen und der Schwangerschaft als Folge eines voreiligen Geschlechtsverkehrs warnt. Die Mutter bemerkt nicht einmal, dass ihr Kind zum Manne reift. Erwin studiert das Buch »Du und Ich«, den Bestseller der Sexualkunde für Pubertierende in der DDR. Doch das Leben hält manchmal andere Erfahrungen bereit als das Buch. Als »Amanda« / Erwin versucht, von einer gleichaltrigen Schulfreundin einen Kuss zu erhaschen, bekommt er als Erwiderung eine Backpfeife. FKK-Strände, an denen sich Männlein und Weiblein präsentieren, wie Gott sie schuf, meidet der Heranwachsende, weil dort »die heiligen Teile der Frau« nicht bedeckt sind. Erwin wendet sich vom weiblichen Geschlecht ab und interessiert sich mehr für niedliche, blondhaarige Knaben.

Erwin Hagedorn erlernt, leistungs- und krankheitsbedingt mangels Alternativen und zur Enttäuschung der strebsamen Eltern, bei der Mitropa der Stadt den Beruf des Kochs. Ansonsten scheint sich der Kandidat für die Aufnahme in die SED zu einem guten Mitglied der sozialistischen Gesellschaft zu entwickeln, das die bezirkliche Tageszeitung der SED liest wie fast jeder Bürger in der DDR und die »Aktuelle Kamera« schaut. Außerdem hört er im Radio »RIAS«, »SFB«, »BBC London« – illegal natürlich. Und sieht Westfernsehen, das in der Nähe von Berlin besonders gut zu empfangen ist. Die Genossen Eltern und der Sohn schauen gemeinsam Filme aller Art. Darunter ist auch der sozialkritische Schweizer Streifen »Es geschah am helllichten Tage«, der von Mord und dessen Ursachen handelt. Als der Film 1971 im Eberswalder Kino gespielt wird, ist Hagedorn unter den ersten Gästen. Von Rasierklingen ist in dem Film die Rede. In Erwins Fantasie werden daraus Halsschnitte mit einem Messer. Er interessiert sich für Dokumentar- und Spielfilme über die Zeit des Faschismus und für Bilder vom Krieg in Vietnam. Mit der Schulklasse und den Eltern besucht er ehemalige faschistische Konzentrationslager, die in der DDR Mahn- und Gedenkstätten sind. Doch die Gräueltaten stoßen ihn nicht ab, sondern fesseln ihn. In Folterszenen sieht er sich als Peiniger von Kindern, die er in seinem Umfeld kennt. Das Gedicht »Kinderschuhe aus Lublin« von Johannes R. Becher kennt er auswendig:

Zu hundert, nackt in einer Zelle,
Ein letzter Kinderschrei erstickt …
Dann wurden von der Sammelstelle
Die Schuhchen in das Reich geschickt.

Erwin Hagedorn sieht in seiner Fantasie die Kinder in den Tod marschieren und malt sich aus, der KZ-Aufseher zu sein. Folter erregt ihn.

Kinder aus dem Wohnhaus und aus der Nachbarschaft werden seine Spielgefährten. Auf dem Hof, im Keller, in der Gartenlaube trifft er sich mit ihnen, streichelt sie, fasst grob zu, auch dort, wo man nicht hinfasst. Auf dem Hof bestimmt er Spiele, die unter seiner Regie ablaufen und die den Kindern Spaß machen: »Räuber und Gendarm«, »Verstecken«, »Greifen«, »Hase und Jäger«. Verlierer kommen in die »Folterecke« im Hof. Dort werden sie bestraft, meistens durch Erwin, den Initiator und Inspirator der Spiele. Er dreht ihnen Arme und Ohren um, verteilt Kopf- und Nasenstüber, nimmt Unterlegene in den »Schwitzkasten«, tritt ihnen in die Kniekehlen, hebt Mädchen hoch und kitzelt sie bis zum Schmerz, fasst Jungen in die Hosen und kneift ins Geschlechtsteil. Dabei wird immer öfter sein Glied steif. Das »Karussell« der Perversitäten beginnt sich zu drehen: immer schneller, mit immer mehr Nervenkitzel und mit immer mehr Kindern darauf. Hagedorn nennt die Namen von 30 Kindern, die er seit 1967 für seine innere Befriedigung in einer Vielzahl von Fällen gequält und missbraucht hat. Die Mädchen und Jungen selbst haben die Übergriffe oft nicht als solche erkannt oder wahrgenommen.

Als Kochlehrling und auch nach der Ausbildung macht Hagedorn im Betrieb manches nicht und vieles nicht gern. Eines aber lässt er sich nicht nehmen: das Schlachten von Fischen und Geflügel. Er wird regelrecht wütend auf jeden, der ihm die Tätigkeit im Keller streitig machen will. Bei den Eltern beschwert er sich zur Tarnung darüber, dass immer er schlachten muss. Dabei bereitet ihm das Ausweiden des Geflügels, mehr noch das Fangen der Fische im Wasserbottich und die Vorfreude auf das Köpfen von Karpfen und Aalen einen Hochgenuss. Wieder ein Biest tot, denkt er sich bei jedem Halsschnitt und bei jedem Hieb mit dem Hackebeil. Besonders Aale steigern seine Vorfreude auf das Töten, »weil sie nach dem Abschlagen des Kopfes noch zappeln, noch weiterleben, ihr Nervensystem …«. In seiner Gedankenwelt von »Karussell« und »Riesenrad« bilden die Fische das verbindende Element.

Die Staatsanwaltschaft Frankfurt (Oder) klagt Hagedorn Anfang April 1972 wegen dreifachen Mordes an den Kindern Roman, David und Ronny an. Auch die anderen Straftaten, die versuchten Morde, die sexuellen Missbräuche und Nötigungen zu sexuellen Handlungen, spielen in der Anklageschrift und im späteren Prozess eine bedeutende Rolle bei der Bewertung der Schuld des Angeklagten.

Vor dem 1. Strafsenat des Bezirksgerichtes Frankfurt (Oder) findet an vier Tagen im Mai 1972 der öffentliche Prozess statt. Im Zuschauerraum sitzen vor allem Kriminalisten und Angehörige des MfS. Wie zuvor im Ermittlungsverfahren gesteht Hagedorn auch vor Gericht die Morde. Er schildert sie in allen Einzelheiten und voller Lustempfinden. Die psychiatrischen Gutachter halten ihn trotz der sadistisch-sexuellen Gewaltfantasien für voll schuldfähig. Im Falle einer zeitlich begrenzten Bestrafung unter Anwendung des Jugendstrafrechts oder bei einer lebenslangen Haftstrafe, die später zur Bewährung ausgesetzt werden könnte, warnen sie davor, »dass ein Rückfall mit Sicherheit anzunehmen ist«, und empfehlen eine an die Haft anschließende Unterbringung in einer psychiatrischen Klinik. Die Heilung einer derartigen Triebperversion durch Psychotherapie sei jedoch unmöglich, wirksam könne höchstens eine operative oder hormonelle Kastration sein. Selbst dann müsse gründlich geprüft werden, »ob eine Entlassung in die Freiheit überhaupt verantwortet werden darf«.

Vor der Urteilsverkündung erhält Erwin Hagedorn das letzte Wort. Mit zitternder Stimme erklärt er:

Ich wurde als nicht gewolltes Kind geboren. Meine Großeltern wurden vom Staat nicht unterstützt und hassten diese Gesellschaftsordnung. Meine Mutter liebkoste mich nicht wie die Mütter anderer Kinder. Ich begann zu hassen. Ich kam zu der Schlussfolgerung, dass mich meine Mutter nicht mag. Ich versuchte, mir die Mutterliebe durch Grobheiten zu nehmen. Meine Mutter sagte, ich sei lieblos und habe keine Gefühle.

Mit dem neunten Lebensjahr musste ich schon Kaninchen und Hühner schlachten. Woher sollte ich Gefühle nehmen?

Schon als neunjähriger Junge musste ich schwere Arbeiten machen, Holz tragen und bekam mehrfach Prügel. Ich wurde verspottet. Ich sah, dass mir die Gesellschaft keine Chance gab. Ich hatte das Leben satt. Mit meiner Gedankenwelt musste ich allein fertig werden. Keine Freunde, keine Geschwister.

Meine Mitschüler hatten es besser. Ich musste auf sehr viel verzichten. Und mir sehr viel ersparen. Ich wurde zum Verzicht erzogen.

Kann man Tod ernten, wenn man getötet hat? Wo Zärtlichkeit nicht vorlag?

Das Bezirksgericht Frankfurt (Oder) verurteilt den inzwischen 20 Jahre alten Koch Erwin Hagedorn aus Eberswalde wegen mehrfachen vollendeten und vorbereiteten Mordes, Nötigung zu sexuellen Handlungen und sexuellen Missbrauchs von Kindern gemäß dem Antrag der Staatsanwaltschaft zur Höchststrafe – zum Tode. In der Urteilsbegründung heißt es: »Die außerordentliche Schwere und der Umfang der Verbrechen des Angeklagten, seine aggressive, brutale und sadistische Persönlichkeit sowie der uneingeschränkte Schutz des Lebens der Bürger verlangen daher seinen endgültigen Ausschluss aus dem Leben unserer sozialistischen Gesellschaft.«

Hagedorns Verteidiger Herbert Wesendorf legt gegen das Urteil umgehend Berufung ein. Er kämpft um das Leben seines Mandanten. Die versuchten Morde seien nicht bewiesen, und bei der Tötung der drei Jungen Roman, David und Ronny sei der Angeklagte vermindert zurechnungsfähig gewesen.

Am 6. und 7. Juni 1972 verhandelt der 5. Strafsenat des Obersten Gerichtes der DDR darüber. Er weist den Einspruch als unbegründet zurück. Zur Zurechnungsfähigkeit Hagedorns bei den Morden stellt er fest: »Es kommt bei dieser Frage nicht, wie die Verteidigung meint, darauf an, ob der Sadismus – die Triebstruktur – eine Erbanlage ist oder nicht, sondern darauf, ob der betreffende sadistische Täter für seine Handlungen die Einsichts- und Steuerungsfähigkeit, also die Entscheidungsfähigkeit voll besitzt.«

Erwin Hagedorn scheitert auch mit seinem Gnadengesuch, das der Vorsitzende des Staatsrates der DDR, Walter Ulbricht, ablehnt. Am 15. September 1972 wird das Todesurteil an dem zwanzigjährigen dreifachen Knabenmörder von Eberswalde durch einen Schuss in den Nacken vollstreckt. In den Strafakten findet sich dazu nichts. Die Exekution ist nur in den Unterlagen des MfS notiert, das von Beginn an in die Ermittlungen mit einer eigenen Untersuchungsgruppe einbezogen war.

Abschließend eine Bemerkung: Erwin Hagedorn war ein grausamer, sadistischer Menschenschlächter. Einziges Motiv war die Befriedigung niedrigster perverser Bedürfnisse. Doch war er bei den Taten Herr seines Handelns? Oder wurde er durch eine unheilbare Krankheit zum Mörder?

Jürgen Bartsch, der zwischen 1962 und 1966 in der Nähe von Wuppertal vier Jungen ebenfalls aus sadistisch-perversen Motiven heraus ermordete, wurde im Dezember 1967 vom Landgericht Wuppertal zu einer lebenslangen Zuchthausstrafe verurteilt. Zwei Jahre später hob der Bundesgerichtshof das Urteil in einem Revisionsverfahren auf. Die Jugendstrafkammer des Landgerichtes Düsseldorf verhängte weitere zwei Jahre später in einem neuen Prozess gegen Bartsch zehn Jahre Jugendstrafe und ordnete die Unterbringung in einer psychiatrischen Klinik an. Jürgen Bartsch starb 1976 bei einer von ihm selbst beantragten operativen Kastration.

Der 3. Juni 1971 ist ein herrlicher Tag. Die Bewohner in der kleinen Stadt, die zwischen Cottbus und Spremberg in die Lausitzer Heidelandschaft eingebettet ist, genießen das schöne Wetter. Der nahe Sommer ist zu spüren. Wer schon von der Arbeit heimgekommen ist, werkelt im Garten oder ist auf dem Grundstück beim Hausputz. Die Natur ist hier kein Hort der gesunden Glückseligkeit, doch man hat sich eingerichtet. Tagebaue, Brikettfabriken, Glaswerke der Umgebung bieten ausreichend Arbeit und für DDR-Verhältnisse gute Einkommen. Da nimmt der geduldige sozialistische Staatsbürger die Auswirkungen des intensiven Braunkohleabbaus ergeben hin: die Kippenflächen, die Rohrleitungen und Entwässerungsgräben, die die Landschaft durchschneiden, die kargen Kiefernwälder, in denen Laubbäume eher die Ausnahme sind.

Noch ahnt niemand, dass dieser Tag, der zu sein scheint wie jeder andere, aus den Fugen geraten wird. Dieser Tag wird Menschen schicksalhaft und auf grauenvolle Weise verbinden.

Es ist später Nachmittag, als aus Richtung eines nahe gelegenen Dorfes, in dem die Bauern trotz des Bergbaus darum kämpfen, vernünftige Ernten von den Feldern einzufahren und die Bergbaukippen zu bewirtschaften, ein Mann geradelt kommt. Er trägt ein grau-weiß gestreiftes Hemd unter einer blauen Arbeitsjacke. Im Gegensatz zur schmutzigen Hose leuchtet deren Grundfarbe geradezu in der Junisonne. Der Fahrradfahrer fällt dadurch besonders auf. Zusammengehalten wird die Kluft durch ein schwarzes Lederkoppel mit einem goldfarbenen Koppelschloss. Die Füße mit den schwarzen Gummistiefeln treten gemächlich in die Pedale. Sein Kopf wird durch einen mehr schmutzig-grauen als weißen Arbeitshelm geschützt, wie ihn die Kumpel in der Kohle tragen. So werden die Braunkohlebetriebe im Volksmund kurz genannt. Vom Ortsteil »Sibirien«, der wegen seiner Abgeschiedenheit so genannt wird, fährt der Mann an Siedlungshäusern und Wohnblöcken vorbei, die für die Arbeiterfamilien aus dem Boden gestampft wurden. Auf dem Weg in Richtung Anglerheim kommt der unscheinbar wirkende Landsmann an einem Garten vorbei, in dem sich Wolfram Bader mit seiner 16-jährigen Tochter Beate aufhält. Der gelbe Pullover liegt eng an am Oberkörper des Mädchens. Die sich entwickelnden weiblichen Formen sind deutlich erkennbar. Der kurze Faltenrock weht leicht im Frühlingswind. Der Kohle-Kumpel auf dem Fahrrad grüßt, Beate Bader nickt mit dem Kopf zurück. Man kennt sich flüchtig. Schließlich ist der Tagebau mit seinem Vorrat von knapp 600 Millionen Tonnen Braunkohle, die in den Fabriken des Gaskombinates Schwarze Pumpe zu Briketts gepresst, verstromt und vergast wird, tägliches Arbeitsrevier des Helmträgers. Herbert Kahle ist als Pumpenwärter dafür verantwortlich, dass die Entwässerung der Kohlegrube funktioniert. Er ist auf dem Weg zur Pumpstation am Giftsee, um die dortigen Aggregate zu überprüfen und der Ursache für einen erhöhten Wasserstand in einem der Gräben auf den Grund zu gehen. Kahle ist 43 Jahre alt und Vater von sechs Kindern. Ein freundlicher, unbescholtener Mann von einer Gestalt, die eher das Gegenteil eines Herkules ist.

Das flüchtige Zusammentreffen von Beate Bader und Herbert Kahle ist eine Allerweltsbegegnung. Was das Mädchen nicht weiß, ja nicht einmal ahnt, ist dennoch passiert. Der Teenager in dem gelben Pullover und dem kurzen Faltenrock hat den Radfahrer sexuell erregt. Und das nicht zum ersten Mal. Diese jugendliche Unbekümmertheit und ihr Aussehen reizen ihn. Auch diesmal kommt, was der Mann nicht verhindern kann. Die Hose spannt sich über dem Sattel, dass fast die Knöpfe im Schritt abspringen.

Bisher hat er seinen Trieb stets beherrschen können. Doch der Drang im Unterleib des Mannes ist stark. Auch noch, als er nach einem guten Stück des Weges eine Stelle erreicht, an der eine stillgelegte Rohrleitung eine kleine Schlucht überquert, die die ansonsten flache Heidelandschaft durchbricht. Der Radler stellt sein Gefährt gegenüber der Schlucht ab, geht ein paar Meter in die Büsche hinein und versucht, durch das Entleeren der Blase sein Geschlecht zu zähmen. Das gelingt nicht. Er blickt auf die Uhr. Es ist kurz nach 18 Uhr. Bald ist Feierabend. Zu Hause wartet die Ehefrau auf ihn, und die ist seinen sexuellen Wünschen stets aufgeschlossen, tröstet er sich. Mühsam verstaut er den noch immer erigierten Penis in der Hose und geht zurück zum Fahrrad.

Die Ehe mit seiner Frau funktioniert. 24 Jahre war er alt, als er sie 1951 kennenlernte. Da waren die stürmischen Jahre für ihn schon vorbei. In der Hitlerschen Handelsmarine war er auf Nordeuropa-Routen zur See gefahren, hatte das letzte Kriegsjahr bei der Wehrmacht in Dänemark dienen müssen. Weil es nach Kriegsende mit dem Anheuern auf englischen oder amerikanischen Schiffen nicht klappte, verdingte sich der einstige Seemann fortan beim Bergbau in Nachterstedt (Sachsen-Anhalt) und fuhr als Hauer unter Tage ein. Als es ihn 1961 aus dem Harzvorland in die Lausitz nach Hoyerswerda verschlug, war er schon dreifacher Familienvater. Er setzte seine Bergbaulaufbahn fort, wurde als Hauer in einem Tagebau des Kombinates Schwarze Pumpe angestellt und später zum Pumpenwärter umfunktioniert.

Was Kahle anpackt, macht er gut. Er ist zweifacher Aktivist, Mitglied in einem Kollektiv der sozialistischen Arbeit, ehrenamtlicher Arbeitsschutzinspektor und freiwilliger Helfer der VP. Mit seiner Frau hat er in der Lausitz drei weitere Kinder gezeugt – mehr das Ergebnis seines stürmischen und leistungsfähigen sexuellen Dranges als bewusster Nachwuchsplanung. So sind die Kahles zu einer kinderreichen Familie geworden, die die besondere Aufmerksamkeit des Staates genießt.

Es dämmert schon, als bei der Polizei eine Vermisstenanzeige eingeht. Die Eltern der sechsjährigen Sieglinde Johland wissen sich keinen Rat mehr. Gerade noch hatte das kleine Mädchen auf dem Hof unbeschwert Hopse gespielt. Die Mutter war nur mal kurz zur Oma gegangen. Als sie zurückkehrte, fehlte jede Spur von Sieglinde. Noch nie war ihr kleiner Schatz weggelaufen. Ausgeschlossen, dass sie mit einem Fremden weggegangen sein könnte. Sie weiß, dass sie das nicht darf. Möglicherweise ist sie jedoch diesmal Kindern gefolgt, die mit einem Handwagen Richtung

Anglerheim unterwegs waren. Maria Bader, die Nachbarin, will gesehen haben, wie Sieglinde dorthin getrippelt ist. Hat sie sich verlaufen? Dann hätte man die Kleine doch finden müssen. Die stundenlange Suche der Eltern, von Hausbewohnern, Nachbarn aus der Straße, des Abschnittsbevollmächtigten und von freiwilligen Helfern der Polizei bleibt jedoch ergebnislos. Auch Herbert Kahle, der selbst ziviler Unterstützer der Uniformierten ist, beteiligt sich. Als er dem ABV begegnet, weist er hinter sich: »Da musste nicht mehr suchen, hab' ich schon geguckt.«

Vom Volkspolizeikreisamt in Spremberg wird die Fahndung nach dem Kind eingeleitet. Die konzentriert sich auf das Umfeld der Verschwundenen, die Siedlung »Sibirien« und auf die Nachbarorte der Stadt sowie auf die Betriebsanlagen des Tagebaus. Die Stunden vergehen, ohne dass sich auch nur der geringste Hinweis auf den Aufenthaltsort des Mädchens findet. Zwei Tage nach dem Verschwinden des Kindes wird entschieden, die Gegend mit mehreren Spürhunden abzusuchen.

Die Hoffnung, die Sechsjährige lebend zu finden, schwindet mit jeder Stunde. Zwei der Polizisten, die mit ihren vierbeinigen Spürnasen unterwegs sind, haben Leichensuchhunde an den Leinen. Vom Haus der Johlands aus setzen sich die Trupps rechts und links des Waldweges hin zum Anglerheim in Bewegung. Es könnte sein, dass sich die Vermisste auf dem Gelände des nicht mehr intakten Gebäudes oder einer nahe gelegenen abgewrackten Trafostation verkrochen hat. Nichts. Die Suche wird ausgeweitet. Es ist der Nachmittag des zweiten Tages, als die Hündin »Assi von Malxedahl« Witterung aufnimmt. Sie zerrt an der Leine, dringt tiefer in das buschige Gelände vor. Weniger als hundert Meter abseits vom Waldweg, der zum Anglerheim führt, wird schließlich die Leiche eines kleinen Mädchens entdeckt. Sie ist mit Laub und Grasbüscheln vollständig bedeckt. Darüber ist eine schwere Astgabel gelegt. Schnell sind alle Zweifel ausgeräumt: Bei der Toten handelt es sich um Sieglinde Johland.

Die Nachricht von dem Verbrechen verbreitet sich in der Umgebung wie ein Lauffeuer. Dass Sieglinde ermordet wurde, daran zweifeln die Leute nicht, die Kriminalisten, die den Fundort der Leiche untersuchen, schon gar nicht. Zu eindeutig sind die Spuren. Am Hals des Opfers sind deutlich blutunterlaufene Male zu erkennen. Was der Gerichtsmediziner schon vor Ort vermutet, bestätigt die Obduktion. Das Kind ist erwürgt worden. Außerdem wird im Bauchraum eine gerissene Vene mit daraus folgenden Unterblutungen festgestellt, die jedoch als Todesursache nicht in Betracht kommen.

Der Unterkörper des Mädchens ist nackt. Hemd und Pullover sind bis über den Nabel geschoben. An einem Fuß fehlt der Schuh. Unweit der Leiche entdecken die Spezialisten der Spurensicherung eine Turnhose und einen gelben Schlüpfer. Beides hatte das Mädchen vor der Tat getragen, bestätigt die Mutter den Kriminalisten. Gut neun Meter von der Fundstelle entfernt wird der fehlende Schuh im wuchernden Gras sichergestellt. Gefunden wird auch ein Herrentaschentuch, das mit Öl beschmiert ist. Ein Ermittlungsverfahren gegen Unbekannt wegen eines Tötungsverbrechens wird eingeleitet.

Die Kriminalisten der Morduntersuchungskommission wissen, was vordringlich zu tun ist. Die Befragungen konzentrieren sich vor allem auf mögliche Zeugen aus der unmittelbaren Umgebung des Opfers. Wer hat sich am frühen Abend, als Sieglinde Johland verschwand, in der Umgebung des Anglerheimes aufgehalten? Wer hat Verdächtiges bemerkt? Bewegungsprofile werden erstellt. Es dauert im Ergebnis der umfangreichen Zeugenaussagen nicht lange, bis der Radfahrer in der verschmierten Schlosserkluft mit der auffällig sauberen blauen Jacke und dem schmutzig-weißen Helm ins Visier der Kripo gerät.

Er ist von Beate Bader gesehen worden. »So gegen 18 Uhr muss es gewesen sein«, erinnert sie sich. Etwa eine halbe Stunde später, so sagt ein älteres Ehepaar aus, hätte es einen Mann mit Helm auf einem Fahrrad beobachtet. Für die Ermittler ist das eine heiße Spur, und dass sie so an Herbert Kahle geraten, ist nur eine Frage der Zeit. Er hatte an diesem Tag zweite Schicht und war nach Aussage eines Kollegen mit dem Dienstfahrrad unterwegs. Beate Bauer werden Fotos vorgelegt. Sie identifiziert Herbert Kahle.

In mehreren praktischen Versuchen wird ein Weg-Zeit-Diagramm erstellt. Selbst bei gemütlichster Fahrweise braucht ein Polizist auf einem Vergleichsfahrrad nicht mehr als vier Minuten bis zum Anglerheim. Dort aber wurde er erst kurz nach halb sieben von weiteren Zeugen bemerkt.

Wo war Herbert Kahle in dieser halben Stunde, und vor allem, was hat er in dieser Zeit gemacht? Der Pumpenwärter will sich daran zunächst nicht erinnern können. In der Vernehmung sechs Tage nach dem grausamen Verbrechen behauptet er im Brustton der Überzeugung: »Ich kann das nicht gewesen sein!«

Es folgt eine Nacht in Polizeigewahrsam, die dem Gedächtnis des Tatverdächtigen offensichtlich guttut. Am Tag danach gesteht er vor dem Haftrichter, dass er Sieglinde getötet hat, ein kleines Mädchen, dem er vorher nie bewusst begegnet war.

Doch warum? Es fällt schwer, die Antwort auf diese Frage zu begreifen. Sexuell erregt vom Anblick der 16-jährigen Beate gelingt es Kahle nicht, sich durch den Versuch des Urinierens abzureagieren. Auf dem Rückweg zu seinem Fahrrad erblickt er die kleine Sieglinde. Sie kommt aus Richtung Anglerheim, direkt auf ihren späteren Mörder zu. Der packt sie und schleppt das Kind tiefer in die Schlucht hinter Büsche, die ihn vom Weg abschirmen. Noch im Stehen reißt er dem Mädchen Turnhose und Schlüpfer bis zu den Kniekehlen herunter und zwingt es mit der linken Hand auf den Boden. Dort entkleidet er den Unterkörper des Mädchens vollständig, wobei er das Opfer mit einer Hand am Boden hält. Das erklärt die gerissene Vene im Bauch, die bei der Sektion festgestellt wurde. Als das Mädchen entblößt ist, kniet sich der Lustmörder mit Gewalt zwischen ihre Beine und versucht mit aller Kraft, in das Kind einzudringen. Das wehrt sich verzweifelt gegen den erwachsenen, übermächtigen Mann. Bei der Tatortrekonstruktion durch die MUK schildert er die grausamen Minuten des Verbrechens: Er erinnert sich an die lauten Schreie des Mädchens, vor Angst und Schmerz. Mit den kleinen Armen und den schmächtigen Beinen stemmt es sich gegen den Körper des fremden Mannes. Gegen dessen Gewicht sind die Befreiungsversuche des Kindes völlig nutzlos, aber der Widerstand und das ängstliche Schreien führen dazu, dass Kahle zunächst seine geplanten sexuellen Handlungen unterbricht.

Doch nur, um es zu töten: Aus Angst, dass er in flagranti ertappt werden könnte, und davor, dass ihn das Opfer wiedererkennen und verraten könnte.

»Ich entschloss mich, sie zu erwürgen«, gibt er zu.

Nach dem Moment des Innehaltens gibt es für Kahle kein Halten mehr. Seine schwieligen Arbeiterhände umfassen den Hals der sechsjährigen Sieglinde. Er drückt zu: eine Minute, zwei Minuten. Das Opfer strampelt mit den Beinen und versucht mit den Ärmchen, die Hände um ihren Hals zu lockern. Es schlägt um sich, will der Umklammerung entrinnen. Verzweifelt röchelt das Kind nach Luft. Dann erlahmen seine Kräfte.

Als das Kind leblos vor ihm liegt, vergeht sich Kahle bis zum Samenerguss an ihm. Er steht auf, wendet sich ab und säubert sich mit einem Stück Zeitungspapier.

Als die sexuelle Erregung abgeklungen ist, dreht sich der Täter wieder zu dem Kind am Boden. Er sieht, dass es tot ist, und beginnt, den Leichnam abzudecken. Das Opfer soll möglichst lange unentdeckt bleiben, damit die Spuren, die zu ihm führen, verblassen. Er reißt Gras und Pflanzen rings um den Tatort aus und bedeckt damit den kleinen Körper. Kahle kratzt umherliegendes Laub zusammen und türmt es darüber. Dann schnappt er sich einen großen Ast und beschwert damit die Abdeckung. Er will nicht, dass Wind oder scharrende Tiere den Leichnam freilegen.

Nach der Tat schnappt sich Herbert Kahle sein Fahrrad und fährt in Richtung Anglerheim. Kurze Zeit später erreicht er die Pumpstation. Er zapft aus dem Kraftstofffass Diesel ab, um den Tank der Pumpe aufzufüllen. Ein Mann, der auf seinem Motorrad heranbraust, fragt: »Haben Sie ein kleines Mädchen gesehen?« Angst schwingt in der Frage mit. Herbert Kahle verneint. Der Motorradfahrer ist der verzweifelte Vater von Sieglinde, der die Suche fortsetzt. In der Ferne hört Kahle den Mann den Namen seines Kindes rufen.

Der Mörder tut so, als ob er sich an der aufgeregten Suche nach der Vermissten beteiligt. Er fährt mit dem Fahrrad Richtung Kippe, trifft den ABV, unterhält sich mit mehreren Jungs, die nach dem Kind Ausschau halten, und kehrt zur Pumpstation zurück. Er stellt die Maschine ab, schnappt sich seinen Rucksack mit der Thermoskanne und der Brotbüchse darin, verschließt die Pumpstation und fährt zur Betriebsstation am Schacht II des Tagebaus. In der Kaue, so nennen die Bergleute ihre Umkleidebaracke, tauscht er die verschmutzte Arbeitskluft gegen Straßenkleidung. Mit seinem rotbraunen Moped der Marke SR II E, einem beliebten und mit seinen knapp 80 Stundenkilometern Spitzengeschwindigkeit recht schnellen Kleinfahrzeug, braust er seinem Heimatort Schwarze Pumpe entgegen. In dem blauen Straßenanzug, den er jetzt trägt, mit dem grünen Hemd darunter, dem braunen Hut auf dem Kopf und braunen Halbschuhen an den Füßen sieht Kahle ein wenig komisch aus. Böses traut man dem bieder wirkenden Mann von untersetzter Statur und in bunt zusammengewürfelter Montur allerdings nicht zu.

Die Rekonstruktion der Tragödie am Tatort durch die MUK gemeinsam mit dem Tatverdächtigen nimmt fünf Stunden in Anspruch. Eine zentrale Frage ist, ob die Zeit für den Mord ausgereicht hat. Hans Jakobitz, der Leiter der Mordkommission, erinnert sich:

»An den Pumpstationen wurde genau registriert, wann sie überprüft wurden. Wir hatten also ziemlich genaue Zeitangaben des Tatverdächtigen. Vor allem aufgrund des ziemlich aufwendigen Abdeckens der Leiche waren wir uns nicht sicher, dass Kahle wirklich der Täter war.«

Als das Abdecken des Opfers nachvollzogen wird, staunen die Kriminalisten.

»Der Tatverdächtige hat dabei eine Emsigkeit und Schnelligkeit gezeigt, die uns schon überrascht hat«, gibt Jakobitz zu. Ein Weg-Zeit-Diagramm entsteht. Die normale Fahrtzeit zum Anglerheim beträgt vier Minuten. Das Abdecken der Leiche hat im Ergebnis des Tatortexperiments zehn Minuten in Anspruch genommen. Für den sexuellen Missbrauch und die Tötung des Kindes hatte der Mörder also eine reichliche Viertelstunde zur Verfügung.

Kahle bestätigt diese Feststellungen. Er ist bei der Rekonstruktion des Geschehens durchweg kooperativ. Während einer halbstündigen Pause nimmt er zwei belegte Brote und Kaffee zu sich. Details, die er zu Protokoll gibt, decken sich mit den Spuren, die die Kriminalisten beim Auffinden des toten Kindes, an der Leiche und in der Umgebung des Tatortes gesichert haben. Und es sind Details, die nur der Mörder wissen kann. Das Geständnis des Täters wird durch objektive Beweise abgesichert.

In der Medizinischen Akademie »Carl Gustav Carus« in Dresden wird Kahle in der Gerichtspsychiatrischen Spezialabteilung für Untersuchungsgefangene über mehr als fünf Wochen untersucht. Er berichtet den Ärzten von einer starken sexuellen Veranlagung. Mehrmals in der Woche braucht er intimen Verkehr, und meistens bekommt er das Gewünschte von der treuen Ehegattin. Wenn nicht, legt der gestandene Mann auch selbst Hand an. Dennoch reichen manchmal geringste erotische Reize, schon versteift sich sein bestes Stück, oft sogar für längere Zeit. Gegenüber dem Psychiater spricht er von Erinnerungslücken und begründet damit sein anfängliches Schweigen und das energische Abstreiten der Tat im Ermittlungsverfahren. Er habe sich »fest eingeredet«, dass er es nicht gewesen sein könne. Er habe ganz entsetzt vor dem geschändeten und getöteten Kind gestanden und sich in einen »inneren Abwehrkampf« begeben. Nach langem Grübeln sei schließlich ein Puzzlestück nach dem anderen ins Bewusstsein zurückgekehrt.

Ein derartiger Blackout habe ihn nicht das erste Mal heimgesucht. Er berichtet, wie er einmal aus einem unbeherrschbaren Drang heraus ohne Not 45 Kilometer zu Fuß nach Hause gegangen sei. Ohne ein Wort zu sagen, habe er bei der Silberhochzeit des Schwagers seine Frau sitzen lassen und sei abgehauen. Er sei auch schon mal auf einem Polizeirevier gelandet, ohne zu wissen, wie er dahin gekommen war. Allerdings, so räumte er ein, sei stets Alkohol, wenn auch in geringen Mengen, Auslöser der Dämmerungszustände gewesen. In einer Beurteilung des Gaskombinates Schwarze Pumpe ist ebenfalls von einer solchen kurzzeitigen geistigen Umnachtung im Herbst 1970 die Rede. Gemeinsam mit anderen Kollegen nahm Kahle während der Arbeitszeit ein paar

Schluck aus einer Flasche »Kumpeltod«, wie der kostenlose weiße Branntwein für die Bergleute im Volksmund hieß, und trank Bier. Angeheizt vom Schnaps am offenen, wärmenden Feuer trieb es ihn zu einer Tanzeinlage. Als er dabei die minderjährige Tochter einer ihm flüchtig bekannten Familie erblickte, rannte er wie besessen hinter dem Mädchen her. Erst durch einen Sturz während der Verfolgung sei er wieder zur Besinnung gekommen. Zum Feierabend habe er eiskalt geduscht, um wieder zu klarem Verstand zu gelangen.

Alkohol aber hatte Kahle am Tattag nicht getrunken. Könnte er vom Geschlechtstrieb so berauscht gewesen sein, dass er beim Zusammentreffen mit Sieglinde Johland und dem anschließenden Verbrechen seiner Sinne nicht mächtig war? Nach eingehenden medizinischen Untersuchungen stellen die Ärzte in der Tat eine Hirnkrankheit fest. Die Störungen waren unter Normalbedingungen bereits erkennbar, doch von Kahle durchaus beherrschbar. Unter Alkoholeinfluss verstärkten sie sich jedoch deutlich. Der Gutachter kommt zu dem Schluss, »dass tatbezogen verminderte Zurechnungsfähigkeit wegen krankhafter Störung der Hirn-Geistestätigkeit angenommen werden muss«. Es könne sein, dass außer Alkohol auch andere erregende, stimulierende, antreibende Elemente solche Dämmerzustände auslösen, heißt es im Gutachten weiter. Allerdings wäre eine solche, nicht durch Alkohol ausgelöste Bewusstseinsstörung ausgerechnet am Tattag erstmals aufgetreten, bei früheren sexuellen Erregungen hingegen nicht. Zudem wird eingeräumt, dass im Verhalten vor, während und nach der Tat ein solcher Dämmerzustand durch nichts zu beweisen sei.

Das Gericht steht bei der Bewertung aller Umstände, der objektiven und subjektiven Beweise vor einer schwierigen Aufgabe. Dass Kahle das sechsjährige Mädchen aus reiner Lust vergewaltigen wollte und die lauten Schreie des Kindes ihn nicht an der Befriedigung seines Sextriebes hinderten, sehen die Richter nach der dreitägigen Verhandlung als erwiesen an. Im Gegensatz zur Staatsanwaltschaft, die in ihrem Plädoyer eine lebenslange Freiheitsstrafe fordert, erkennen sie jedoch eine erheblich verminderte

Schuldfähigkeit. Sie stützen sich dabei auf den pathologischen Hirnbefund.

Der 2. Strafsenat des Bezirksgerichtes Cottbus verurteilt Herbert Kahle im März 1972 wegen Mordes, versuchter Vergewaltigung und Nötigung zu sexuellen Handlungen bei eingeschränkter Schuldfähigkeit zu 15 Jahren Freiheitsstrafe.

Als das Urteil bekannt wird, bricht in der Bevölkerung ein Sturm der Empörung aus. Arbeiterinnen und Arbeiter aus Betrieben unterschreiben Protestresolutionen. Der Rat der Stadt verurteilt den aus seiner Sicht skandalösen Richterspruch. Die Mitglieder der Ständigen Kommission sozialistische Rechtspflege der Stadtverordnetenversammlung schreiben an den Direktor des Bezirksgerichtes Cottbus: »Man sollte hier noch einmal konkret und intensiv prüfen, ob man hier nicht unserer Bevölkerung etwas zumutet … Es steht ganz konkret die Frage, wer hat das Recht, bei solch einem Verbrecher noch Milde walten zu lassen«, empören sich die Volksvertreter.

Die Staatsanwaltschaft Cottbus legt drei Tage nach dem Urteil Protest zuungunsten des Angeklagten ein und fordert eine Neuverhandlung. Die Verteidigung geht in Berufung beim Obersten Gericht der DDR. Für sie ist das Urteil gegen Herbert Kahle zu hart. Sie moniert, dass die Hirnkrankheit des Angeklagten zu wenig berücksichtigt wurde, und strebt eine mildere Strafe an.

Der 5. Strafsenat des Obersten Gerichts befasst sich am 3. Mai 1972 mit dem Fall. Sind die Proteste aus der Lausitz bis nach Berlin gedrungen? In dem Urteil, das noch am gleichen Tag gefällt wird, heißt es: »Die abscheuliche Tat gegen ein wehrloses Kind durch einen sozial unauffälligen Täter musste in besonderem Maße Veranlassung sein, verantwortungsbewusst die für die Entscheidung bedeutungsvollen objektiven und subjektiven Tatumstände aufzuklären.«

An anderer Stelle werden die obersten Strafrichter noch deutlicher. Zwar zweifeln auch sie nicht an einer Hirnfunktionsstörung beim Angeklagten. Das Bezirksgericht hätte jedoch noch eingehender prüfen müssen, wie die Hirnkrankheit tatsächlich das Verhalten des Angeklagten beeinflusst hat. Dazu hätten einige Fragen umfassender erörtert werden müssen.

Der 5. Strafsenat des Obersten Gerichts führt deshalb eine eigene Beweisaufnahme durch. Sowohl der Gutachter als auch der Angeklagte werden noch einmal gehört.

Anders als das Bezirksgericht verneint das Oberste Gericht eine verminderte Schuldfähigkeit, die durch die Hirnkrankheit des Angeklagten begründet wäre. Der Angeklagte sei schon in der Vergangenheit durch zufällige Begegnungen mit jungen Frauen, aber auch ohne äußere Reizeinwirkungen in sexuelle Erregungen gekommen. Stets habe er sie, wie auch immer, überwunden. Auch nach der erregenden Begegnung mit Beate Bader handelte er nicht sofort. Erst als er Sieglinde Johland entdeckte, entschloss er sich, seinem Drang nachzugeben und das Kind zum Geschlechtsverkehr zu missbrauchen. Dabei war er stets darauf bedacht, sein Ziel zu erreichen. Er ließ sich von der Abwehr des Kindes nicht abhalten, erwürgte es, um seine eigene Sicherheit nicht zu gefährden, und versteckte das Opfer, um die Tat zu vertuschen.

»Ein zu erheblichen Störungen der Geistestätigkeit führender Dämmerzustand zur Zeit der Tatentscheidung lag mit Sicherheit nicht vor«, stellt das Gericht fest. Es ändert das Cottbuser Urteil im Schuld- und Strafausspruch und verhängt gegen Herbert Kahle eine lebenslange Freiheitsstrafe wegen Mordes, versuchter Vergewaltigung und Nötigung zu sexuellen Handlungen, beides im schweren Fall, und sexuellen Missbrauchs von Kindern.

Im Dezember 1987 wird Kahle aus dem Gefängnis entlassen.

DER TIEGELMÖRDER

In der Nacht vom 28. zum 29. Dezember 1978 klingelt beim diensthabenden Offizier im Volkspolizeikreisamt Cottbus das Telefon.
Am anderen Ende ist ein der Stimme nach junger Mann. Er vergewissert sich zunächst, dass er mit seinem Anruf wirklich bei der
Polizei gelandet ist, und bittet dann darum, dass man doch mal
einen Toniwagen zur August-Bebel-Straße, Ecke Friedrich-Engels-
Straße schicken möge. Er habe sich unter Einfluss von Alkohol
mit seiner Oma gedroschen, und die liege nun im Wohnzimmer.
Er nennt auf Nachfrage seinen Namen, Lukas Müller. Wo genau
er mit seiner Oma wohnt, verschweigt er.

»Dann kommen sie mit Blaulicht, und das will ich nicht«, begründet er seine Zurückhaltung.

Wenige Minuten nach diesem mysteriösen Anruf ist eine Funk-
streifenbesatzung vor Ort. Wie versprochen ist das Blaullicht aus-
geschaltet. An der angegebenen Stelle steht tatsächlich ein junger
Mann vor einer Telefonzelle. Es ist Lukas Müller.

»Was ist denn passiert? Zeigen Sie uns die Wohnung«, wenden
sich die Polizisten an den Wartenden, der eine starke Alkoholfahne
hat. Müller geht ohne zu zögern voran zu einem der Neubaublö-
cke, die die Zufahrtsstraße zum Cottbuser Stadtzentrum säumen.
Die Wohnung entspricht dem normierten Standard: Links vom
kleinen Korridor Küche und Bad, geradeaus das Schlafzimmer,
rechts das Kinder- und danach das Wohnzimmer. Als die Polizisten
durch die geöffnete Wohnzimmertür blicken, sehen sie neben der
Couch auf dem Fußboden die Umrisse einer menschlichen Gestalt.
Kopf und Teile des Körpers sind mit einer Bettdecke verhüllt. Der
Bettbezug ist im Kopfbereich von Blut durchtränkt. Als die Polizisten der alten Frau den Puls fühlen, können sie kein Lebenszeichen
mehr feststellen. Über Funk informiert die Besatzung des Funk-
streifenwagens den Offizier im Polizeiamt. Der alarmiert den Notarzt und trommelt die MUK zusammen. Lukas Müller wird in ein

Nebenzimmer gebracht und dort bewacht. Es wird nicht darüber gesprochen, was hier passiert ist.

Hauptmann der K Hans Jakobitz verfügt in seiner Funktion als Chef der MUK die Einleitung eines Ermittlungsverfahrens gegen den 17 Jahre alten Müller. Noch in der Nacht wird dieser vorläufig festgenommen. Er steht im dringenden Verdacht, seine Großmutter, Gerda Kuntze, getötet zu haben. Die Spuren in der Wohnung lassen kaum andere Schlüsse zu.

Neben der Toten liegt eine Emaillebratpfanne. Am Tiegel sind deutliche Blutanhaftungen zu sehen. Auf dem Tisch steht eine Tasse, auch sie ist blutig. Auf dem Teppich liegt eine kleine Flasche Weinbrand der Marke »Senator«, die bis auf ein paar Tropfen leer ist. Die Kriminaltechniker sichern die Spuren an den möglichen Tatwerkzeugen. Im Bad finden sie Blutspritzer im Waschbecken und am Handtuch. Von wem sie stammen, ist zu diesem Zeitpunkt noch unklar.

Lukas Müller wird in der Bauarbeiter-Poliklinik einem Arzt vorgestellt. Der nimmt ihm Blut ab, um den Alkoholgehalt des Jugendlichen zu bestimmen. Er vermerkt, dass der Patient angetrunken, aber nicht deutlich betrunken ist. Seit Müllers Anruf ist jetzt eine Stunde vergangen. Der Test ergibt 0,9 Promille Alkohol im Blut. Später wird eine Blutalkoholkonzentration von 1,0 bis 1,2 Promille für die Tatzeit errechnet. Bei der körperlichen Untersuchung fallen Blutverschmierungen an seinen Unterarmen, Kratzer an den Fingern und eine blutige Verschmutzung am rechten Oberschenkel auf. Die Verletzungen und Blutspuren werden fotografiert. Die Spezialisten im Kriminaltechnischen Institut untersuchen die am Körper gesicherten Blutspuren sowie die Blutanhaftungen, die sich an der Kleidung des Beschuldigten befinden. Es ist Blut von Gerda Kuntze. Die Kette der objektiven Beweise ist stark.

Bei der Vernehmung am nächsten Tag, die von 10.15 Uhr bis 15.45 Uhr dauert und nur von einer halbstündigen Mittagspause unterbrochen wird, leugnet Lukas Müller das Verbrechen an seiner 72-jährigen Großmutter nicht.

Der Tattag beginnt nicht außergewöhnlich. Müller, bei der Bahn-
meisterei als Gleisarbeiter beschäftigt, hat am Donnerstag vor Sil-
vester frei. Mit ein paar Freunden bringt er den Tag mehr schlecht
als recht über die Runden. Gegen 17 Uhr zieht er mit Kumpel
Christian los. In der Mokkaeisbar, einem beliebten Treffpunkt junger Leute im Stadtzentrum, genehmigt er sich drei »Braune«, wie
Deutscher Weinbrand genannt wird, dazu eine Flasche Cola. Hunger und Durst führen die Freunde in die benachbarte Grillbar. Sein
»Toast Hawai«, eine Scheibe Toastbrot mit Schinken, überbacke-
nem Käse und Früchten, spült der 17-Jährige mit zwei kleinen Glas
Bier runter. Dann trennen sich die Freunde und fahren mit der
Straßenbahn in entgegengesetzte Richtungen nach Hause.

Eine halbe Stunde später trifft Lukas bei seiner Oma ein. Dort
wohnt er seit einigen Wochen, da er es bei seiner Mutter und deren
Lebenspartner nicht mehr ausgehalten hat. Fortwährend gab es
Zoff mit den Erwachsenen, die andauernd an ihm »rumerzogen«
und wegen ständiger Disziplinlosigkeit etwas an ihm auszusetzen
hatten. Ganz schlimm empfand der Junge die Nörgeleien, nachdem
ihn das Kreisgericht Senftenberg wegen Rowdytums zu acht Monaten Freiheitsstrafe verurteilt hatte. Der aufmüpfige und für Kritik
unempfängliche junge Mann hatte Mitlehrlinge drangsaliert und
sogar damit gedroht, sie aus dem fahrenden Zug zu werfen.

Mit der Oma versteht sich Lukas besser. Die gütige Frau verzeiht dem Enkel viel mehr als die eigene Mutter, selbst wenn sie
manchmal mit dem Jungen schimpft. Solche kleineren Streitereien
mit der Großmutter nimmt der Heranwachsende unbeeindruckt
hin. Vorwürfe und gute Ratschläge gehen zum einen Ohr hinein
und, ohne im Gehirn Station zu machen, aus dem anderen Ohr
wieder hinaus.

Gemeinsam bereiten sie an diesem Tag in der Küche das Abendbrot vor. Die Großmutter schmiert Stullen und belegt sie mit Schinken und Wurst. Lukas kocht eine große Kanne Tee, die er ins
Wohnzimmer trägt. Die kleine Flasche Weinbrand Marke »Senator« für den »Tee mit Schuss« hat er dabei. Zunächst schauen Oma
und Enkel friedlich zusammen Fernsehen, ZDF und das erste Pro-
gramm des DDR-Fernsehens. Lukas nimmt Schluck für Schluck

aus der Schnapsflasche. Oma Gerda ärgert sich einmal mehr über die Sauferei ihres Enkels und darüber, dass er in seiner Freizeit so nutzlos herumhängt.

»Was borgst du dir immer das Motorrad deines Freundes? Wirst es noch kaputt fahren«, schimpft sie und fordert: »Gib mir die Fahrerlaubnis, dann ist wenigstens Schluss mit der Kutscherei.« Einmal in Fahrt gekommen, redet sie weiter.

»Was soll nur aus dir werden?«, fragt sie vorwurfsvoll. Das bringt den Jungen auf die Palme, zumal ihm der Schnaps die Sinne vernebelt.

»Halt endlich die Schnauze«, fährt er die alte Frau an und erntet für diese Frechheit eine Ohrfeige. Dann herrscht vorübergehend Funkstille.

Im Laufe des Abends beginnt bei Lukas erneut der Magen zu knurren. Er geht in die Küche, um sich ein paar Spiegeleier zu braten. Doch der Gasherd geht nicht an. Die Oma hat in ihrer Umsicht wieder einmal den Haupthahn im Flur abgedreht. Lukas schimpft vor sich hin und stampft mit dem Tiegel in der Hand hinaus, um das Gas anzustellen. Dabei sieht er durch die geöffnete Wohnzimmertür, dass im ZDF die Sendung »Kennzeichen D« beginnt, und vergisst darüber die Eierbraterei. Er stellt die Bratpfanne auf den Wohnzimmertisch und setzt sich zur Oma auf das Sofa. In dem Maße, wie der Pegel der Schnapsflasche sinkt, steigert sich seine Aggressivität. Als Gerda Kuntze wieder anfängt, seinen Lebensstil zu kritisieren und dabei auch noch seine Mutter ins Spiel bringt, die in einem Brief klargemacht hat, dass an seinen Schwierigkeiten einzig und allein er selber schuld sei, dreht der Junge durch. Er schnappt sich den Tiegel und schlägt mit aller Kraft und wie von Sinnen auf den Kopf der Großmutter ein, die auf der Couch liegt.

»Halt endlich die Schnauze«, fährt ihm wieder der unflätige Spruch über die Lippen. Zwischen der alten Frau und dem jungen Mann kommt es zu einem Handgemenge. Verzweifelt klammert sich das Opfer an ihren Enkelsohn, um ihn zur Vernunft zu bringen. Der ergreift ihren Hals und drückt zu, bis der Widerstand erlahmt. Die Kämpfenden landen auf dem Fußboden. Lukas schlägt weiter auf den Kopf seines Opfers ein, diesmal mit der

Teetasse, die noch auf dem Tisch steht. Verzweifelt röchelt Oma Gerda: »Lukas, Mensch, Lukas.«

Als Lukas Müller seinen Namen hört, hält er inne. Ihm wird beim Anblick des vielen Blutes am Kopf seines Opfers, auf der Couch und auf dem Fußboden übel. Der sonst so coole Jugendliche schafft es gerade noch bis ins Bad. Dort übergibt er sich ins Toilettenbecken. Er reinigt sich die Hände und macht sich frisch, spritzt sich kaltes Wasser ins Gesicht. Im Spiegel sieht der Täter, dass sein Hals voller Blut ist. Gründlich wäscht er es sich von der Haut. Er löscht das Licht und begibt sich zurück ins Wohnzimmer. Dort registriert der junge Mann zuerst den blutverschmierten Tiegel. Blut ist auch an der Tasse, die auf dem Tisch steht. Er hört die Oma röcheln. Sie atmet langsam und schwer. Nach einem Seufzer hört der Enkel von der Großmutter nichts mehr. Er legt das Ohr über die Bekleidung auf die linke Brust, stellt aber keinen Herzschlag mehr fest. In diesem Moment wird ihm klar, dass er seine Oma getötet hat.

Das Täterwissen, das in dieser Aussage steckt, sowie das gute Erinnerungsvermögen an die Minuten nach der tödlichen Auseinandersetzung sollen im Verlauf des Ermittlungsverfahrens noch einmal besondere Bedeutung erlangen. Zunächst wird Lukas Müller von Prof. Dr. Ehrig Lange an der Medizinischen Akademie in Dresden psychiatrisch begutachtet.

Seine Selbsteinschätzung und die von Menschen aus seinem Umfeld charakterisieren ihn als einen Jugendlichen voller Widersprüche, vor allem aber als jemand, der sich immer im Mittelpunkt sieht. Müller tritt sehr großspurig und von sich überzeugt auf. Er sei in der Klasse der Einzige gewesen, der sich getraut habe, das zu sagen, was man denkt, und habe deshalb Ärger bekommen. Schließlich dürfe man in diesem Staat ja nicht frei seine Meinung äußern. Manche Lehrer habe er so gehasst, dass er am liebsten eine MPi genommen hätte und auf sie losgegangen wäre, schildert er seine Empfindungen. Mit seiner Freizeit, so räumt er ein, habe er nichts Vernünftiges anfangen können. Am wohlsten habe er sich im Kreis echter deutscher Kumpels gefühlt, die heimliche Hitleranhänger waren und nicht nur alles »rot« sahen. Berichte im

Westfernsehen über Übungen von Jugendlichen in alten Naziuniformen hätten ihn fasziniert. In der Untersuchungshaft, so gesteht er dem Gerichtspsychiater, bewegt ihn vor allem der Gedanke, wie und wann er einen Antrag auf Ausreise in die BRD stellen kann. Er ist ganz offensichtlich dem Glauben verhaftet, dass die ersehnte grenzenlose Freiheit Gesetze nicht kennt. Das Bild, das sein Umfeld von ihm zeichnet, sieht etwas anders aus:

Die, die Lukas Müller näher kennen und im Ermittlungsverfahren von der Polizei befragt werden, berichten übereinstimmend, dass er »immer eine große Gusche« hatte und sich durch Prahlerei Anerkennung verschaffen wollte. Gutachter Lange kommt zu dem Schluss, dass Müller durch sein spontanes, forsches und unbekümmert-lässiges Wesen mehr Selbstwertgefühl vortäuscht, als er in Wirklichkeit besitzt. Für seine Tat ist er voll verantwortlich, die Schuldfähigkeit war nicht durch Alkoholgenuss oder einen krankhaften Affekt beeinträchtigt.

Diese Einschätzung passt Lukas Müller offensichtlich überhaupt nicht. Er bittet die Kripo Anfang Mai um ein Gespräch, in dem er sein Geständnis zurückzieht. Die Begründung lässt von Reue nichts erkennen. Er habe es sich halt anders überlegt, sagt er schlicht. Beim Gutachten sei nichts rausgekommen, und deshalb sage er nun überhaupt nichts mehr. Müller räumt ein, dass er gehofft hat, als vermindert schuldfähig eingeschätzt zu werden, weil man ja nicht normal sein könne, wenn man seine Oma erschlägt. Er reagiert erschrocken, als ihn der Vernehmer erneut darauf hinweist, dass gegen ihn wegen Mordes ermittelt wird. Dann, so seine Reaktion, sage er gar nichts mehr, dann könne er ja einpacken. Er ist überzeugt, dass ihm die Tat nicht nachgewiesen werden kann, wenn er sein Geständnis widerruft. Seine Logik: »Wir waren ja nur zwei Mann, meine Oma und ich.« Außerdem, so die Schlussfolgerung des Beschuldigten, dürfe ihn der Staat gar nicht einlochen, schließlich sei es seine Oma gewesen und nicht die des Staates.

Die Staatsanwaltschaft Cottbus klagt Lukas Müller drei Wochen nach dieser Widerrufsbegründung, die aus einem Panoptikum stammen könnte, wegen Mordes an seiner Großmutter Gerda Kuntze an. Zusätzlich muss er sich noch wegen Betrugs und Diebstahls verantworten, denn im Laufe der Ermittlungen ist herausgekommen, dass Müller einen Freund um 1500 Mark geprellt hat. Der hatte ihm drei Blankoschecks für den Kauf von Bohrmaschinen übergeben, die Gerda Kuntze angeblich im Konsument-Warenhaus der Stadt günstig bekommen könnte. Statt wie versprochen das Werkzeug zu besorgen, verprasste Müller das Geld jedoch überwiegend in Gaststätten.

Das Bezirksgericht verhandelt an zwei Tagen im Juli 1979 über die Anklage. Es billigt Lukas Müller zu, dass er den Tod seiner Großmutter nicht wollte. Dennoch war er sich klar darüber, dass die vielfachen Schläge mit dem Tiegel und der Tasse sowie das Würgen zu schweren Verletzungen und zum Tod führen konnten, urteilt das Gericht. Juristen nennen das »Handeln mit bedingtem Vorsatz«. Die 72-jährige Frau hatte gegen den großen und kräftigen jungen Mann keine Überlebenschance. Mindestens sieben Mal hat er mit dem Brattiegel auf das Opfer eingeschlagen, stellten die Gerichtsmediziner bei der Obduktion fest. Die Male am Hals des Opfers bewerteten sie als Ausdruck eines längeren und intensiven Würgens. Die Worte, die die Vorsitzende Richterin an den jugendlichen Angeklagten richtet, sind deutlich: »Sie haben den Menschen getötet, der Ihnen schon als Kind Liebe und Fürsorge angedeihen ließ und der Ihnen in einer Konfliktsituation Unterkunft und Betreuung gegeben hat. Gehört haben Sie auf Ihre Oma, von der Sie viel Gutes hatten, zu keiner Zeit. Aus einem nichtigen Anlass heraus haben Sie sich zu einem solch schweren Verbrechen entschlossen. Ihre Handlungsweise ist brutal und verabscheuungswürdig.«

Der 1. Strafsenat des Bezirksgerichts verhängt gegen Lukas Müller eine Freiheitsstrafe von 15 Jahren. Es ist die Höchststrafe für nicht Volljährige. Dass er erst drei Wochen nach der Tat 18 Jahre alt wurde, hat ihn wahrscheinlich vor einer lebenslangen Haftstrafe bewahrt.

Das Oberste Gericht der DDR verwirft einen Monat später die Berufung des Angeklagten. Im Juli 1990 wird er aus der Justizvollzugsanstalt Brandenburg an der Havel entlassen. Dort hat sich Lukas Müller als vorbildlicher Häftling gezeigt, der mehrmals für seine guten Arbeitsleistungen ausgezeichnet wurde.

Der Ostersonntag im April 1979 zeigt sich von seiner schönsten Seite. Michael Werner ist zu Besuch bei seiner Großmutter in Lauchhammer. In dieser durch die Braunkohleveredelung und die Fertigung von Tagebaugroßgeräten geprägten Industriestadt hat er seine Kindheit verbracht. Entstanden durch den Zusammenschluss von dörflichen Ansiedlungen, hat sich Lauchhammer trotz der verheerenden Umweltbelastungen scheinbar idyllische Ecken bewahrt.

Hinterm Haus der Großmutter erstreckt sich freies Gelände, in das ein Teich eingebettet ist. Das Gewässer ist stark belastet durch Industrieschlamm, die Sichttiefe ist gleich Null. Trotzdem haben Michael Werner und seine Freunde hier oft gespielt. Mit Zinkbadewannen haben sie sich auf dem Wasser im Gefluder hinab zum Teich treiben lassen. Das waren anrüchige Wannenbootsfahrten, nicht nur, weil sie eigentlich verboten waren, sondern weil die Ausdünstungen des Abwassers gen Himmel stanken.

Michael erinnert sich dennoch gern an diese Zeit. Und auch diesmal lockt es ihn hinaus zu einem Spaziergang entlang des künstlichen Grabens, der zum Teich führt. Hier könnte mal wieder ausgebaggert werden, stellt der 19-Jährige fest, als er die Bruchstelle im Gefluder sieht. Allerlei Unrat hat sich hier inzwischen aufgestaut. Das Wasser, mit unansehnlichen Schaumkronen auf der Oberfläche, hat sich inzwischen seinen eigenen Weg in den Teich gesucht. Der junge Mann entdeckt inmitten des Gerümpels zwei Filzstiefel. Von einem ist nur die Sohle zu sehen, der andere ragt fast bis zum Schaft heraus. Sieht aus, als wenn dort noch ein Bein drinsteckt, geht ihm durch den Kopf.

Eine Woche später ist Michael erneut für ein gemütliches Wochenende bei der Großmutter zu Gast. Am Nachmittag treibt ihn Langeweile hinaus ans Gewässer. Wie von selbst lenken ihn seine Füße an die Stelle seiner merkwürdigen Entdeckung vor einer Woche. Im Gefluder ist diesmal kaum Wasser. Die Pumpen sind abgestellt. Eine Badewanne hat sich an der Bruchstelle festgesetzt. Die Neugier führt den jungen Mann die zwei Meter tiefe Böschung hinunter zur Grabensohle. Dort steckt, nun zwischen Badewanne und Grabenwand eingeklemmt, immer noch ein Filzstiefel im Schlamm. Mit einem Stock schlägt Michael auf das Undefinierbare in dem Stiefel. Der penetrante Geruch, der ohnehin in der Luft liegt, verstärkt sich noch durch die Hiebe auf den Stiefelinhalt, der zurückfedert wie Gummi.

Michael will es genau wissen. Auf dem Schuttplatz unweit des Grabens findet er ein Stück weißes Elektrokabel, das er an dem Stiefel festbindet. Ein kurzer Ruck, dann lässt er das Kabel fassungslos fallen. Am Stiefel hängt ein Bein. Ein menschliches Bein. Ein unerträglicher Gestank schwängert die Luft über der Fundstelle: Leichengeruch.

Drei Monate früher, Anfang Januar, bewegen sich zwei Männer von einer abgelegenen, heruntergekommenen Wohnbaracke aus über ein freies Feld. Sie überqueren eine Straße und nehmen Kurs auf einen künstlich angelegten Wasserlauf. Der große Kräftige gibt die Richtung vor. Sein Begleiter sieht im Vergleich zu ihm noch schmächtiger aus, als er ohnehin schon ist. Mit seinen knapp 1,60 Meter reicht er dem anderen kaum bis zur Schulter.

»Bitte, lass mich. Was wollen wir denn da? Ich bin müde, will wieder ins Bett. Aua, lass mich los!« Das Wimmern des kleinen Mannes quittiert der Angesprochene mit Knurren und Grobheiten.

»Halt die Fresse, sonst setzt es noch was.« Dabei packt er ihn um den Hals, nimmt ihn in den Schwitzkasten und schleudert ihn ohne Mühe nach vorn. Mit Rippenstößen treibt er den Kleinen durch die frostige Nacht, zerrt ihn hoch, wenn dem so Malträtierten die Füße den Dienst versagen. Sein Gesicht ist verquollen, die Nase blutet. Nach 700 Metern erreicht das ungleiche Paar den Graben. Das Gefluder ist an dieser Stelle durch eine 70 Zentimeter hohe Barriere gesichert. Dort stellt sich der kräftige Mann sein vor Angst zitterndes Opfer zurecht. Der zweite Faustschlag ins Gesicht befördert das Leichtgewicht über die Begrenzung. Sich hinterrücks überschlagend stürzt der schmächtige und wehrlose Mann in den Kanal. Die Strömung ist stark. Im Nu ist er verschwunden, treibt hilflos dem Gefluderauslauf und dem Teich entgegen. Die Filzstiefel zeigen in den sternenlosen Nachthimmel.

Die Faust des Schlägers ist feucht und warm. Er weiß, es ist das Blut seines Opfers. Er spürt es nicht zum ersten Mal. Unbewegt wischt er sich die Hand am linken Ärmel der grünen Kutte ab, macht kehrt und geht gemächlich den Weg zurück. Gegen 1.30 Uhr ist er daheim. Seine Ehefrau schläft. Der Mann trommelt gegen die Fensterläden, damit sie ihm die Tür öffnet. Einen Schlüssel hat er nicht bei sich. Drinnen wäscht er sich in der Küche in einer Schüssel die Hände, die voller Blut sind. Er hat Hunger, geht in die Küche, verlangt eine Stulle. Ohne Aufforderung berichtet er der schlaftrunkenen Gattin, was passiert ist.

»Ich habe mich geprügelt, dabei ist Blut auf die Kutte gekommen. Mach sie sauber. Er ist tot. Ich habe ihn zum See geschafft. Jetzt ist Ruhe auf dem Hof.« Die Frau weicht das Kleidungsstück in einer Wanne in kaltem Wasser ein und legt sich, ohne weiter zu fragen, wieder ins Bett.

»Du erzählst keinem Menschen etwas davon«, hört sie ihren Angetrauten noch sagen. Als sie früh aufsteht und sich zur Arbeit fertig macht, schläft ihr Gatte tief und fest. Ihre Weckversuche wehrt er mürrisch ab.

»Ich nehme heute Ruhetag«, knurrt er. »Sag's dem Meister!« Die Frau geht allein zur gemeinsamen Schicht in die Brikettfabrik.

Tage und Wochen vergehen. Viel Wasser ist inzwischen durch das Gefluder geflossen. Das Verschwinden des kleinen Mannes scheint niemandem aufgefallen zu sein. Er war ohnehin ein Aussätziger, ein Alkoholiker, der keiner geregelten Arbeit nachging, sich auf Schutthalden, Müll- und Ascheplätzen aufhielt, dort nach Schrott suchte und verkaufte, was er fand. Was keiner haben wollte, schleppte er in seine Bleibe in der Wohnbaracke und in den Schuppen auf dem zugehörigen Hof.

Am 30. Januar meldet der Rentner Ziegler der Polizei in Lauchhammer, dass er seinen Nachbarn Paul Schuster schon lange nicht mehr auf dem Hof gesehen habe. Dessen geschiedene Frau läge im Krankenhaus, und er selbst scheine auch nicht in der Wohnung zu sein. Schuster, so beschreibt der Rentner den Vermissten, ist klein, schlank, von schwächlicher Statur, schätzungsweise 45 bis 50 Jahre alt, hat dunkelblondes, struppiges Haar und trägt alte, abgetragene und schmutzige Sachen.

Am Tag nach der Vermisstenanzeige überprüft der Abschnittsbevollmächtigte der Polizei die Barackenwohnung der Schusters, in der sie trotz der Scheidung noch gemeinsam leben. Als der Unterleutnant die Tür öffnet, verschlägt es ihm die Sprache. Von überall her kommen Katzen angerannt. Katzendreck, wohin man auch tritt, ob in der Küche oder in den beiden Zimmern, deren eigentliche Bestimmung nicht mehr erkennbar ist. Überquellende Eimer stehen herum. Möbel im herkömmlichen Sinn gibt es nicht. In der Küche steht ein Bett. Die Matratze ist durchgelegen und voller Flecken. Von Laken und Bettdecken keine Spur, offensichtlich dienen alte und verschmutzte Kleidungsstücke zum Zudecken. Die Fensterscheiben sind zerschlagen, die Öffnungen notdürftig mit Pappe abgedeckt. Der Strom ist abgeklemmt.

»Mit Worten lässt sich das kaum beschreiben«, berichtet der ABV der Kripo in Senftenberg. Die nimmt erste Ermittlungen auf. Die Morduntersuchungskommission schaltet sich schließlich ein.

Bruno Ziegler, der Enkel von Rentner Ziegler, rückt schnell ins Visier der Fahnder. Das merkwürdige Verhältnis zwischen dem jungen, 27-jährigen großen und kräftigen Bruno und dem in Wirklichkeit nur zwölf Jahre älteren, schwächlichen Paul Schuster ist in der Nachbarschaft bekannt. Oft zechen sie zusammen, noch öfter prügeln sie sich. Die Rollen sind stets gleich verteilt: Bruno teilt die Schläge als Strafe für das asoziale Leben des anderen aus, Paul steckt sie ein. Als Rache diffamiert er dafür Saufkumpan Bruno in der Öffentlichkeit.

»Wascht euch und geht lieber arbeiten«, beschimpft er den Stärkeren, und wenn der außer Reichweite ist, bezeichnet Schuster ihn als Hurensohn und seine Mutter als Hure. Ziegler revanchiert sich mit allerlei Schikanen. Er zertrümmert bei Schusters die Fensterscheiben, hebt vor der Barackentür einen Graben aus und schmeißt das Erdreich in den Flur, legt vor dem Schuppen der Schusters Feuer, hängt ihnen die Fensterläden aus und so weiter.

Dass Bruno Ziegler mit dem Verschwinden des Vermissten zu tun haben könnte, liegt für die Kriminalisten schnell auf der Hand. Ziegler bestätigt bei einer Befragung, dass er sich in der Nacht vom 7. zum 8. Januar mit Schuster auf ein Bier verabredet hatte. Mehr gibt er nicht zu. Die Aussagen der Frauen von Ziegler und Schuster lassen vermuten, dass es keineswegs so friedlich zugegangen sein dürfte wie von Bruno dargestellt. Ein anonymer Hinweis auf die blutige Kutte Zieglers verstärkt den Verdacht. Doch noch immer ist das Verschwinden von Paul Schuster ein Vermisstenfall. Es fehlt jede Spur von ihm – bis Michael Werner die Filzstiefel im Schlamm des Gefluderauslaufs entdeckt.

Die Identifizierung der Wasserleiche gestaltet sich schwierig. Äußere Anzeichen von Gewalteinwirkung sind nicht erkennbar, dafür ist die Verwesung des Körpers zu weit fortgeschritten. Erste Hinweise auf die Identität des Toten ergeben sich aus dem Zahnstand. Der Vergleich mit der Patientenkartei von Schusters Zahnarzt ergibt Übereinstimmungen. Auffallende Narben am Unterarm und im Brustbereich lassen auf Operationen schließen. Auch hier bestätigen Behandlungsunterlagen die Vermutung, dass auf dem Sektionstisch der Gerichtsmediziner in Dresden die menschlichen Überreste Paul Schusters liegen. Endgültige Gewissheit bringt schließlich die Blutgruppenanalyse. Der Tote im Teich ist identifiziert.

Die Indizien, die die Kriminalisten derweil zusammengetragen haben, lassen kaum einen anderen Schluss zu: Bruno Ziegler hat mit dem Tod seines Nachbarn unmittelbar zu tun. Vor allem die Aussagen der Ehefrauen von Schuster und Ziegler weisen auf eine handfeste Auseinandersetzung zwischen den beiden Männern in der mutmaßlichen Tatnacht hin, auch wenn die Glaubwürdigkeit dieser Zeugen mit einer gewissen Zurückhaltung zu bewerten ist. Margot Schuster ist von überstarkem Alkoholgenuss gezeichnet, Gabriele Zieglers Intelligenzquotient liegt weit unter dem Durchschnitt. Dennoch ergibt sich ein ziemlich genaues Bild des Dramas in der Nacht vom 7. zum 8. Januar 1979:

Zieglers arbeiten gemeinsam als Maschinenwärter in der Brikettfabrik. Nach der Spätschicht, in der Bruno wie immer zwei bis drei Bier getrunken hat, sind sie gegen 22 Uhr daheim in ihrer Wohnbaracke am Stadtrand von Lauchhammer. In der Küche leeren sie gemeinsam die zwei noch vorhandenen Flaschen Bier.

»Ich geh noch mal rüber zu Schuster«, sagt Ziegler zu seiner Frau. In seinem Kopf rumort noch der Ärger über einen Streit vom Vortag. Wenige Minuten später steht er wirklich vor dem Küchenfenster des ungeliebten Zechkumpans. Der liegt mit seiner geschiedenen Frau bereits unter schäbigen Kleidungsstücken auf dem dreckigen Bett.

»Paul, komm raus, noch ein Bier trinken«, ruft ihn Ziegler. Der immer durstige Schuster muss nicht zweimal gebeten werden. Anziehen muss er sich nicht extra, er schläft wie immer in Straßenkleidung. Er muss nur noch in die Filzstiefel steigen, die von einer Müllhalde stammen.

»Wir gehen rüber zu mir«, fordert Ziegler sein Opfer auf. Urplötzlich prasselt ein Trommelfeuer von Schlägen und Hieben auf Kopf und Körper von Schuster. Den Nachbarn zu verprügeln ist nämlich der eigentliche Anlass des nächtlichen Ausflugs. Schuster flüchtet in der Hoffnung, zwischen den in der Nähe stehenden Aschetonnen Schutz zu finden. Sowohl Margot Schuster als auch Gabriele Ziegler hören die Hilfeschreie des Tyrannisierten. Zieglers Frau steht auf und sieht vom Fenster aus die wilde Prügelei. Hemmungslos schlägt ihr Mann auf Schuster ein, der zu Boden fällt, sich wieder aufrafft, erneut fällt.

»Lass ihn doch in Ruhe«, schimpft sie in Richtung der Aschetonnen. Dann macht sie das Fenster wieder zu und legt sich ins Bett.

Ziegler ist entschlossen, mit dem Nachbarn, dessen Leben in seinen Augen ohnehin nutzlos ist, endgültig Schluss zu machen. Er soll verschwinden. Der Teich mit der dicken Schicht Kohleschlamm soll ihn für immer verschlucken.

Bruno Ziegler will lange nicht wahrhaben, dass das Spiel vorbei ist. Erst als ihm die Vernehmer einen Brief seiner Frau vorlegen, gibt er das Lügen auf. Darin steht, dass sie der Polizei sowohl von ihren Beobachtungen in der Tatnacht und dem Gespräch berichtet hat, in dem Ziegler den Mord gestand, als auch davon, dass sie Blut aus der Kutte ihres Mannes waschen musste. Sie fordert ihn auf, die Wahrheit zu sagen. Schwindeln habe ja doch keinen Sinn, schreibt sie ihrem Mann.

Ziegler gesteht die Tat und wird Anfang Mai 1979 in Untersuchungshaft genommen. Eine Woche lang und während vier Vernehmungen steht der Tatverdächtige zu seiner Aussage. Dann gewinnen die Einflüsterungen der Mithäftlinge und seine eigenen Erfahrungen aus drei Vorstrafen die Oberhand. Er widerruft seine Geständnisse. Die Begründungen sind nicht neu: Die Ermittler hätten die Aussagen erpresst, er hätte Angst vor Dresche gehabt, ihm seien Zigaretten für ein Geständnis versprochen worden – für ihn als Raucher unwiderstehlich –, seine Frau belaste ihn, weil sie ihn loswerden wolle. Dafür spräche doch, dass sie ihm gar nicht mehr schreibe, und auch die Mutter lasse nichts von sich hören. Dabei habe er ihnen doch gar nichts getan.

Dann spielt er gegenüber den Kriminalisten seinen vermeintlichen Trumpf aus: »Ihr könnt mir gar nichts beweisen.«

Von dieser Starrköpfigkeit bringt ihn nichts und niemand mehr ab. Untersuchungsexperimente der Kripo bestätigen jedoch, dass die Frauen in jener Nacht die Hilferufe von Paul Schuster gehört haben können, dass Gabriele Ziegler die Prügelei vom Fenster aus gesehen haben kann, dass ihre Angaben zum Tatablauf mit denen in den Geständnissen des Tatverdächtigen übereinstimmen. Er muss ihr noch in der Nacht alles erzählt haben.

Ein Ausbruch ungezügelter Gewalt gegenüber Schwächeren passt zum bisherigen Leben des Bruno Ziegler. Selbst gegen seine Mutter hat er die Hand erhoben. Die sagt in einer Vernehmung aus: »Wenn er betrunken war, konnte er brutal werden und benahm sich wie ein Vieh. Mit der Axt hat er Möbel zerschlagen. Ich habe von ihm Schläge bekommen. Er beschimpfte mich als Sau, stieß mich mit den Ellenbogen und gab mir noch einen Tritt in den Hintern, so dass ich gegen die Wand flog.«

Bruno Ziegler lebt als Erwachsener so, wie es ihm als Kind und Jugendlicher vorgelebt wurde. Die Familienverhältnisse sind undurchsichtig. Die Mutter steht mit dem außerehelichen Kind allein da. Den leiblichen Vater lernt Bruno nie kennen, einen Kindergarten auch nicht. Die Großmutter übernimmt die Erziehung beziehungsweise die Aufsicht, wenn die Mutter auf Arbeit ist. Während er ohne Liebe, Fürsorge, Zuneigung oder Grenzen heranwächst, lernt Bruno zwei Männer als Väter kennen. Beide sind brutale Schläger, die auch vor Bruno und seinem Stiefbruder nicht halt machen. Mehrfach reißen die Jungen gemeinsam von zu Hause aus. Der Bruder wird schließlich von der Jugendhilfe in ein Heim eingewiesen, Bruno muss in der Familie bleiben. Als Kind leidet er außerdem unter epileptischen Anfällen, die jedoch behandelt werden und sich später legen.

Die Schule bereitet Bruno Ziegler von Anfang an Schwierigkeiten. »Er hat den Lernstoff nicht so richtig begriffen«, sagt seine Mutter dazu. Daheim erfährt er keine Hilfe. Wie auch – weder Mutter noch Großmutter beherrschen ausreichend das Lesen, Schreiben und Rechnen. Nach acht Jahren verlässt Bruno die Hilfsschule. Kinder aus einer solchen Schule haben es auch in der DDR schwer. Die Ausbildung als Schlosser bricht Ziegler aus unbekanntem Grund kurz vor Ende der Lehre ab. Diebstahl, Alkohol und Haftstrafen sind seine Begleiter auf dem Weg ins Erwachsenenleben.

Das insgesamt verpfuschte Leben führt ihn schließlich auf die Anklagebank des Bezirksgerichtes Cottbus. Dort muss er sich im April 1980 wegen Mordes an Paul Schuster verantworten. Den Widerruf seiner Geständnisse bewertet das Gericht als Versuch, einer Strafe zu entgehen. Die Indizien sind eindeutig, und Ziegler wird wegen Mordes zu einer Freiheitsstrafe von 15 Jahren verurteilt.

Das Gericht billigt ihm verminderte Schuldfähigkeit zu, denn ein psychiatrischer Gutachter hat bei der Untersuchung festgestellt, dass die Hirnsubstanz bei Ziegler deutlich geringer als die

Norm ist und seine geistigen Fähigkeiten dauerhaft beeinträchtigt sind. Das Oberste Gericht der DDR verwirft die Berufung des Angeklagten. Er scheitert 1988 auch mit dem Versuch, bei der Volkskammer der DDR und beim Obersten Gericht die Wiederaufnahme des Verfahrens zu erstreiten. Die auf 54 Seiten handschriftlich aufgelisteten Beweise für seine Unschuld und die Begründung eines Fehlurteils überzeugen nicht.

Bruno Ziegler wird im Oktober 1990 aus dem Gefängnis entlassen. Die 1300 Tage Reststrafe werden ihm vier Jahre später erlassen.

KEINE CHANCE

Guben liegt direkt an der deutsch-polnischen Grenze. Nach dem Zweiten Weltkrieg wird die Neiße Grenzfluss und trennt den deutschen Teil »Guben« vom polnischen »Gubin«. Die Stadt genießt die besondere Aufmerksamkeit der DDR-Führung, schließlich wurde innerhalb ihrer Mauern der erste und einzige Präsident des Arbeiter-und-Bauern-Staates geboren. Nach dessen Tod heißt die Stadt ab 1961 offiziell Wilhelm-Pieck-Stadt Guben. Ab 1960 entwickelt sich Guben rasant. Das Chemiefaserwerk entsteht, das zusammen mit der Gubener Wolle und den Hutwerken das industrielle Fundament bildet. Die Stadt wächst bis Anfang der 80er Jahre um mehr als 10 000 auf rund 36 000 Einwohner. Das Durchschnittsalter der Einwohner ist niedrig, die Geburtenrate hoch. Die Aussicht auf gut bezahlte Arbeit und eine Wohnung in einem der modernen Plattenbauten lockt junge Familien an.

In den Abendstunden des 19. April 1979 erblickt ein kleiner Junge das Licht der Welt. Nennen wir ihn Sandro. Er ist ein schmächtiges Kerlchen, 41 Zentimeter lang und nur 1650 Gramm schwer. Sandro hatte es eilig, auf die Welt zu kommen – zehn Wochen eher als geplant.

Es ist der 20. April 1979, sieben Uhr morgens. Auf dem Weg zur Arbeit wird Regina Maluda auf eine Schar von Schulkindern aufmerksam. Die Mädchen und Jungen stehen aufgeregt an einem Gebüsch vor einem der neu gebauten Häuser. Was sie beim Herantreten sieht, zieht ihr schmerzhaft das Herz zusammen. In den Sträuchern liegt ein nackter Säugling – tot. Es ist Sandro.

Die Suche nach der Mutter des Kindes gestaltet sich für die Kripo als nicht besonders schwierig. Es liegt nahe, dass Sandro aus einem der Fenster des Wohnhauses geworfen wurde. Wenige Stunden später wird Michaela Pallmer als Tatverdächtige ermittelt.

Sie leugnet nicht lange, sondern gibt zu, dass sie ihr Kind aus dem Fenster des zweiten Stocks »entsorgt« hat. Die Geburt hätte sie in der Wohnung überrascht, und Sandro sei tot gewesen, sein Herz habe nicht geschlagen, erklärt sie.

Die Mutter ist jung, 16 Jahre alt, und alles andere als auf einem guten Weg von der Jugendlichen zur Erwachsenen. In ihrer Entwicklung ist viel schiefgelaufen.

Michaela ist das Nesthäkchen der kinderreichen Familie Pallmer. Die ist 1972 aus der Umgebung von Löbau im heutigen Sachsen an die Neiße gezogen. Die inzwischen zehnjährige Michaela kommt mit den höheren Anforderungen in der Gubener Schule nicht klar, sie wird nicht in die fünfte Klasse versetzt. Die Eltern üben Nachsicht mit ihrem Mädchen. Sie ist die Jüngste und leidet dazu noch an einer Funktionsstörung des Herzens. Michaela wird verwöhnt, geschont und, mehr als ihr guttut, rücksichtsvoll behandelt. Schließlich sind ja die großen Geschwister da, die Aufträge erledigen können. Gesunde Anforderungen, die Leistungswillen formen und fördern, werden nicht gestellt. Die kleine Michaela läuft zunehmend aus dem Ruder. Der Schulabschuss der zehnten Klasse liegt für sie in weiter Ferne, sie schafft nicht einmal die achte. Von langjähriger Treue zum Betrieb, für Werktätige in der DDR ein Gütesiegel für Können und Zuverlässigkeit, ist die Heranwachsende später im Berufsleben weit entfernt. Die Lehre als Wirtschaftspflegerin im Gaststättenbetrieb wird wegen Bummelei aufgelöst. Nicht anders ist es in einer Gärtnerei, im Chemiefaserwerk, und auch in der Mitropa-Gaststätte ist sie kein Ausbund an Pünktlichkeit und Arbeitseifer.

Das städtische Referat Jugendhilfe wird eingeschaltet. In einer der Einschätzungen heißt es: »Sie wurde durch freches, herausforderndes Auftreten, Arbeitsbummelei und Kontakte zu ähnlich handelnden Personen auffällig.« Es wird beschlossen, die widerspenstige Jugendliche in den Jugendwerkhof einzuweisen.

Zu diesem Zeitpunkt ist Michaela bereits schwanger. Das weiß sie. Die Regel ist ausgeblieben. Übelkeit und Schwindelgefühle sind weitere untrügliche Zeichen. Was sie nicht weiß, ist, wer der

Vater des Kindes ist. Woher auch, angesichts der ständig wechselnden Gaststätten- und Diskobekanntschaften. Sie gilt bei den jungen Männern als »leicht zu haben«.

»Ich will das Kind nicht«, legt sie für sich fest. Gedanken an das ungeborene Leben in ihrem Bauch werden nicht zugelassen. Sie sucht keinen Arzt auf, verheimlicht die Schwangerschaft ihren Eltern und auch den Kollegen in der Mitropa-Gaststätte, wo sie als Servierhilfe eine letzte Chance erhalten hat. Sie befürchtet die weitere Zuspitzung bereits bestehender Konflikte mit den Eltern und die sofortige Einweisung in den Jugendwerkhof, wenn die Schwangerschaft publik wird. Die Eltern haben ihr angesichts ihres Lebenswandels angedroht: »Wenn du mit einem Kind heimkommst, kannst du deinen Koffer packen.« Der Junge, den sie als Vater in Betracht gezogen hat, kann rein rechnerisch nicht der Erzeuger sein. Und Manfred, ihr Verlobter, vom dem sie nicht mehr weiß als den Vornamen, hat ihr unmissverständlich klar gemacht: »Ich verlass dich, wenn du von einem anderen schwanger bist.«

Die zunehmende Leibesfülle verbirgt die werdende Mutter unter weiter, lockerer Kleidung. Sie hofft in ihrer Naivität auf eine Fehl-, Früh- oder Totgeburt und damit auf eine »natürliche« Lösung ihres Problems. Um nachzuhelfen, unternimmt sie alles Mögliche, was das ungeborene Leben in ihr gefährdet. Sie erledigt in der Mitropa auf einmal schwerste Tätigkeiten, die ihr niemand zugewiesen und die man ihr sogar verboten hat.

Selbst Krankheit kann ihren plötzlichen Tatendrang nicht stoppen. Trotz heftiger und seit Tagen anhaltender Nierenschmerzen schleppt sie sich auch am 19. April zum Dienst in die Gaststätte. Ihre ältere, erfahrene Kollegin Maria Reiter kann das Elend nicht länger mit ansehen und schickt das Mädchen in die Betriebsambulanz. Die Ärztin diagnostiziert eine Blasen- und Scheidenentzündung, verschreibt Tabletten und Tropfen und schickt die Patientin ins Bett. Sie erkennt die Schwangerschaft, sieht aber keinen Anlass für eine nähere Untersuchung, zumal die verordneten Medikamente dem ungeborenen Kind laut Beipackzettel nicht schaden würden.

Gegen 16 Uhr kommt Michaela nach Hause. Sie legt sich ins Bett und schläft einige Stunden tief und fest. Als sie gegen 20.30 Uhr aufwacht, hat sie Hunger. Doch die Stullen bleiben ungeschmiert. Die Schmerzen werden unerträglich. Ihr wird übel. Sie schleppt sich ins Badezimmer. Kaum hat sie die Tür geschlossen, verspürt die Schwangere einen starken Druck im Unterleib. Die Fruchtblase platzt. Das könnten Wehen sein, vermutet sie. Sie zieht sich die Schlafanzughose aus, stellt sich mit leicht nach vorn gebeugtem Oberkörper zwischen Waschmaschine und Waschbecken und – gebiert ihr Kind. Sandro, ihr Junge, plumpst mit dem Kopf voran zwischen ihren Beinen auf die Schaumgummimatte vor der Waschmaschine. Vor Übelkeit und Schwäche will sich Michaela setzten, doch die Nabelschnur stört. Sie zerreist die Verbindung zwischen Kind und Mutterleib und nimmt auf der Toilette Platz. Kurz danach wird die Nachgeburt ausgestoßen. Ein Zug an der Kette des Spülkastens, und die Plazenta verschwindet in der Kanalisation.

Doch ist der Junge tot?

Die Gerichtsmediziner stellen fest: Das Neugeborene war gesund und lebte. Gestorben ist es an einer Hirnprellung, die es bei einem Sturz erlitten hat, und an Unterkühlung. Höher als drei Grad über Null war das Thermometer in der Nacht nicht gestiegen.

Später schildert die Mutter die Ereignisse nach der Geburt so:

Als Michaela das Kind von der Matte nimmt, schreit der Säugling und öffnet leicht das linke Auge, als wolle er seine Mutter und die Welt begrüßen. Michaela säubert den Säugling notdürftig. Sandro hat eine kleine Platzwunde am Kopf – die Mutter tupft sie mit einem Wattebausch ab und stoppt die Blutung. Dann wäscht sich Michaela, zieht frische Nachtwäsche an und reinigt das Bad von den Spuren der Geburt. Sie wickelt das Kind in ein Handtuch und geht hinüber in ihr Zimmer. Die Kuckucksuhr in der Wohnung schlägt die zehnte Stunde.

Die Geburt hat Michaela Pallmer völlig überrascht. Sie ist erregt, vor allem, weil das Kind entgegen ihrer Erwartung und Hoffnung lebt. Die Mutter wider Willen liegt neben dem Kleinen im Bett und weiß nicht, was nun geschehen soll. Die Hoffnung ruht auf ihrem Vater und frisch gebackenen Opa, der mit ihr in der Wohnung ist. Der aber kommt nicht, um ihr die Entscheidung abzunehmen, sondern schläft den Schlaf des Ahnungslosen. Michaela ruft ihn nicht zur Hilfe.

Als sie Geräusche hört und glaubt, dass die Mutter von der Arbeit heimkehrt, fasst sie den Entschluss, sich des Kindes zu entledigen. Sie steht auf, geht zum offenen Fenster, zieht die Gardine zurück und vergewissert sich, dass niemand vor der Haustür steht. Dann packt die Mutter ihr nacktes Kind, legt es kurz auf dem Fensterbrett ab, schaut noch einmal, ob die Luft rein ist, und schleudert den hilflosen Sandro mit beiden Händen aus rund zehn Meter Höhe aus dem Fenster hinunter in die Büsche der Grünanlage. Danach legt sich Michaela zurück ins Bett.

Die Staatsanwaltschaft erhebt im November 1979 gegen Michaela Pallmer Anklage wegen Totschlags. Im folgenden Monat verurteilt das Bezirksgericht die inzwischen 17-Jährige zu drei Jahren Freiheitsstrafe. Beim Urteil stützt sich das Gericht nicht nur auf das Geständnis der Angeklagten, sondern auf Gutachten und objektive Beweise, die die Kriminalisten der MUK zusammengetragen haben. Die Spuren, die sie im Bad fanden, untermauern die Darstellung der Angeklagten, dass sie dort den kleinen Sandro zur Welt gebracht hat. In einem Untersuchungsexperiment wird der Tatablauf von der Geburt bis zum Herausschleudern des Kindes und der Lage der Leiche am Fundort nachgestellt. Ärzte bestätigen, dass Michaela ein Kind geboren hat, dass sie anhand der Blutuntersuchung eindeutig die Mutter des toten Säuglings ist und dass die Sturzgeburt aus medizinischer Sicht so abgelaufen sein kann, wie sie Michaela in mehreren Vernehmungen übereinstimmend geschildert hat. Die Frage, ob die Hirnverletzung des Kindes beim Herausfallen aus dem Mutterleib entstanden sein kann, verneinen die Gutachter. Diese sei eindeutig die Folge eines Sturzes aus großer Höhe.

Die Staatsanwaltschaft legt gegen das aus ihrer Sicht zu milde Urteil Protest ein. Sie hat eine Freiheitsstrafe von viereinhalb Jahren gefordert und akzeptiert die strafmildernden Umstände nicht, die das Gericht der Angeklagten zubilligt. Dazu gehören Konflikt-situation, der abnorme Verlauf der gesamten Schwangerschaft oder die Erregung durch die plötzliche Geburt ohne jede Hilfe.

Das Oberste Gericht der DDR weist im Februar 1980 den Protest ab. Zur Urteilsbegründung heißt es:

»Die plötzliche Konfrontation mit der Geburt eines lebenden Kindes, die Unausweichlichkeit, ihre Probleme lösen zu müssen und nicht mehr hinausschieben zu können, führten im Zusam-menhang mit der Persönlichkeitsstruktur zu einer so stark ausge-prägten psychischen Belastungssituation der Angeklagten, dass es ihr wesentlich erschwert war, sozial angepasst und gesellschafts-gemäß im Interesse der Lebenshaltung ihres Kindes zu handeln … Die Angeklagte geriet dabei zunehmend in Unschlüssigkeit, Angst und Ratlosigkeit, die überging in kriminelle Handlungsbereitschaft mit überstürzter und nicht zu Ende bedachter krimineller Ent-scheidung.«

Für die Auffassung der Staatsanwalt, dass die Angeklagte kühl-abwägend und aus ihrer Sicht logisch handelte, sieht das Oberste Gericht keine begründeten Hinweise.

BLUTIGER KUSS

War es Liebe auf den ersten Blick? Oder war ein zweiter Blick nötig? Das ist jetzt egal. Der 21 Jahre alte Joachim Pfeifer kann sich ein Leben ohne Sabine Fuchs nicht mehr vorstellen. Seit einem halben Jahr ist er mit ihr verlobt. Sie leben in einer gemeinsamen Wohnung, die sie sich mit Hilfe der Eltern schön eingerichtet haben. In seinem Kopf klingen schon die Hochzeitsglocken. Wenn sie verheiratet sind, trägt sein Sohn Justin, der bald ein Jahr alt wird, endlich seinen Namen. Dann ist Joachims Glück komplett. Sabine ist dann für immer an seiner Seite – »bis dass der Tod euch scheidet«, wie es in der Hochzeitsformel heißt.

Joachim Pfeifer, von Beruf Augenoptiker in einer Stadt, die einen Steinwurf entfernt ist von der Oder-Neiße-Friedensgrenze, wie die Grenze zur Volksrepublik Polen im offiziellen Sprachgebrauch heißt, sieht seine persönliche kleine Welt durch eine rosarote Brille. Dabei spürt er seit Wochen, dass sich etwas Dunkles zusammenbraut über seiner traumhaften Idylle.

Der Abend des 26. November 1981 ist trist. Nicht nur, weil das Wetter all seine Launen spielen lässt. Trist vor allem deshalb, weil Joachim Pfeifer wieder einmal allein daheim sitzt – ohne Sabine und ohne Justin. Der Sohn ist in der Wochenkrippe, und Sabine hat Spätschicht. Seit einigen Monaten arbeitet sie im rollenden Vier-Schicht-System und damit auch an den Wochenenden.

Als ihn seine Verlobte mit den neuen Arbeitszeiten überraschte, war er dagegen. »Dann sind wir viel zu selten zusammen und können Justin nicht jeden Abend bei uns haben«, hatte er versucht, Sabine umzustimmen. Die aber stellte sich stur.

»Da bin ich bei meiner Brigade, und mehr Geld verdiene ich auch.« Wieder einmal war ihr das Arbeitskollektiv wichtiger als er.

Den regnerischen Novemberabend versucht sich der Brillenmacher in einer Gaststätte schöner zu trinken. Doch allein schmeckt das Bier nicht. Nach zwei Glas verlässt er das Lokal und geht zu den

Eltern seiner Freundin. Dort isst er mit den künftigen Schwiegereltern – dass sie es werden, steht für ihn fest – zu Abend und trinkt mit dem Schwiegervater gemütlich ein Bier. Nach anfänglichen Misstönen verstehen sich die beiden Männer inzwischen ganz gut. Gegen 22 Uhr verabschiedet sich Joachim und geht nach Hause. Nicht mehr lange, dann ist Sabine da. Je später es wird, umso mehr wandelt sich die Vorfreude in Unruhe und Ungeduld. Die Verlobte ist wieder nicht pünktlich. Joachim will im Bett auf sie warten. Als kurz vor Mitternacht die Wohnungstür klappt, schreckt er aus dem Halbschlaf hoch. Endlich! Sabine ist nicht über Nacht weggeblieben, wie sie es schon einmal gemacht hat. Joachim geht ins Wohnzimmer.

»Guten Abend, mein Schatz. Ich hole dir ein Bier«, begrüßt er seine Verlobte. Die Frage, warum sie so spät kommt, verkneift er sich. Die Antwort kennt er ohnehin. Entweder sie war mit Kollegen noch etwas trinken oder bei Marion, ihrer besten Freundin. Joachim kann Marion nicht leiden. Viel zu oft hocken die beiden Frauen zusammen. Doch heute will er deswegen keine Diskussion anfangen.

Friedlich sitzen die beiden jungen Leute im Wohnzimmer zusammen, rauchen jeder eine Zigarette, unterhalten sich. Es geht nur um Nebensächlichkeiten. Ein richtiges Gespräch will sich nicht entwickeln.

»Kommst du mit ins Bett?«

Sabine zögert.

»Ja, bald, gleich«, antwortet sie ausweichend. Vom Schlafzimmer aus hört Joachim seine Verlobte im Bad hantieren. Zehn Minuten später tastet sie sich, ohne das Licht anzuschalten, ins Doppelbett, legt sich auf den Rücken, starrt an die Zimmerdecke. Joachim streckt seine Hand aus und berührt Sabine.

»Was ist denn los? Möchtest du einen Kuss von mir?«

Die Reaktion ist schroff.

»Ach, lass mich, ich habe keine Lust.« Die begehrliche Hoffnung des jungen Mannes wird wieder mal enttäuscht.

»Warum denn nicht? Du hast die ganze letzte Zeit schon keine Lust. Sag mir endlich warum«, begehrt er auf.

»Ich habe eben keine Lust, lass mich«, sagt seine gleichaltrige Freundin und dreht sich von ihm weg. Diesmal aber will sich der junge Mann nicht so einfach abweisen lassen. Lange, viel zu lange liegt ihr letztes intimes Beisammensein zurück. Er dreht Sabine ohne große Kraftanstrengung zu sich, beugt sich über ihr Gesicht und küsst sie. Die Frau, die er begehrt, erwidert seine Liebkosung. Sie öffnet den Mund, die Zungen der Liebenden suchen und finden sich.

»Auuuu!« Joachim schreit auf. Schmerz treibt ihm Tränen in die Augen. Blut rinnt ihm aus dem Mund. Wie betäubt wischt er es mit dem Ärmel der Schlafanzugjacke von den Lippen. »Du spinnst wohl. Was ist denn in dich gefahren? Was habe ich dir getan?« Sabine schweigt und dreht ihm den Rücken zu. Ihr Biss schmerzt den Verschmähten nicht nur auf der Zunge, sondern noch mehr in der Seele.

»Du brauchst dir keine Mühe mehr zu geben. Es ist alles sinnlos.« Joachim Pfeifer spürt die Endgültigkeit dieser beiden Sätze. Verstehen kann und will er sie nicht.

Der blutige Kuss ist vorerst der Tiefpunkt dieser langen Beziehung, die das Leben zweier junger Menschen zwischen Liebe, Streit, Versöhnung, Verzweiflung und Hass verbindet.

Beide sind 17 Jahre alt, als sie sich das erste Mal begegnen. Eine Diskobekanntschaft, mehr nicht. Sabine und Joachim sind sich nicht fremd, aber auch nicht nah. Drei Jahre später entflammt die Zuneigung. Der junge Mann, der eher jugendlich als männlich wirkt, ist sich sicher, dass er die Liebe seines Lebens gefunden hat. Sabine scheint ebenso zu fühlen. Jedenfalls sagt sie ihm das. Diese Offenheit, das Unkomplizierte gefällt dem Burschen, der weder durch ausgeprägtes Selbstbewusstsein noch durch eine muskulöse Erscheinung glänzen kann. Zu oft musste er als Kind zurückstecken, gegenüber Gleichaltrigen, aber auch in der Familie. So jedenfalls empfindet er es. Der Bruder betreibt Leistungssport, Joachim kann nur sehr bedingt Sport treiben. Er ist herzkrank und musste operiert werden. Der Junge will mit den anderen mithalten und ist doch schnell schlapp. Die Ermahnungen der Mutter, ihre »einschränkenden Vorschriften«, nerven den Pubertierenden.

»Ich ziehe aus, ich haue ab«, droht er daheim, doch die Frage nach dem Wohin ist für den Heranwachsenden ein unüberwindliches Hindernis beim Vollzug des ohnehin nicht ernst Gemeinten.

Sabine gibt ihm Selbstvertrauen. Sie ist hübsch, mit ihr »zu gehen« macht ihn stolz. Sie kosten ihre junge Liebe voll aus, haben es eilig miteinander. Schon nach drei Monaten tauschen sie Verlobungsringe aus. Sabine wird schwanger, Joachim will sie heiraten. Doch daraus wird nichts. Sabine will nicht heiraten. Joachim ist eifersüchtig, betrachtet jedes Gespräch seines Mädchens mit einem anderen Mann als Flirt, jeden Tanz als den Anfang einer Verführung, der Sabine nicht widerstehen kann. Das Gefühl lässt ihn nicht los, sondern wird immer stärker, vor allem seit ihre Lust auf Sex immer mehr nachlässt. Die Übelkeit hält er für eine Ausrede, nicht für eine normale Begleiterscheinung der Schwangerschaft. Die Anschuldigungen eskalieren, Sabine bringt sogar die Abtreibung des Kindes ins Gespräch. »Ich lass das Kind wegmachen, und dann ist Schluss mit uns. Deine Eifersucht nervt mich«, muss er sich anhören.

Während eines Ostseeurlaubs kommt es zum Eklat. Er sitzt am Tisch, während sich seine Verlobte mit einem anderen Mann auf der Tanzfläche vergnügt. Unter Alkoholeinfluss schlägt Joachim seine Verlobte und wirft sie zu Boden. Sabine bezahlt diese Brutalität mit einer Gehirnerschütterung und Gesichtsverletzungen. Da ist sie bereits im vierten Monat schwanger, doch zum Glück passiert dem ungeborenen Kind nichts. Joachim bekommt die Quittung in Form eines Strafbefehls über 1000 Mark und der Trennung von der Freundin. Sabine will das Kind, aber ihn nicht mehr. Für Joachim bricht eine Welt zusammen. Er lässt sich gehen, raucht, trinkt, wirkt ungepflegt, droht, auf die schiefe Bahn abzuleiten. Die Mutter macht sich Sorgen, will einen Psychiater einschalten.

Joachim Pfeifer kämpft um sein verlorenes Glück. Er schreibt Sabine lange Briefe, schickt Blumen, kauft Geschenke. Als Justin geboren wird, eilt er in die Frauenklinik, um Mutter und Sohn in die Arme zu nehmen.

Sabine imponiert das Werben ihres Exfreundes. Sie verzeiht ihm den handgreiflichen Ausrutscher im Urlaub vor einem halben Jahr.

»Wenn du mir versprichst, dass du dich änderst, dass du nicht mehr so grundlos eifersüchtig und nicht immer gleich beleidigt bist, dann können wir ja wieder zusammenziehen. Justin soll nicht ohne Papa groß werden.« Joachim kann den Brief seiner Freundin nicht oft genug lesen. Er gelobt Besserung, und er hält sich daran.

Ein halbes Jahr nach der Geburt von Justin kehrt Sabine in ihren Beruf in der Textilbranche zurück. Für Joachim ist sie dadurch viel zu oft weg. Auch an den Wochenenden. Dann sitzt er mit Justin, an dem er sehr hängt, allein zu Hause. Die Mitglieder von Sabines Brigade sind genauso jung wie sie – und unternehmungslustig. Manche Schichten werden in Gaststätten oder bei Kollegen daheim verlängert. Joachim Pfeifers Eifersucht erwacht stärker denn je. Seit Ende ihres Schwangerschafts- und Mutterurlaubs hat er Sabine einfach nicht mehr unter Kontrolle. Das macht ihn verrückt. Er malt sich die Untreue seiner Verlobten in allen Farben aus, ohne dass er dafür den geringsten Beweis hat. Auf seine Vorwürfe reagiert Sabine nicht. Um den Haushalt kümmert sie sich auch nicht.

»Du spinnst ja. Ich bin doch nicht deine Putzfrau. Deine verdammte Eifersucht beweist nur, dass du kein Mann bist«, faucht sie ihn an, wenn er ihr Vorhaltungen macht und von ihr Treue am Herd und im Bett einfordert.

»Ich kann jederzeit mit Justin bei Marion einziehen.«

Marion, Sabines beste Freundin, ist für Joachim die größte Feindin. Ihr vertraut seine Verlobte, ihm nicht. Ihr erzählt sie alles, ihm nichts. Sabine, dieses Gefühl lässt Joachim nicht mehr los, schließt ihn immer mehr aus ihrem Leben aus. Vielleicht läuft zwischen Sabine und Marion sogar mehr als nur Freundschaft, wo Marion doch nichts von Männern wissen will, redet sich der eifersüchtige Mann ein. Seit Wochen ist Sabine komisch. Sie will ihm etwas sagen und traut sich nicht, so deutet er das Stimmungstief.

Joachim wird angesichts des häuslichen Unfriedens immer labiler. In seinem Dienstleistungsbetrieb bleibt das den Kollegen nicht verborgen. In der Arbeit schleichen sich Fehler ein, er wirkt unkonzentriert, ist leicht beleidigt, mault über alles und beschimpft jeden, der ihm über den Weg läuft, den Chef ebenso wie die Reinigungsfrau. Die unsichtbare Last, die der Optiker auf seinen Schultern trägt, ist offensichtlich. Joachim Pfeifer schafft es nicht, sich jemandem anzuvertrauen – weder seinen Eltern noch denen von Sabine.

Sabine Fuchs und Joachim Pfeifer sind inzwischen 21 Jahre alt. Sie wohnen zusammen, doch sie leben nebeneinander her. Gemeinsame Ausflüge und Unternehmungen sind die Ausnahme. Als Sabine ihn nicht mal mehr zum Betriebsausflug ihrer Brigade mitnimmt, sieht ihr Verlobter keinen Ausweg mehr. Er will einen Schlussstrich ziehen und sein Leben beenden. Er schluckt eine Vielzahl von Tabletten, doch Sabine kann das Schlimmste verhindern. Sie ruft den Notarzt und rettet damit sein Leben. Im Krankenhaus wird ihm der Cocktail aus dem Magen gepumpt.

Das Zusammenleben aber ist nicht mehr zu retten. Heftigen Streitereien zwischen dem ungleichen Paar folgt eisiges Schweigen. Joachim drängt auf die Heirat, Sabine wehrt ab. Aber es gelingt ihnen auch nicht, sich endgültig zu trennen. So kommt es zu jenem verhängnisvollen blutigen Kuss in der Nacht vom 26. zum 27. November 1981.

Nachdem die Blutung auf der Zunge gestillt und der körperliche Schmerz gelindert ist, unternimmt Joachim Pfeifer einen letzten Versuch, die Beziehung zu retten. Im Wohnzimmer, zwischen zwei Zigarettenlängen, verkommt der angestrebte Friedensschluss jedoch zu einer heftigen Auseinandersetzung. Wie ein Tornado treffen ihn Sabines Worte: »Ein weiteres Zusammenleben ist sinnlos. Hau ab! Ich bleibe mit Justin hier. Du bist ja kein richtiger Mann mit deiner verdammten Eifersucht! Du bist ein Nichts! Nimm alles mit, was deine Eltern in die Wohnung gesteckt haben, ich will nichts davon. Du ekelst mich nur noch an. Ich kann nicht mehr weiter mit dir zusammenleben! Ein gemeinsames Weihnachten gibt es nicht mehr! Es ist Schluss! Aus, Aus, Auuuus!«

Wie betäubt geht Joachim auf seine Verlobte zu, die im Sessel sitzt, baut sich vor ihr auf, ergreift ihre Schulter, schüttelt Sabine durch. Ihre Beine sind zwischen den seinen eingeklemmt.

»Sprich mit mir, sag, was los ist! Wie soll es denn nun weitergehen?« Joachims verzweifelte und wütend herausgeschriene Fragen bewirken nur eine noch heftigere Reaktion: »Hau ab, es hat keinen

Zweck, du machst es nur noch schlimmer.« Die Hände von Pfeifer gleiten von Sabines Schulter nach oben, legen sich um den Hals und drücken zu. Nicht lange, vielleicht 15 Sekunden, und nicht mit ganzer Kraft. Als Pfeifer loslässt, schnappt seine Verlobte nach Luft, schaut ihn entsetzt an und fragt: »Mensch, spinnst du?« Sie greift Pfeifer ins Gesicht, die spitzen Fingernägel hinterlassen Spuren. »Wenn du nicht aufhörst, zerkratze ich dir dein ganzes Gesicht«, droht sie verteidigungsbereit und angriffslustig.

In diesem Moment fasst Joachim Pfeifer den Entschluss, seine Verlobte und Mutter seines Sohnes zu töten. Er drückt die Hände, die noch immer den Hals des Opfers umfasst halten, erneut zusammen, diesmal mit aller Kraft. Ihm ist alles egal. Das Leben hat keinen Sinn mehr. Jetzt ist nur noch Hass in ihm, Hass auf die Freundin, die alles wegwerfen will, was er mit ihr aufgebaut hat, die ihn beleidigt und die sich vor ihm ekelt, die Schluss machen, vielleicht zu Marion ziehen will. Der Hass ist in diesem Moment übermächtig.

Als er seine Hände löst, rutscht der leblose Körper vom Sessel zwischen seine Beine. Blutiger Schaum kommt aus dem geöffneten Mund der jungen Frau. Pfeifer fühlt den Puls, sucht an der Halsschlagader nach Lebenszeichen, legt das Ohr auf die Brust und lauscht. Das Herz von Sabine Fuchs schlägt nicht mehr. Pfeifer schmerzt die beim Kuss verletzte Zunge.

Der Mann, der gerade seine Freundin getötet hat, zündet sich eine Zigarette an und blickt auf die Armbanduhr. Es ist kurz vor ein Uhr morgens. Er raucht. Dann drückt er den Stummel sorgsam im Aschenbecher aus, zieht sich an, steckt den Wohnungsschlüssel ein und verlässt das Haus.

Eine halbe Stunde später klingelt es an der Nachtpforte des Volkspolizeireviers. Mit ruhiger und gefasster Stimme sagt der Mann draußen zum Offizier des Kriminaldauerdienstes: »Ich habe im Wohnzimmer unserer gemeinsamen Wohnung meine Freundin erwürgt.«

Anfang 1982 erfolgt über einen Zeitraum von fünf Wochen die gerichtspsychiatrische Untersuchung von Pfeifer in der Medizinischen Akademie in Dresden. Der Sachverständige Prof. Dr. Ehrig Lange zieht im Laufe der Exploration eine Psychologin hinzu. Die

Experten kommen zu dem Schluss, dass Joachim Pfeifer trotz seiner 21 Jahre weniger als erwachsener Mann denn als Jugendlicher auftritt. Er ist in seinem Wesen unsicher, durchsetzungsschwach und hat wenig Selbstwertgefühl. Für die Sachverständigen sind das die Auswirkungen der langwierigen Herzerkrankung, der schweren Operation und der daraus entstandenen sozialen Nachteile. Pfeifer sucht nach Menschen, die ihm Halt geben können. Sabine Fuchs war für ihn ein solcher Anker. Er entwickelte eine abnorm starke Eifersucht. Die nahm noch zu, als die Befürchtung wuchs, dass er die Partnerin verlieren könnte, an deren Seite er ein »richtiger Mensch« zu werden hoffte. Die Gutachter kommen zu dem Ergebnis, dass Pfeifer unter einer krankhaften schwerwiegenden Persönlichkeitsstörung leidet. Durch die Krankheit und die in dem Partnerkonflikt erlittenen Beleidigungen war er zum Tatzeitpunkt nur vermindert zurechnungsfähig.

Das Bezirksgericht Cottbus folgt in seinem Urteil vom Mai 1982 dieser ärztlichen Einschätzung. Entgegen dem Plädoyer der Verteidigung glaubt der Strafsenat jedoch nicht, dass Pfeifer seine Verlobte aus dem Affekt heraus getötet hat. Das Opfer hat den Angeklagten zwar vor der Tat beleidigt, doch den Entschluss, zu töten, habe dieser gefasst, weil er keine gemeinsame Zukunft mehr mit Frau und Sohn sah. »Er empfand nur noch Hassgefühle gegenüber dem Opfer«, so das Gericht.

Es verurteilt Pfeifer wegen der Ermordung seiner Verlobten im Zustand verminderter Schuldfähigkeit zu zwölf Jahren Gefängnis. Strafmildernd wertet das Gericht, dass sich Pfeifer nach der Tat selbst gestellt und ein umfassendes Geständnis abgelegt hat. Die von der Verteidigung eingelegte Berufung lehnt das Oberste Gericht der DDR ab.

Die Eltern von Joachim Pfeifer beantragen im Juni 1986, dass nach Verbüßung der Hälfte der Strafe der Rest zur Bewährung ausgesetzt wird. Auch das bleibt erfolglos.

Erst im März 1990 öffnen sich für Joachim Pfeifer die Gefängnistore. Noch im gleichen Jahr verstirbt er.

Kurz nach Mitternacht am 24. November 1982 hastet Hans Huber den Aufgang eines Mehrfamilienhauses in der Neißestadt Guben hinauf und hinab. Zwei Treppen unter seiner Wohnung klingelt der 36-jährige Familienvater vergeblich. Drei Etagen höher hat sein stürmisches Läuten Erfolg. Schlaftrunken und im Schlafanzug öffnet der Hausherr die Tür.

»Was ist denn los?«, will er wissen.

»Frag nicht, ruf den Notarzt. Die Ursula verblutet«, stößt Huber hastig hervor. Der Nachbar wählt den Notruf der Schnellen Medizinischen Hilfe des DRK und reicht den Hörer an Hans Huber weiter. »Schicken Sie schnell einen Notarzt. Meine Frau verblutet sonst«, fleht er um Hilfe. Als der Notarzt nur wenige Minuten später eintrifft, steht er vor der verschlossenen Hauseingangstür. Er sieht durch die Glasscheibe, wie ein Mann mit schleppenden Schritten nach unten kommt, klinkt und wieder verschwindet. Minuten vergehen, zwei, drei, vielleicht auch mehr, bis der Anrufer wieder erscheint, nun endlich mit dem Hausschlüssel in der Hand.

»Wo müssen wir hin?«, fragt der Arzt. Stumm zeigt Huber nach oben. Im Wohnzimmer bietet sich dem Arzt ein schreckliches Bild. Ursula Huber sitzt reglos im Sessel. Der Kopf liegt auf der linken Lehne. Pullover und Hose sind voller Blut, tiefrote Spuren finden sich auch hinter dem Sessel. Vor dem Balkon liegt ein Messer mit einer langen und recht breiten Klinge, ein Fahrtenmesser. Klinge und Schaft sind ebenfalls blutig. Das Opfer hat eine große Wunde in der Brust.

»Ist sie tot?« In der Frage von Hans Huber liegt kaum noch Hoffnung, dass es anders sein könnte.

»Ja«, antwortet der Notarzt. »Wie ist das passiert?«, will er wissen.

»Ich bin nach Hause gekommen, da habe ich sie so gefunden und gleich Hilfe geholt«, erklärt der Ehemann.

»Das ist ein Fall für die Volkspolizei«, konstatiert der Notarzt. Über Funk verständigt der Mediziner den Diensthabenden in der DRK-Zentrale, der alarmiert die Kripo.

Bei einer ersten Befragung durch die Kripo bleibt Huber bei seiner Darstellung: »Ich war in der Kneipe. Als ich nach Hause kam, lag die Ursel im Sessel.«

Mit der Antwort weht den Ermittlern eine Alkoholfahne entgegen. Der Mann ist angetrunken, wirkt aber nicht betrunken. Kein Lallen, kein Torkeln. Später werden 2,2 Promille Alkohol im Blut gemessen. Auch von der Toten geht ein starker Alkoholgeruch aus, über zwei Promille werden festgestellt. In der Küche steht eine kleine Flasche Weinbrand. Sie ist leer. Im Kühlschrank steht eine zu drei Vierteln ausgetrunkene Flasche »Juwel Klarer«. Alles deutet auf ein häusliches Trinkgelage hin. Auf den Flaschen befinden sich nur die Fingerabdrücke von Hans Huber, teilen die Kriminaltechniker schon wenige Stunden nach der Tat den Ermittlern der MUK mit. Das Blut im Wohnzimmer dagegen stammt ausschließlich von Ursula Huber. Unter den Fingernägeln von Hans Huber befinden sich winzige Blutpartikel. Für eine nähere Bestimmung der Herkunft reicht die Menge jedoch nicht aus. An den Händen des Ehemanns finden die Kriminaltechniker Fasern von der Hose und dem Pullover des Opfers. Auf der mutmaßlichen Tatwaffe, dem Fahrtenmesser, werden drei teilweise verwischte Fingerabdrücke gesichert. Das Ergebnis des Vergleichs überrascht: Sie stammen alle von Ursula Huber.

»Laborergebnisse lagen uns sehr schnell vor«, erinnert sich MUK-Leiter Hans Jakobitz. »Wir hatten in der Bezirksbehörde eine eigene, für damalige Verhältnisse gut ausgestattete kriminaltechnische Abteilung.«

Durch den Lärm und die Betriebsamkeit in der Wohnung sind die drei Kinder des Ehepaars munter geworden. Gerade noch kann verhindert werden, dass sie den schrecklichen Anblick ihrer getöteten Mutter ertragen müssen. Besonderes bemerkt haben sie an diesem Abend nicht. Sie sind es gewöhnt, dass ihre Eltern sich streiten, wenn sie viel Alkohol trinken. Und das ist häufig der Fall, mindestens zweimal in der Woche und an den Wochenenden. In letzter Zeit sind die Auseinandersetzungen heftiger geworden, auch das haben sie mitbekommen. An diesem Abend aber war zunächst alles friedlich. Die Kinder wissen nicht, ob ihr Vater nach dem Abendbrot noch einmal weggegangen ist oder ob Besuch da war. Sie können den Kriminalisten bei der Aufklärung des Verbrechens nicht helfen.

Hat sich Ursula Huber das Messer selbst in die Brust gerammt? Trotz ihrer Fingerabdrücke auf dem Messer ist das eher unwahrscheinlich. Dagegen spricht zum Beispiel der Stichkanal. Er verläuft durch die rechte Brustwand in Höhe der fünften und sechsten Rippe fast horizontal bis in die Wirbelsäule. Die rechte Lunge ist verletzt, die rechte Herzschlagader, der rechte Herzvorhof und der Herzbeutel sind durchtrennt.

Hat das Opfer Besuch empfangen, während ihr Ehegatte einer Gaststätte den Vorzug vor dem heimischen Wohnzimmer gab? Dann hätte Hans Huber dem Mörder seiner Frau begegnen müssen, wenn man den Ruf nach dem Notarzt und den Todeszeitpunkt vergleicht.

Der Vernehmer konfrontiert Hans Huber noch in den frühen Morgenstunden des Tattages mit den Unstimmigkeiten: »So, wie Sie es dargestellt haben, kann es nicht gewesen sein.« Huber bricht sofort zusammen und gibt zu, dass er seine Ehefrau im Streit erstochen hat. Aus Sorge um seine Kinder habe er sich die Geschichte ausgedacht, von der er selbst nicht geglaubt habe, dass man sie ihm abnehme, begründet er später vor Gericht die anfänglichen Lügen.

Der Stich mit dem Fahrtenmesser ins Herz seiner Frau und Mutter seiner minderjährigen Kinder ist der dramatische Tiefpunkt des Absturzes des Ehepaares Huber.

Hans Huber wächst in einer Großfamilie auf, zehn Kinder gehören zum Haushalt. Hans, der Älteste, schafft die Schule ohne Probleme. Nach dem Abschluss der achten Klasse lernt er Traktorenschlosser. Die Note zwei auf dem Lehrabschlusszeugnis spricht für den Fleiß des jungen Mannes und seine Begabung. Eigentlich träumt er von einer Karriere als Kunstmaler, doch die finanziellen Voraussetzungen sind in der Großfamilie Huber nicht vorhanden.

Nach dem dreijährigen freiwilligen Dienst bei der Armee nimmt er in Weißwasser in einem großen Glaswerk eine Arbeit als Schlosser an. Er holt den Teilabschluss der zehnten Klasse nach und will danach studieren. Das angestrebte Fernstudium wird ihm jedoch nicht genehmigt, ein Direktstudium außerhalb von Weißwasser lehnt er ab. Schließlich hat er Familie.

Als Huber heiratet, ist er 21 Jahre alt. Seine Frau Ursula ist zwei Jahre jünger. Im Jahresrhythmus kommen die drei Kinder der zunächst glücklichen Familie zur Welt.

Dann aber schließt Huber eine Freundschaft, die ihn ins Verderben führt; die Freundschaft mit dem Alkohol. Bisher hatte er mit dem nichts am Hut, fortan kann er nur noch selten von ihm lassen. Die Folge sind Fehlschichten im Betrieb, weil der Kopf am frühen Morgen schwerer wiegt als der Wille zum Aufstehen. Betriebswechsel, Arbeitsbummelei, Verweise, fristlose Kündigung – die Spirale dreht sich immer schneller abwärts. Schließlich geht der gesunde und körperlich kräftige Mann gar keiner geregelten Arbeit mehr nach, mit der er seine Familie ernähren könnte. Tätigkeiten, die ihm über den Rat der Stadt und das Amt für Arbeit vermittelt werden, lehnt er rundheraus ab. Sie sagen ihm nicht zu, und seinen Wunschjob bekommt er nicht. Huber ist auf dem Weg zur Asozialität, und die ist in der DDR strafbar. Er wird schließlich von der Staatsmacht als »kriminell gefährdet« eingestuft und in einer entsprechenden Kartei erfasst. Auflagen, die er erhält, lassen ihn kalt.

Nur seine Bastelei interessiert ihn noch. Ein paar Nussknacker, die der geschickte Handwerker in seinem Keller drechselt und von denen er ab und zu mal einen für 30 Mark das Stück verkauft, sind das Einzige, was er zum Familienbudget beisteuert.

Und das wird immer dünner, zumal ein großer Batzen von dem kleinen Etat in Alkohol und Zigaretten umgesetzt wird. Mietschulden häufen sich an, das Konto wird überzogen, der Lohn von Ursula ist schon nach wenigen Tagen aufgezehrt. Denn auch die Ehefrau greift seit Beginn ihres Ökonomiestudiums, das sie überwiegend außerhalb der Arbeitszeit und neben der Belastung durch die Kinder und den Haushalt bewältigen muss, immer öfter zur Flasche. Die Aggressivität in der in nüchternem Zustand harmonischen Partnerschaft nimmt zu, wenn das Ehepaar gemeinsam trinkt. Es gibt Handgreiflichkeiten, bei denen Hans nicht selten den Kürzeren zieht.

Ein solcher Tag im Hause Huber ist auch der 23. November 1982. Hans, der nun schon seit Wochen »blau« macht, wie er seine Arbeitsbummelei nennt, hat wie immer in letzter Zeit lange geschlafen. Ursula hat für die Kinder die Schulbrote bereitet und ist längst in ihrem Betrieb. Um 10.30 Uhr quält sich Hausmann Hans aus dem Bett, frühstückt und macht sich auf in die Bahnhofskneipe. Das »Mittagessen« besteht aus drei kleinen Glas Bier und drei doppelten weißen Schnäpsen. Zwei weitere Gaststätten folgen auf seiner Zechtour. Zwischendurch wird nachgetankt: 200 Mark Bargeld vom Sparkassenkonto. Bis 17 Uhr rinnen bei Huber fünf weitere doppelte Schnäpse die Kehle hinunter. So gerüstet taucht er beim Rat der Stadt auf, um die von ihm angestrebte Arbeitsstelle einzufordern.

»Gehen Sie wie abgesprochen in Ihren alten Betrieb und arbeiten Sie dort ohne Fehlschichten. Dann können wir uns weiter unterhalten«, wird er vom Sachbearbeiter naserümpfend ob seiner Alkoholfahne abgewiesen. Zu Hause berichtet er Ursula von der unerquicklichen Begegnung in der Stadtverwaltung. Bei dem friedlichen Gespräch geht die kleine Flasche Weinbrand zur Neige, die Ursula gerade erst aus der Kaufhalle mitgebracht hat. Hans sorgt für Nachschub. Aus der großen Flasche »Juwel Klarer« schenkt er im Laufe des Abends regelmäßig nach. Hans hilft seiner Frau bei der Fertigstellung einer Belegarbeit, die sie am nächsten Tag beim Studium vorlegen muss. Die Kinder schlafen.

Mit jedem Schnaps kommt das Ehepaar der Reizgrenze näher, kurz vor Mitternacht ist es soweit. Hans weiß, was jetzt kommt.

»Willst du nicht endlich wieder mal arbeiten gehen, du arbeitsscheues Element? Ich muss dich mit meinem Geld aushalten. Du fauler Sack. Wie wollen wir über die Runden kommen mit den drei Kindern?«, poltert Ursula mit schon etwas schwerer Zunge. Und das nach dem Gespräch am Abend, in dem er doch über seine

Bemühungen um eine neue Arbeitsstelle berichtet hat, grummelt es im Inneren des Mannes.

Der Streit wird heftiger. Huber will, wie immer in solchen Situationen, der zürnenden Frau aus dem Weg gehen und das Wohnzimmer verlassen. Er fühlt sich beleidigt, zu Unrecht wegen angeblicher Faulheit getadelt. Ursula aber gibt keine Ruhe. In diesem Moment sollen Worte gefallen sein, an die sich Huber später nicht mehr erinnert. Nur, dass sie ihn in Wut versetzt haben, das weiß er noch.

Halt endlich die Klappe. Sei still. Hör auf zu zetern. Lass mich in Ruhe, rumort es in seinem Kopf.

»Jetzt reicht's!«

Sein Entschluss steht fest. Er geht zum Wohnzimmerschrank, nimmt sich aus der zweiten Schublade von unten, in der seine Sachen liegen, das Fahrtenmesser und sticht es seiner Ehefrau zielgerichtet und mit aller Kraft in die Brust. Beim Eindringen des Messers in den Körper spürt er keinen Widerstand. Beim Abwenden bemerkt er, dass Ursula sich das Messer aus der Brust reißt. Als er sich an der Wohnzimmertür umblickt, sieht er, dass seine Frau auf dem Sessel zusammengesunken ist. Das Blut ringsum macht ihm den Irrsinn seiner Tat bewusst. Er kniet vor dem Sessel nieder, umklammert die Beine seiner Frau und schluchzt: »Ursula, warum nur?« Er sucht an ihrem Hals nach einem Pulsschlag, ein Lebenszeichen bemerkt er nicht mehr. Dennoch bemüht sich Huber um Hilfe – vergebens. Spätestens vier Minuten nach dem Messerstich war das Opfer tot, befindet später der Obduktionsbericht.

Huber wird an der Medizinischen Akademie »Carl Gustav Carus« in Dresden zwei Wochen lang von Gerichtspsychiater Prof. Dr. Ehrig Lange untersucht. Die Diagnose ist eindeutig: Huber ist geistig völlig gesund. Bei der Tat aber war er durch den reichlichen Alkoholgenuss und die emotionalen Belastungen des Streits mit seiner Ehefrau nur vermindert schuldfähig und hat im Affekt gehandelt.

Dieser Einschätzung folgt auch der 1. Strafsenat des Bezirksgerichtes Cottbus nach zweitägiger Verhandlung in seinem Urteil

Anfang Juni 1983. Allerdings, so schränkt das Gericht ein, hat der Angeklagte den Affekt durch seinen Alkoholgenuss mitverschuldet. Außerdem hat er den seit einem längeren Zeitraum bestehenden Konflikt in der Familie durch sein über Monate andauerndes asoziales Verhalten und die dadurch verursachten finanziellen Schwierigkeiten entscheidend mitverschuldet. Es verurteilt Huber wegen Mordes und wegen Beeinträchtigung der öffentlichen Ordnung und Sicherheit durch asoziales Verhalten zu fünfzehn Jahren Freiheitsentzug.

Durch einen Gnadenerlass der Brandenburger Justiz wird die Strafe für Huber im April 1991 auf zwölf Jahre reduziert und zur Bewährung ausgesetzt. Drei Jahre später wird die Reststrafe nach Ablauf der Bewährungszeit erlassen. Huber muss keinen genetischen Fingerabdruck in der bundesdeutschen DNA-Datenbank hinterlassen. Einen entsprechenden Antrag der Staatsanwaltschaft lehnt das Kreisgericht Weißwasser mit der Begründung ab, dass bei Huber keine Rückfallgefahr bestehe.

Die Stadt Hoyerswerda erwacht an einem Morgen Anfang März 1983 wie an jedem anderen auch. Das verträumte Ackerbürgerstädtchen mit seinen 7000 Einwohnern hat sich zu einem Industrieschwerpunkt im Bezirk entwickelt. Es ist nach Cottbus die größte und wichtigste Stadt in der Lausitz. 70 000 Menschen wohnen hier, und fast alle Erwachsenen sind im benachbarten Gaskombinat Schwarze Pumpe oder einem der umliegenden Tagebaue beschäftigt. Wer zur Frühschicht muss, bei dem klingelt spätestens um vier Uhr der Wecker.

Auch bei Britta Busch ist das so. Leise schleicht sich die 21-Jährige aus dem Schlafzimmer. Rolf ist krankgeschrieben. Trotz aller Vorsicht wird ihr Ehemann dennoch wach.

»Schade, dass du gehen musst«, murmelt er schlaftrunken und dreht sich auf die andere Seite.

Britta ist im dritten Monat schwanger. Im Bad vor dem Spiegel betrachtet sie sich aufmerksam. Langsam bildet sich das Bäuchlein heraus, findet sie, und streichelt liebevoll darüber. Nach ihrer ersten Ehe, die schon nach einem halben Jahr gescheitert war, ist sie mit ihrem Rolf endlich glücklich. Beide freuen sich auf ihr erstes Kind. Kurz nach halb fünf verabschiedet sie sich mit einem Kuss von ihm.

»Schlaf noch ein Weilchen und ruf mich am Vormittag im Betrieb an, damit du die Einkäufe erledigen kannst«, erinnert sie ihn. Wenig später geht sie aus dem Haus.

Bis zum Centrum-Warenhaus ist es nicht weit. Von dort fahren die Busse des Berufsverkehrs in die einzelnen Werkteile des Gaskombinates. Der Industriegigant mit Kraftwerken, Brikettfabriken, Kokerei und Gaswerk spielt für die Energieversorgung der DDR eine herausragende Rolle und wird als Ausdruck der Wirtschaftskraft der DDR gefeiert.

Solche Überlegungen spielen für Britta an diesem Freitag keine Rolle, die morgendliche Kühle dringt viel stärker ins Bewusstsein.

Wie gern hätte sie sich noch an ihren Rolf gekuschelt. In Gedanken versunken schlendert sie ohne Hast an den Eingängen eines elfgeschossigen Wohnhauses vorbei dem Schichtbus entgegen. Plötzlich wird sie von hinten umklammert und festgehalten. Sie vermutet einen »lustigen« Kollegen hinter der Attacke. Dann hört sie ein »klack« und spürt eine Messerklinge von rechts an ihrem Unterkiefer.

»Dreh dich nicht um«, zischt eine fremde Stimme an ihrem Ohr.

»Du kommst jetzt mit. Ich werde von der Polizei verfolgt.« Vor Schreck versagen Britta Busch die Beine. Der unbekannte Mann hinter ihr fängt sie auf.

»Reiß dich zusammen«, herrscht er sie an. Den kurzen Schwenk weg vom Warenhaus, den das vermeintliche Paar auf der Straße vollzieht, bemerkt niemand von all denen, die auf dem Weg zur Arbeit sind.

Mit dem Messer am Hals zwingt der Täter Britta Busch zur Umkehr.

»Du kommst mit in meine Wohnung«, befiehlt er der verschreckten Frau. »Versuch nicht, abzuhauen. Ich bin schneller als du«, droht er. Der Stimme nach muss es ein junger Mann sein, der sie gerade verschleppt. Doch warum? Britta hat Todesangst. Sie denkt gar nicht an Widerstand.

Nur Augenblicke später sind sie am Ziel. Sie erkennt das Haus, das als Arbeiterwohnunterkunft genutzt wird. Ein buntes Völkchen wohnt hier. Überwiegend sind Gastarbeiter aus den umliegenden Kohle- und Energiebetrieben in dem langgezogenen Hochhaus untergebracht. Ein paar Meter weiter nur, und sie wäre zu Hause.

Der Fahrstuhl bringt sie hinauf in den neunten Stock. Die Tür, die nicht verschlossen ist und die der Täter aufklinkt, hat kein Namensschild.

»Los, rein«, sagt er und stößt die Frau in den kleinen Korridor und dann in das Kinderzimmer rechts von der Tür. Britta hört, wie er die Wohnung von innen abschließt. Im Zimmer sieht sie ihren

Entführer das erste Mal. Es ist ein junger, kräftiger, sportlicher Mann mit einem Gesicht, das wilde Entschlossenheit ausdrückt. Die Frau befürchtet, dass er sie vergewaltigen wird.

»Bitte, lass mich gehen. Ich bin verheiratet und im dritten Monat schwanger«, bettelt sie. »Ich wohne gleich in der Nähe und werde keinem Menschen etwas verraten.«

Ihr Gegenüber beeindruckt das nicht.

»Halt die Klappe. Ich bin vor einem Monat aus dem Knast gekommen, habe noch keine Arbeit und brauche Geld. Hast du welches?«, herrscht er sie an. Mit zitternden Händen greift Britta in die schwarze Umhängetasche, holt ihr Portemonnaie heraus und gibt es dem Täter. 200 Mark stecken darin. Zufrieden nimmt der Mann die Scheine aus der Geldbörse. »Ach, Britta heißt du«, sagt er mit Blick auf ihren Personalausweis, »wohnst ja auch hier in der Straße«, fügt er hinzu und verkündet: »Ich geh jetzt in die Kaufhalle, hab keine Zigaretten mehr.« Er fesselt sein Opfer, das sich auf dem Schlafsofa hinlegen muss, mit Stoffresten an Händen und Füßen.

»Wenn du nicht still bist, stecke ich dir einen Knebel in den Mund«, droht er beim Verlassen der Wohnung. Draußen lauscht er ein paar Minuten, ob die Geisel sich an seine Anweisung hält. Bis zur Kaufhalle sind es nur ein paar Schritte. Jetzt, früh um halb sieben, ist noch nicht viel Betrieb. Kurze Zeit später ist er mit zehn Schachteln Filterzigaretten der Marken »Club« und »Cabinet« zurück in der Wohnung. Die Schachteln verstaut er in einem Schuhkarton, der auf dem Kleiderschrank steht. Rauchend setzt er sich zu seinem Opfer, dem er die Fesseln abgenommen hat. Das Gespräch dreht sich ausschließlich um Geld. Uwe, so soll sie ihn nennen, erzählt von seiner Zwangslage: Vor einem Monat ist er aus dem Gefängnis in Halle an der Saale entlassen worden. Wegen einer Schlägerei hat er zwei Jahre eingesessen. Dass er auch wegen Vergewaltigung verurteilt worden ist, verschweigt er. Ihm ist eine Arbeitsstelle zugewiesen worden, doch dort konnte er noch nicht anfangen, weil ein paar Papiere fehlen. Die geringen Ersparnisse von der Arbeit in der Haft sind aufgebraucht, und nun hat er kein Geld mehr.

»Dein Mann muss für dich bezahlen, wenn er dich wiederhaben will.«

Nach der Aufregung am Morgen knurrt Uwe der Magen. Doch der Kühlschrank in der Küche ist leer. Wieder schnürt er die Frau zusammen. Er holt in der Kaufhalle Brot, Fleisch, Wurst, Bohnenkaffee und Sekt. Zurück in der Wohnung bereitet er ein Frühstück, bietet auch Britta etwas an. Aber die verspürt keinen Hunger.

»Du wirst einen Brief an deinen Mann schreiben«, kündigt er zwischen Wurstbrötchen und Bohnenkaffee an. Britta sieht keine Möglichkeit, die Forderung abzulehnen. Uwe diktiert ihr das Schreiben: »Ich bin überfallen worden. Der Täter hat mich im Auto weggebracht und verlangt 2500 Mark für meine Freilassung. Bitte, gib ihm das Geld, sonst bringt er mich um.« Zur Sicherheit muss sie auch noch eine Schenkungsurkunde schreiben: »Hiermit schenken wir, das Ehepaar Busch, Herrn Uwe Decker 2500 Mark, damit er damit ein neues Leben anfangen kann.«

»Die stecke ich jetzt in euren Briefkasten«, kündigt Uwe Decker an, nimmt beide Schreiben an sich und verlässt erneut die Wohnung. In Wirklichkeit behält er die Papiere bei sich.

Wieder zurückgekehrt fordert er seine Geisel auf, Mittagessen zu kochen. Decker schaut ihr dabei zu und bejammert seine schwere Kindheit mit vielen Geschwistern und Eltern, die ihn schon früh weggegeben haben. Neun Jahre alt war er da.

Britta kennt den zeitweiligen Stress in einer Großfamilie, sie ist selbst mit fünf Geschwistern aufgewachsen. In diesem Moment hat sie sogar so etwas wie Mitgefühl. Uwe erzählt, dass er sieben Jahre in verschiedenen Heimen zubringen musste. Und das ist nicht geflunkert. Die Eltern kommen mit dem Jungen nicht zurecht, der schon früh stiehlt, sich prügelt, die Schule schwänzt und alles andere macht, nur nicht das, was er soll. Sie schalten die Jugendhilfe ein, doch alle Bemühungen ändern am Verhalten des Jungen nichts.

Im Heim für schwer erziehbare Kinder und Jugendliche reißt der Kontakt zu Eltern und Geschwistern ab. Immerhin schafft Uwe den Abschluss der 10. Klasse. Mit 16 Jahren kommt er von Freiberg im Bezirk Dresden nach Cottbus in ein Internat und beginnt eine Lehre auf dem Bau. Die scheitert, weil der Heranwachsende kriminell wird und mit kurzer Unterbrechung wegen Diebstahls sowie Vergewaltigung und Körperverletzung ins Gefängnis muss. Erst seit drei Wochen, so erfährt Britta, ist der inzwischen 20 Jahre alte Mann, der sie mit Gewalt in seiner Wohnung festhält, wieder frei. Er lässt durch sein Auftreten und durch Drohungen deutlich erkennen, dass er sich nimmt, was er begehrt, notfalls auch mit Gewalt.

Nach dem Mittagessen tritt ein, was die junge Frau seit jener Minute befürchtet hat, als ihr der Fremde das aufgeklappte Taschenmesser an den Hals gehalten und sie verschleppt hat: Er will nicht nur Geld, sondern auch ihren Körper.

»Geh ins Bad und zieh dich aus«, fordert er die junge Frau auf. Als die sich weigert, droht er: »Ich helfe gleich nach, wenn du es nicht selbst machst.« Im Kinderzimmer muss sie die erste Vergewaltigung ertragen.

Wie verabredet ruft Rolf Busch am Vormittag auf der Arbeitsstelle an, um sich von Britta den Einkaufszettel diktieren zu lassen.

»Deine Frau ist heute gar nicht gekommen«, erfährt er von einer Kollegin, die seinen Anruf entgegennimmt. »Vielleicht ist sie zum Arzt in die Betriebspoliklinik gegangen. Ruf doch am Nachmittag noch einmal an«, wird er vertröstet.

Leichte Unruhe erfasst Rolf. Im Oktober vergangenen Jahres hatte Britta einen Herzanfall und musste ärztlich behandelt werden. Und übel war ihr in letzter Zeit auch häufiger.

Es wird doch nichts passiert sein?

Die nächsten Stunden sitzt Rolf Busch untätig zu Hause herum. Kurz vor 14 Uhr klingelt er noch einmal im Betrieb an. Britta ist nicht zur Arbeit erschienen, hat sich auch nicht telefonisch gemeldet. Er kleidet sich an und macht sich auf den Weg in die Frauenklinik. Vielleicht ist was mit dem Baby, denkt sich der werdende Papa. Eine Britta Busch hat sich nicht gemeldet und ist auch nicht eingeliefert worden, teilt ihm die Aufnahmeschwester mit. Ein Anruf in der Bettenstation der Betriebspoliklinik in Schwarze Pumpe zeitigt das gleiche Resultat. Eine Frau Busch sei hier nicht als Patientin eingeliefert worden. Bleibt noch das Bezirkskrankenhaus in Hoyerswerda. Auch dort ist seine Frau nicht. Rolf Busch erkundigt sich bei seiner Schwester, bei der Schwiegermutter, bei einer befreundeten Arbeitskollegin. Vergeblich. Der besorgte Ehemann schaut in die Keller des Wohnblocks, in die Waschküchen, die Fahrradkeller, die Abstellkammern – von Britta findet er keine Spur. Nach einer schlaflosen Nacht voller schlimmer Gedanken und Befürchtungen meldet Rolf Busch am nächsten Tag das Verschwinden seiner Frau der Polizei.

Die Polizei gibt sich zunächst zurückhaltend, vermutet persönliche Motive für das Wegbleiben der jungen Frau. Gab es Streit zwischen den Ehepartnern? Ist das Kind, das Britta in sich trägt, erwünscht? Wollte sie eine Schwangerschaftsunterbrechung? Könnte es einen Liebhaber geben? Bei welchen Verwandten oder Bekannten könnte sie sich aufhalten? Gibt es Anhaltspunkte für einen Selbstmord?

Es sind die Routinefragen der Polizei im frühen Stadium eines Vermisstenfalles. Rolf Busch fällt es schwer, sie zu verstehen. Warum sollte sich seine Britta das Leben nehmen?

»Es ist unser erstes Kind. Wir freuen uns darauf. Meine Frau hat schon angefangen, die Babyausstattung zu kaufen«, sagt er dem Kriminalisten.

»Heute wollte sie an der Frauentagsveranstaltung in der Alfred-Scholz-Halle teilnehmen.« Die Kultur- und Sporthalle am Stadtrand ist der größte und angesagteste Veranstaltungsort von Hoyerswerda. Karten sind oft nur unter der Hand zu bekommen. Britta hatte sich auf die Frauentagsfeier ganz besonders gefreut. Nein, Rolf fällt kein Grund für das plötzliche Abtauchen seiner Ehefrau ein, mit der er seit fast zwei Jahren glücklich verheiratet ist.

Zwischenfälle, die eine Spur zur Vermissten weisen könnten, sind aus den aktuellen Meldungen, die im Laufe des zurückliegenden Tages und der Nacht in der Polizeizentrale eingegangen sind, nicht bekannt. Erste Ermittlungen haben ergeben, dass Britta Busch am Morgen nicht in den Schichtbus eingestiegen ist. Sie wird sich mit großer Wahrscheinlichkeit noch in der Stadt aufhalten und demnächst wieder auftauchen, vermutet die Kripo.

Am Abend dringt der Entführer erneut gegen Brittas Willen in ihren Körper ein, am nächsten Tag wieder. Kein Weinen der Frau, kein Betteln, sie und ihr Kind zu verschonen, keine zusammenge-pressten Beine halten ihn ab. Britta glaubt der Drohung, dass sie umgebracht wird, wenn sie ihm nicht gefügig ist. Er zwingt sie, Kreuzworträtsel zu lösen, mit ihm Sekt zu trinken und in den späten Abendstunden mit ihm durch die Stadt zu spazieren. Keine Sekunde lässt er dabei ihre Hand los.

Zwischendurch beherrscht Uwe Decker immer wieder der Ge-danke, wie er durch seine Geisel zu noch mehr Geld kommen kann. Er entdeckt in ihrer Handtasche Sparkassenschecks. »Mor-gen hebst du damit 1000 Mark ab. Und wehe, du gibst nur den geringsten Laut von dir«, legt er die Marschroute für den nächsten Tag fest. Brittas Einwand, dass gar nicht so viel Geld auf dem Konto sei, wischt er mit einer Handbewegung weg: »Das merken die nicht so schnell.« Dann legt er sich zu seinem Opfer ins Bett und verbringt fest an sie gepresst die Nacht.

Am nächsten Morgen setzt er in die Tat um, was er angekündigt hat. Auf dem Weg zur Sparkasse geht er mit der Entführten ins Warenhaus und lässt sich von ihr mit Sportartikeln einkleiden. Britta bezahlt die Summe von 181,50 Mark mit einem Scheck. Die Verkäuferin sieht in den beiden jungen Leuten ein ganz normales Paar. Scheinbar zwanglos schlendern Opfer und Täter durch die Neustadt von Hoyerswerda. Nur Hand in Hand gehen beide nicht. Das hat sich die junge Frau verbeten, »damit keiner auf dumme Gedanken kommt«. Ihr Entführer ist sich inzwischen sicher, dass sie keinen Fluchtversuch unternehmen wird. Auf der Sparkasse löst Britta zwei Schecks über jeweils 500 Mark ein. Dass sie nicht gedeckt sind, bemerkt die Frau am Schalter nicht.

Im Kopf von Uwe Decker rumort es. Wie soll das, was am Vortag begonnen hat, enden? Der junge Mann hegt keinen Zwei-fel, dass Britta Busch die Polizei einschaltet, sobald sie frei ist. Sie hat ihm das sogar gesagt. *Ich muss sie töten!*, dieser Gedanke setzt sich fest, denn er weiß, dass er die Entführte nicht für immer bei sich behalten kann. Und freiwillig wird die Frau nicht bei ihm bleiben. Das hat sie ihm unmissverständlich erklärt.

In der Wohnung diktiert Decker der Entführten erneut einen Brief an ihren Ehemann. Darin wird er aufgefordert, die am Vortag übergebenen Schreiben zurückzugeben. So täuscht Decker Britta vor, einen Kontakt mit ihrem Gatten zu haben, und setzt sie weiter unter Druck. Inzwischen hat sein Mordplan Gestalt angenommen. Um ihn umzusetzen, muss er die Frau erneut allein lassen. Wie schon am Vortag fesselt er sie mit den Stoffresten und zwingt sie in den Bettkasten der Liege. Er deckt sie zu und klappt die Sitzfläche herunter. Im Warenhaus kauft Decker einen Spaten, geht damit in eine Kleingartenanlage und beginnt, ein Loch auszuheben. Es soll Brittas Grab werden, doch Besucher der Gartenanlage stören ihn. Er verwirft die Idee und versenkt den Spaten in der Schwarzen Elster. Der Mordplan aber bleibt. Jetzt entschließt er sich, seine Geisel, eingeschnürt in ein Bettlaken, just in diesem Fluss zu ertränken.

Am Nachmittag erzwingt Decker noch einmal Geschlechtsverkehr mit Britta. Er droht damit, den vermeintlichen Kontakt zum Ehemann abzubrechen – und ohne Lösegeld werde er sie niemals freilassen. Die Angst macht Britta unfähig, Widerstand zu leisten. Als sie in der Nacht zum 6. März das Haus verlassen, ist sich die junge Frau sicher, dass sie getötet werden wird. Sie glaubt ihrem Entführer nicht, dass er sie nur ein Stück aus der Stadt bringen will, um sich nach ihrer Freilassung Vorsprung für seine Flucht zu verschaffen. Decker hat einen Bettbezug und eine Schnur bei sich. Er geht mit seinem Opfer zur Elster. Sein Entschluss steht fest. An einem geeigneten Ort will er die ihm körperlich unterlegene Frau zu Boden werfen, sie in den Bettbezug schnüren und von der Brücke in den Fluss werfen. Dort soll sie ertrinken.

In diesen Minuten in der dunklen Märznacht wird ihm bewusst, dass der Entschluss, einen Menschen zu töten, leicht gefasst, doch schwer zu verwirklichen ist. Decker bekommt Skrupel. Er entfernt sich ein paar Meter vom Opfer und hofft, dass es die Flucht ergreift und ihm die Entscheidung abnimmt. Die Frau bleibt aber wie angewurzelt stehen und fragt nahezu emotionslos: »Hast du die Stelle gefunden, an der du mich umbringen willst?«

Uwe Decker ist fassungslos und schockiert. Mit einer einzigen Frage hat Britta seine Gedanken und Absichten entlarvt. Sie hat damit ihr Leben gerettet. Nach dem Spaten versenkt er nun auch seinen Mordplan in der Elster. Er kehrt mit der Frau zurück in die Wohnung und zwingt sie zu einem letzten Schriftstück. Darin muss Britta versichern, dass sie am Morgen des 4. März freiwillig mit Decker mitgegangen ist, dass sie mit dem Geschlechtsverkehr einverstanden war, dass sie ohne Zwang die Einkäufe bezahlt und das Geld von der Sparkasse abgehoben hat, um ihn nach dem bisher verpfuschten Leben einen Neubeginn zu erleichtern. Am Sonntagmorgen darf Britta die Wohnung verlassen.

Zu Hause schildert sie Ehemann Rolf ihr Martyrium. Nur mit Mühe kann sie ihn davon abhalten, mit Decker höchstpersönlich abzurechnen. Sie gehen zur Polizei. Britta Busch erstattet Anzeige.

Zunächst erntet sie bei der Kripo ungläubiges Kopfschütteln. Was sie erzählt, scheint den Kriminalisten fern jeder Realität. Eine Frau, die auf offener Straße entführt wird … die vom Täter mehrfach allein in der Wohnung zurückgelassen wird … die mit ihm am späten Abend in hell erleuchteten Straßen spazieren geht … die ihn im belebten Kaufhaus mit Sportkleidung ausstattet, auf der Sparkasse Schecks einlöst und mehrere Möglichkeiten zur Flucht nicht nutzt … Dennoch wird Decker verhaftet. Er streitet nicht ab, dass Britta Busch zwei Tage bei ihm war und dass sie Sex miteinander hatten. Aber das war freiwillig, behauptet er. Er zeigt den Polizisten den von Britta geschriebenen Zettel, der ihn scheinbar entlastet. Auch die Untersuchung der Frau im Krankenhaus ergibt nichts Belastendes. Am Körper entdecken die Ärzte keinerlei Wunden, keine Abschürfungen oder Hämatome als Zeichen von Gewalt und Widerstand. Sie finden auch keine Anzeichen für eine Vergewaltigung. Die Staatsanwaltschaft beauftragt die Sektion Kriminalistik der Humboldt-Universität Berlin mit einem Gutachten über die Glaubwürdigkeit von Britta Busch. Die Feststellungen der Psychologen helfen den Ermittlern nicht weiter.

Die Spuren in der Wohnung von Uwe Decker sprechen eine deutlichere Sprache. Die Stofffetzen, mit denen das Opfer gefesselt wurde, liegen im Bettkasten, und es ist offensichtlich, wozu sie benutzt wurden. Kriminaltechniker sichern Haare, die von Britta stammen. Auch im Bettkasten finden sich genügend Hinweise darauf, dass die Schilderungen des Opfers über ihr zeitweiliges Gefängnis stimmen. Unter dem Druck der Beweise gesteht Decker schließlich die Tat. Zwar gibt es zwischen seinen Aussagen und denen des Opfers Unstimmigkeiten, diese beschränken sich jedoch auf Zeitabläufe und Handlungsdetails.

Noch am Tag der Freilassung von Britta Busch erlässt das Kreisgericht Hoyerswerda Haftbefehl gegen den Tatverdächtigen. Nach 25 Tagen in Freiheit sitzt Decker nach drei Vorstrafen nun wieder im Gefängnis, wenn auch vorerst nur in Untersuchungshaft.

Nachdem Decker die Tat an Britta Busch gestanden hat, ringt er sich durch, reinen Tisch zu machen. Was er den Kriminalisten erzählt, hört sich unglaublich an. Er berichtet von sechs weiteren Übergriffen auf Mädchen und Frauen. Wenige Tage vor der Entführung von Britta brachte Decker nach einem Kinobesuch ein 16 Jahre altes Mädchen auf ähnliche Art in seine Gewalt. In der Wohnung fesselte er dem Opfer die Hände und stopfte ihm einen Knebel in den Mund. Er drohte der Heranwachsenden, sie umzubringen, wenn sie nicht mit ihm schlafe. Nur dann könne sie die Wohnung lebend verlassen. Das Mädchen wehrte sich trotz der Drohungen mit aller Kraft. Ernüchtert von diesem Widerstand ließ er von dem Opfer ab.

»Die anderen waren nicht so wie du. Die haben mit mir geschlafen und durften gleich wieder gehen. Mit dir hat es keinen Zweck«, gibt die Geschädigte später vor Gericht die Reaktion ihres Peinigers wieder. Auch sie musste nach seinem Diktat einen Brief schreiben, in dem sie jede Anwendung von Gewalt durch den Täter negiert. Danach begleitete er sein Opfer nach Hause, um eine sofortige Anzeige bei der Polizei zu verhindern. Aus Angst und Scham verschwieg das Mädchen auch gegenüber den Eltern, was in dieser Nacht geschehen war.

Ähnlich erging es drei Tage später einer 20 Jahre alten Frau. Auch sie zwang Decker mit gezücktem Messer in seine Wohnung. Auch ihr erzählte er die Mär von der Verfolgung durch die Polizei, und dass er sie als Alibi brauche, falls die »Bullen« bei ihm auftauchen oder schon vor der Haustür auf ihn warten würden. In der Wohnung will Decker sein Opfer vergewaltigt haben. Bei der Vernehmung durch die Polizei und auch als Zeugin vor Gericht bestreitet die Geschädigte hingegen den Geschlechtsverkehr mit dem Täter, der sie am nächsten Morgen freiließ.

Decker gesteht im Zuge der Ermittlungen vier weitere Vergewaltigungen, jeweils zwei im Jahr 1980 sowie im Februar 1983. Nur der Angriff auf eine Radfahrerin im November 1980 in einer Kleinstadt in der Elbe-Elster-Region wurde vom Opfer bei der Polizei gemeldet. Die Frau hatte damals den Täter in die Flucht geschlagen. Die Fahndung nach ihm blieb erfolglos. Deckers andere drei Vergewaltigungsopfer in Cottbus und Hoyerswerda werden trotz umfangreicher Fahndungsmaßnahmen unter Einbeziehung der Abschnittsbevollmächtigten und zahlreicher freiwilliger Helfer sowie Aufrufen in der Zeitung nicht ermittelt.

Im August 1983 klagt die Staatsanwaltschaft Uwe Decker beim Bezirksgericht in Cottbus wegen Vorbereitung eines Mordes und mehrfacher vollendeter und versuchter Vergewaltigung sowie Erpressung an. Im November 1983 wird Decker wegen mehrfacher Verbrechen der Freiheitsberaubung, der Erpressung, Vergewaltigung und Nötigung zu siebeneinhalb Jahren Freiheitsentzug verurteilt. Das Gericht hält ihn bezüglich der Vorbereitung des Mordes an Britta für schuldig, ohne dass es dafür eine gesonderte Strafe verhängt. Diesen Schuldspruch kassiert das Oberste Gericht der DDR aufgrund der Berufung des Angeklagten, bestätigt aber die ausgesprochene Freiheitsstrafe wegen der anderen Straftaten.

Die kriminelle Karriere des Uwe Decker ist mit dieser Strafe noch längst nicht beendet. Auch später landet er noch mehrfach wegen diverser Straftaten wie Diebstahl, Computerbetrug, falscher Aussage und Freiheitsberaubung vor Gerichten.

RACHE AUF DEM LAND

Das Martyrium von Florian Klauer beginnt eigentlich am Nachmittag des 7. November 1983 im Rinderstall einer LPG in einem Dorf unweit von Cottbus mit dem Tritt einer Kuh. Klauer ist 21 Jahre alt und gebürtiger Berliner. Seit August arbeitet er mit den gleichfalls noch jungen Kollegen Felix Hahne und Michael Steher sowie der erfahrenen Tierpflegerin Gerda Kluge in einer Schicht. 400 Kühe zu versorgen ist keine leichte Arbeit und keine, die den Stadtmensch Klauer in Begeisterung versetzt. Viel lieber sorgt er sich um die Mädchen des Dorfes und die weiblichen Lehrlinge der LPG. Im Dorf hat er den Ruf, ein »Windhund« zu sein, also einer, der von Mädchen zu Mädchen hechelt.

An besagtem Nachmittag erscheint Klauer mit schmerzverzerrtem Gesicht zur Kaffeepause mit den Kollegen.

»Mich hat eine Kuh getreten«, stöhnt er und hält sich die rechte Hand.

»Zeig mal her«, fordert ihn Gerda Kluge auf. Sie ist die Chefin und begutachtet den körperlichen Schaden ihres Stallgehilfen. Die Blessur sieht nicht so dramatisch aus, wie es das Gejammer vermuten lässt. Ob die überhaupt von Kuh Marta stammt, wie Klauer behauptet, daran hat das Kollegentrio seine Zweifel. Die oberflächliche Verletzung sieht eher nach Selbstverstümmelung aus. Wie auch immer – Klauer quittiert für diesen Tag den Stalldienst.

»Der faule Sack müsste mal richtig eine drüber kriegen«, schimpft Felix Hahne, der wie sein Simulantenkollege Klauer 21 Jahre alt ist. Michael Steher, der mit seinen 17 Jahren ein Abenteuer wittert, stimmt sofort zu.

»Den müssen wir uns mal richtig vorknöpfen.« Zootechniker Hahne und Stalltraktorist ohne Führerschein Steher stinkt es mächtig, dass sie bei dem permanenten Arbeitskräftemangel wieder und wieder die Aufgaben ihres windigen Stallgefährten erledigen müssen. Dabei sind beide mit mehreren Fehlschichten auch nicht gerade Ausbunde sozialistischen Bauernfleißes. Gerda Kluge widerspricht den beiden nicht. Im Gegenteil, sie bestärkt die Männer in ihrem Entschluss, Klauer eine Lehre zu erteilen.

Eine halbe Stunde nach dem angeblichen Kuhtritt hat das Vorhaben schon konkrete Formen angenommen. Als am nächsten Tag der Krankenschein für den angeblich von der Kuh geschädigten Klauer auf den Tisch flattert und sein Arbeitsplatz leer bleibt, gibt es für die Kollegen kein Halten mehr. Klar ist, dass die Abreibung, die kräftig sein soll bis zur Krankenhausreife, nicht mit offenem Visier durchgeführt werden kann.

»Ich bringe euch Strumpfhosen mit. Die könnt ihr übers Gesicht ziehen«, stellt sich Gerda Kluge als Maskenbildnerin zur Verfügung. »Und sprecht nicht, wenn ihr ihn verdrescht. Sonst erkennt euch der Klauer an der Stimme. Wie das geht, habt ihr ja oft genug in Filmen gesehen«, rät sie dem Duo in aller Fürsorge.

Vier Tage nach dieser »Geheimsitzung« im Kuhstall findet eine Dorfbewohnerin kurz vor der Mittagszeit im rechten Straßengraben der Ortsverbindung zwischen dem Hauptdorf und dem Vorwerk genannten Außenbereich der Ansiedlung eine Leiche. Die Fernverkehrsstraße 115 ist nicht weit von der Fundstelle entfernt. Die Frau kann im ersten Moment keinen klaren Gedanken fassen. Dann eilt sie ins Dorf und wählt den Polizeinotruf.

Wenige Minuten später beginnt sich das Räderwerk der Ermittlungsmaschine zu drehen. Dass der Tote Opfer eines Verbrechens ist, wird schnell klar. Die Leiche ist mit Laub bedeckt, das nicht nur vom Wind zusammengeweht wurde. Die Verletzungen sprechen für massive äußere Gewalteinwirkung. Unklar ist zunächst, wie lange der Tote bereits im Graben liegt. »Einen Tag, höchstens zwei Tage«, ist die unbestimmte Antwort des Gerichtsmediziners vor Ort. Diesen Schluss lassen erste Verwesungserscheinungen zu. Dann folgt der Satz, den ungeduldige Kriminalisten oft hören und immer nur mit Unmut zur Kenntnis nehmen: »Genaueres erfahren Sie nach der Obduktion.« Die Leichenschau wird noch am gleichen Tag im Institut für Gerichtsmedizin in Dresden durchgeführt. Die Verletzungen sind gravierend: Trümmerbruch der Nase, Verletzungen der Ohren, starke Unterblutungen in den Schläfenbereichen des Kopfes, Schwellungen und Unterblutungen in der Brust, starke Hirnprellungen. Den Obduzenten fällt auf, dass vor allem empfindliche Regionen wie Nase, Lippen und Kinn Ziel der Schläge waren. Als wahrscheinlichsten Todeszeitpunkt nennen sie die Nacht vom 9. zum 10. November.

Bei der weiträumigen Untersuchung des Fundortes der Leiche kommen die Kriminalisten zu einer überraschenden Erkenntnis: Es gibt unweit vom ersten Fundort auf der anderen Seite des Straßenrandes und im Straßengraben weitere Spuren, die auf einen Kampf hindeuten. Ein Damenstrumpf gehört dazu, der mit den eingerissenen Sehschlitzen aussieht wie eine Gesichtsmaske.

Am Nachmittag sitzen die Mitglieder der MUK in der Bezirkspolizeibehörde in Cottbus zusammen. Die Spurenlage ergibt ein unscharfes Bild. Ist der Unbekannte Opfer eines Raubüberfalls geworden? Und wer ist er überhaupt? Ausweispapiere wurden nicht gefunden. Was hat ihn nachts an diesen einsamen und dunklen Ort geführt?

Seine Identifizierung ist die vordringlichste Aufgabe.

»Nehmt euch Fotos und befragt zuerst die Dorfbewohner«, entscheidet der Chef der Ermittlungsgruppe der MUK, Oberleutnant Herbert Einklang.

»Und überprüft, welche Buslinien dort halten.« Möglich, dass der Tote an der nahe gelegenen Bushaltestelle an der F 115 aus- oder sein Mörder dort eingestiegen ist.

Die Identifizierung des Toten erweist sich als weniger schwierig, als zunächst befürchtet. Mehrere Dorfbewohner erkennen auf dem Foto Florian Klauer. Er hat ein Zimmer im Dorf, wohnte aber zuletzt bei seiner aktuellen Freundin auf dem Gehöft ihrer Eltern im Vorwerk. Ein entscheidender Schritt ist getan. Oberleutnant Winkler von der Kriminalpolizei des Kreises Cottbus, der für die Klärung des Tötungsverbrechens zur MUK abkommandiert ist, kann sich kurz fassen mit seinen Erkenntnissen zur Person des Toten. Klauer arbeitete seit August in der LPG. Die älteren Einwohner charakterisieren ihn als »Windhund«, weil sie ihn ständig mit neuen Freundinnen sahen und von wilden Partys hörten. Bei den Lehrlingen im Wohnheim ging er ein und aus. Das ist auch kein Problem, denn eine Kontrolle gibt es dort nicht. Den LPG-Vorstand interessiert es nicht, was sein Berufsnachwuchs nach der Arbeit treibt. Drei ehemalige Freundinnen des Toten aus dem Wohnheim können Dorfbewohner den Polizisten namentlich nennen. Aber auch andere Mädchen aus umliegenden Orten gehörten zur »Beute« des vormals ansehnlichen jungen Mannes, und in diesem kleinen Ort gibt es keine Geheimnisse. Zu seinen männlichen Bekannten zählen der Bruder seiner aktuellen Freundin Vivian, die Arbeitskollegen Hahne und Steher sowie ein junger Mann aus einem Nachbarort. Bei der Durchsuchung des Zimmers von Klauer findet die Polizei außerdem ein Notizbuch mit insgesamt 17 Adressen. Darunter sind die der Brüder Dieter und Georg Fischer aus Brieske-Senftenberg. Beide können zwar als Täter ausgeschlossen werden, weil sie vor mehr als einem Jahr als Mörder verurteilt wurden (siehe der Fall »Ungleiche Brüder« in »Der Tote in der Wäschetruhe«), doch sie geben Hinweise auf das Umfeld des Getöteten. Außerdem gibt es noch einen Unbekannten. Mit dem hatte Klauer wenige Tage vor seinem Tod in der Dorfkneipe eine Flasche Schnaps gekauft und vermutlich noch am Abend in der Wohnung geleert. Hatte Klauer Kontakt zu zwielichtigen Personen, und ist sein Tod ein Racheakt aus dem kriminellen Milieu? Ein Verdacht, der sich zunächst erhärtet.

Zwei Dorfbewohnerinnen melden sich bei der Polizei. Sie berichten von einem offensichtlich herrenlosen Fahrrad, das sie einen Tag vor dem Leichenfund im linken Straßengraben gefunden und mitgenommen haben. Am Lenker habe ein grüner Beutel gehangen, darin ein Kassettenradio und zwei Musikbänder. Wie sich bei einer Ortsbesichtigung mit den Zeuginnen zeigt, lag das Gefährt just dort, wo zuvor ein Kampf stattgefunden haben musste. Die Überprüfung ergibt, dass das Fahrrad schon vor einiger Zeit gestohlen worden war.

Im Dorf selbst hatte Klauer keine offensichtlichen Feinde. Mit seinem Kollegen Felix Hahne soll er mal enger befreundet gewesen sein, berichtet Oberleutnant Winkler. In letzter Zeit seien sich beide allerdings nicht mehr richtig grün gewesen, so die Gerüchteküche.

»Hahne vernehmen«, notiert sich Ermittlungsführer Einklang. Die Befragung ergibt zunächst wenig. Der Tierpfleger berichtet, dass Klauer von einer Kuh getreten und deshalb krankgeschrieben wurde. Seitdem habe er ihn nicht mehr gesehen. Mit dem Florian habe er sich anfangs gut verstanden, dann aber nicht mehr so sehr. Der sei immer nur seine eigenen Wege gegangen, und auf Arbeit habe es mit ihm auch nicht richtig geklappt.

Ins Visier der Kriminalisten rückt nun ein Dorfbewohner, der zur wahrscheinlichen Tatzeit kurz vor Mitternacht an der Haltestelle der F 115 ausgestiegen sein soll. Der bestätigt das und berichtet, dass er auf dem Heimweg im Straßengraben das Röcheln eines Mannes gehört und auch eine Person gesehen habe. »Ich dachte, das ist ein Betrunkener, und habe noch zu ihm gesagt: ›Komm mit.‹ Der hat jedoch nicht reagiert. Da bin ich weitergegangen.« Ein Verdacht gegen den Mann als möglicher Täter bestätigt sich nicht.

Auch die Adressen aus Klauers Notizbuch erweisen sich als Sackgasse. Der Mörder, davon geht die Polizei inzwischen aus, muss aus dem näheren Arbeits- und Bekanntenkreis kommen. Auf Flugblättern, die im Dorf und der Umgebung verteilt werden, bittet die Kripo um sachdienliche Hinweise zur Aufklärung. Mit Erfolg. Zwei Mädchen aus dem Lehrlingswohnheim berichten, dass Klauer in der wahrscheinlichen Todesnacht vom 9. zum 10. November nachts gegen 22.30 Uhr bei ihnen war.

»Ungefähr eine Viertelstunde später ist er mit seinem Fahrrad wieder weggefahren. Er wollte nach Hause«, berichten sie. Die Freundin des Opfers sagt aus, dass Florian am Abend von Michael Steher nach dessen Schicht im Stall aus dem Haus gerufen wurde. Kurz danach, es müsse gegen 21.15 Uhr gewesen sein, sei er mit dem Fahrrad und einem Beutel mit dem Radio darin losgefahren. Radio und Tonbänder hatte sich Klauer von Steher geborgt, weiß sie. Inzwischen hält auch Gerda Kluge der ständigen Fragerei nach Klauer, dem Hahne und dem Steher nicht mehr stand. Sie rückt mit dem Ärger im Stall heraus und mit dem Plan ihrer Schützlinge, dem bummelnden Kollegen eine Abreibung zu verpassen.

Felix Hahne und Michael Steher werden am 23. November verhaftet und gestehen noch am gleichen Tag unabhängig voneinander, Klauer ermordet zu haben. Im Wesentlichen decken sich ihre Angaben zum Tatgeschehen. Danach hat sich am 9. November Folgendes zugetragen:

Nach Schichtschluss um 21 Uhr gehen Hahne und Steher an die Verwirklichung ihres Planes. Der sieht vor, Klauer krankenhausreif zu schlagen. Die Vorstellungen sind konkret: Sie wollen ihm Arme, Beine, Finger und Rippen brechen. Hahne, Exbusenfreund des Opfers, setzt noch einen drauf. »Dem zertrete und zerquetsche ich die Eier, damit er kein Mädchen mehr f… kann«, gibt er kund. In diesem Wutausbruch drückt sich die ganze Enttäuschung über erlittene Niederlagen aus. Hahne hatte sich in Klauers Schatten mehr Erfolg bei den Frauen versprochen. Klauer dachte aber gar nicht ans Teilen. Er hatte Felix sogar eine sich anbahnende Beziehung versaut.

»Den reiße ich auf wie ein Westpaket«, verkündete Hahne damals.

Mit Hahnes Moped SR 50, einem schnellen Zweisitzer, fahren die beiden jungen Männer zur Freundin von Klauer ins Vorwerk. Hahne versteckt sich wie abgesprochen im Gebüsch an der Straße. Dort will er Klauer auflauern. Steher lockt sein Opfer aus dem Haus.

»Florian, wir wollen bei uns 'ne kleine Party machen. Sind auch Weiber da. Wir treffen uns bei mir.« Bei solchen Aussichten lässt sich Klauer nicht zweimal bitten. Ehe sich die beiden Rächer versehen, hat er sich auf sein gestohlenes Fahrrad geschwungen und braust wie ein Herbststurm Richtung Party-Ort – ins ehemalige Gutshaus des Hauptdorfes. Der lauernde Hahne ist in seinem Versteck so überrascht, dass er es gar nicht schafft, ihn wie geplant abzupassen. Die verhinderten Schläger fahren mit dem Moped hinterher. Sie gestehen Klauer, dass es mit den Mädchen nichts wird. Gemeinsam schauen sich die drei im Fernsehen einen Krimi an.

Ihren Racheplan aber geben Hahne und Steher nicht auf. Beide verständigen sich unauffällig über die nächsten Schritte. Hahne verschwindet mit der Strumpfmaske, die ihm Gerda Kluge tags zuvor gegeben hat, und steckt sich auch den Fleischklopfer wieder ein. Der ist auf der einen Seite scharf wie ein Beil und auf der anderen wie ein Hammerkopf geformt. Für Steher, der seinem Mitverschwörer später folgt, ist klar: Auf dem Weg nach Hause soll Klauer aufgelauert werden. Zeit genug sich zu verstecken bleibt, weil der noch im Lehrlingswohnheim vorbeischauen will.

Was dann folgt, ist eine regelrechte Jagd auf den »Windhund«. Mit Strumpfmasken auf dem Kopf, Fleischklopfer und Knüppeln in den Händen stürzen sich die beiden Täter auf den ahnungslosen Radfahrer. Klauer kann die Schläge zunächst abwehren. Zwischen ihm und Hahne kommt es zum Kampf. Der Fleischklopfer fliegt im hohen Bogen auf das benachbarte Feld. Klauer reißt seinem Widersacher die Maske vom Gesicht. Dann aber prasseln Faustschläge auf ihn ein, gezielt auf Kinn, Nase und Kopf. Es sind die Schläge des ehemaligen Boxers Hahne, der bis zu seinem 15. Lebensjahr mit einigem Erfolg den Faustkampf im Halbmittelgewicht betrieben hat. Klauer landet im Straßengraben. Steher drischt dort mit einem Knüppel wahllos auf Kopf und Körper ein und hilft mit Fußtritten und Faustschlägen nach. Hahne hat sich inzwischen ebenfalls einen Knüppel besorgt und prügelt damit so lange und so stark auf das Opfer ein, bis der Stock zerbricht. Klauer bleibt regungslos liegen. Sein Kopf blutet stark, über die Lippen kommt nur noch ein Röcheln.

Das vernimmt der Mann, der von der Bushaltestelle an der F 115 auf dem Weg nach Hause ist. Er sieht den Mann links im Straßengraben liegen. Hilfe leistet er nicht. Hahne und Steher haben sich rechtzeitig rechts im Straßengraben versteckt und bleiben unbemerkt. Kaum ist der unbequeme Zeuge außer Sichtweite, raffen sich die beiden auf, versetzen ihrem Opfer noch mehrere Fußtritte und suchen in der Dunkelheit vergeblich nach der verlorenen Strumpfmaske und dem Fleischklopfer. Dann fahren sie mit dem Moped ins Gutshaus zurück, trinken in Stehers Zimmer Kaffee und werten die Abreibung aus.

Zufrieden sind sie nicht. Hahne hat einen Kratzer im Gesicht, den er sofort eincremt, damit er schnell heilt. Den Tätern ist klar:

Klauer hat uns erkannt! Für ihre Schlussfolgerung brauchen sie nicht viele Worte.

»Wir müssen noch mal los«, sagt Steher.

Hahne pflichtet ihm bei: »Ja, das muss eine hundertprozentige Sache werden.«

Etwa eine Stunde später kehren die Täter an den Ort des Verbrechens zurück. In seinen Aussagen macht Hahne keinen Hehl daraus, was er und sein Komplize mit »einhundertprozentig« meinten:

Michael und er seien sich einig gewesen, dass sie Klauer erschlagen müssten. Dass Klauer im Falle seines Überlebens bei der Polizei Anzeige erstatten und sie als Täter entlarven würde, daran zweifelt das Duo nicht. Ist Klauer tot, so die Überlegung, könnte die Polizei sie nie und nimmer als Täter ermitteln.

Am Tatort finden sie Klauer so, wie sie ihn zuvor verlassen haben. Zur Vollendung ihrer Tat haben sie aus dem Keller des Wohnhauses ein Eisenrohr mitgenommen. Steher tritt dem Opfer mit den Schuhspitzen in den Bauch. Hahne schlägt mit dem Rohr kräftig auf Kopf und Schulter ein. Das dünne Eisen verbiegt sich dabei. Doch plötzlich rappelt sich Klauer auf und flüchtet über das Feld.

Den müssen wir kriegen, sind sich die beiden Täter einig. Hahne holt das Opfer ein, noch bevor es den Feldweg erreicht, der zu einer Mühle führt. Der Boxer schlägt einen Aufwärtshaken gegen das Kinn und eine Gerade gegen den Mund. Klauer sackt in sich zusammen und fällt rechts in den Straßengraben. Die Täter versetzen dem wehr- und hilflosen Klauer noch mehrere Fußtritte ins Gesicht und gegen den Kopf und springen auf seinen Rücken.

Nach dem Ende der Prügelorgie sind sie vom Tod des Opfers überzeugt. Hahne hebt zur Sicherheit einen Arm des Opfers in die Höhe. Der leistet keinen Widerstand und fällt beim Loslassen kraftlos zusammen. Sie bedecken die Leiche mit Laub und beseitigen, so gut es geht, die Kampfspuren. Zurück in ihrer Wohnunterkunft im Gutshaus rauchen sie noch eine Zigarette und gehen zum Schlafen auf ihre Zimmer. Die Entdeckung der Tat, etwa durch eine Aussage von Gerda Kluge, befürchten sie nicht.

»Die hängt doch mit drinne«, meint der 17-jährige Steher in seiner Naivität.

War es Überheblichkeit, Faulheit oder Dummheit, dass die beiden Täter, die an das perfekte Verbrechen glaubten, ihre Spuren nur so halbherzig beseitigten? Seine blutigen schwarzen Handschuhe wirft Hahne in die Aschegrube am Gutshaus. Die blaue Wattejacke versteckt er unter einer Treppe auf dem Grundstück seiner Eltern. Den blutigen Parka, den Steher ihm zum Verbrennen gegeben hat, steckt er in seinen Schrank. Bei den Durchsuchungen durch die Polizei wird alles gefunden.

In der Medizinischen Akademie Dresden werden Hahne und Steher gründlich untersucht, um ihre Schuldfähigkeit festzustellen. Hahne hat ohne Mühe den Abschluss der zehnten Klasse der Polytechnischen Oberschule geschafft und auch die Lehre als Zootechniker gemeistert. Als er mit 15 Jahren das leistungssportliche Boxen aufgeben muss, ist das für den vielversprechenden Nachwuchssportler ein herber Rückschlag. Der Grund für das gnadenlose Aussortieren aus der Förderung sind seine schlecht entwickelten Zähne. Im gleichen Jahr wird bei ihm eine Epilepsie festgestellt, aber Anfälle sind selten. Mehrmals muss er im Krankenhaus wegen diverser Verletzungen behandelt werden, die er sich zum großen Teil selbst zugefügt hat. So sticht er sich beispielsweise ein Messer in den Bauch, lastet diese Verletzung im Krankenhaus dann aber seinem Vater an. Er wollte vor der Mutter und der Freundin tot umfallen, gibt er bei der Exploration beim Gerichtspsychiater als Motiv an.

»Mir war damals das ganze Leben egal«, lautet seine Begründung. Andere Verletzungen fügt er sich zu, um nicht auf Arbeit gehen zu müssen. Obwohl er nach eigenen Angaben Tiere mag, scheut er nicht davor zurück, sie zu quälen, wenn sie nicht parieren.

Michael Steher hatte es schwerer. Er schafft es in acht Jahren Schule nur bis zur sechsten Klasse. Zu Hause, in einer kinderreichen Familie, läuft es ebenfalls nicht gut. Der Vater trinkt und ist gewalttätig. Die Ehe der Eltern wird geschieden, die Verantwortung für die Kindererziehung liegt fortan allein bei der Mutter. Als Raufbold tritt der Junge nach ihren Angaben nicht in Erscheinung.

Der Gutachter stellt aus medizinischer Sicht fest: Beide waren zum Tatzeitpunkt voll schuldfähig. Daran ändert bei Hahne auch die Epilepsie nichts. Es hat nach Erkenntnis des Gutachters bei ihm kein durch Krankheit bedingter Dämmerzustand vorgelegen. Steher könnte während der Tat in eine psychologische Abhängigkeit von Hahne geraten sein. Schuldmindernd sei aber auch das nicht zu bewerten.

Wie bei fast allen Prozessen wegen Gewaltverbrechen braucht das Bezirksgericht Cottbus im Juni 1983 nur drei Verhandlungstage bis zu einem Urteil. Es verhängt gegen den zur Tatzeit 21 Jahre alten Felix Hahne wegen Mordes und vorsätzlicher schwerer Körperverletzung eine lebenslängliche Freiheitsstrafe. Michael Steher, der zur Tatzeit 17 Jahre alt war, wird wegen versuchten Mordes und als Mittäter bei einer schweren Körperverletzung zu 14 Jahren Freiheitsstrafe verurteilt. Dies liegt nur ein Jahr unter der gesetzlichen Höchststrafe für Jugendliche. Nach Überzeugung des Gerichts waren die Faustschläge von Hahne am zweiten Tatort gegen den frei beweglichen Kopf des Opfers, die zu Hirnprellungen führten, tödlich. Aber auch die Tritte und Schläge, die Steher dem Opfer zugefügt hatte, seien geeignet gewesen, Florian Klauer umzubringen, so das Gericht.

Steher wird im Mai 1991 aus dem Strafvollzug entlassen, nachdem seine Jugendstrafe auf der Grundlage des milderen bundesdeutschen Rechts für Jugendliche auf zehn Jahre reduziert wurde.

Hahne stellt im Mai 1990 ohne Erfolg ein Gnadengesuch an die »Verwaltung beim Staatsoberhaupt der DDR«. Er kann im Februar 1995 das Gefängnis verlassen. Die zur Bewährung ausgesetzte Reststrafe wird ihm vier Jahre später erlassen.

Gerda Kluge, die von der Abreibung für Klauer wusste und die Strumpfmasken für die Täter geliefert hatte, musste sich einem gesonderten Ermittlungsverfahren stellen. Auch gegen den Mann von der Bushaltestelle wurde wegen unterlassener Hilfeleistung ermittelt. Der Ausgang dieser Verfahren ist allerdings nicht bekannt.

SELBSTJUSTIZ

In der Nacht zum 30. April 1983 radelt gegen 23 Uhr ein Mann über die Landstraße unweit von Luckau, einer Stadt im heutigen brandenburgischen Landkreis Dahme-Spreewald. Das Fahrrad macht Krach, der in der ländlichen Stille ohrenbetäubend wirkt. Das Rattern hat seinen Grund: Auf dem hinteren Reifen ist keine Luft, und so holpert der Fahrer auf der Felge über den Asphalt. Das scheint ihn nicht zu stören. Einige Biere und Schnäpse beim Umtrunk zum Abschied von Kollegen, die zur »Fahne«, zur NVA, müssen, haben sich des Geistes des Mannes bemächtigt, der den Drahtesel lenkt. Mühsam hält sich der Pedalritter auf dem Bock, wobei er für die Wahrung des Gleichgewichtes die ganze Straßenbreite in Anspruch nehmen muss. Erstaunlich, dass er kurz vor dem Absturz in den rechten oder linken Straßengraben jedes Mal noch rechtzeitig die Kurve kriegt.

Egon Hahn schlängelt sich Meter für Meter über die verlassene Straße dem heimatlichen Gehöft entgegen. Dort wohnt er mit seiner Lebensgefährtin und zwei inzwischen erwachsenen Kindern sowie mehreren Mietern auf einem großen Grundstück. Es ist ein schmuckloses dörfliches Anwesen mit viel Nebengelass. Seine Frau und die Kinder, die ihn Vati nennen, obwohl er nicht ihr leiblicher Vater ist, werden ihn nicht vermissen. Sie wissen: Wenn er am nächsten Tag nicht auf den Bock seines Lasters beim Kraftverkehr steigen muss, nimmt sich Egon Hahn gerne einen zur Brust. Dann kann es schon mal spät werden.

Beim wackeligen Dahinradeln mit benebeltem Kopf und voller Konzentration auf das Ausgleichen seiner Gleichgewichtsstörung, bemerkt Hahn die schemenhafte Gestalt nicht, die sich hinter den Büschen im Graben versteckt und der er sehr nahe kommt, weil das Fahrrad wieder einmal einen abrupten Schwenk mit ihm vollführt. Geduldig hat der Wegelagerer dort ausgeharrt und in aller Ruhe eine Zigarette geraucht. Den Stummel hat er sorgfältig ausgedrückt und in die Hosentasche gesteckt. Er soll später nicht seine Anwesenheit verraten.

Der Schlag von hinten trifft Egon Hahn mit voller Wucht. Das Eisenrohr hinterlässt eine klaffende Wunde, aus der sofort Blut fließt. Der Radfahrer fällt wie vom Blitz getroffen auf die Straße. Seine weit aufgerissenen Augen starren in das Antlitz des Täters. Erkennen können sie es wohl nicht mehr. Noch zwei-, dreimal saust das Eisenrohr nieder, jetzt auf das Gesicht des Opfers. Die Schläge sind voller Hass und mit dem festen Willen ausgeführt, den Mann am Boden zu vernichten. Das einen halben Zoll starke Eisenrohr liegt fest in den Händen des Täters. Der Griff ist mit Pflaster umwickelt, damit es ihm nicht entgleiten kann. Der Angreifer packt Hahn an den Beinen und schleift ihn in den Straßengraben. Auf dem Straßenbelag bleibt eine blutige Spur zurück. Mit Sand vom Rand der Böschung deckt der Täter sie ab, so gut es geht. Das klapprige Fahrrad wird mit Schwung in Richtung des Toten geworfen, das Eisenrohr fliegt in hohem Bogen gut 50 Meter durch die Luft und landet im angrenzenden Getreidefeld. Hastig durchsucht der Täter die Leiche. Aus der Hosentasche nimmt er die Geldbörse an sich. Die Aktentasche des Opfers klemmt er auf den Gepäckträger seines Fahrrades. Dann radelt er davon.

Eine halbe Stunde nach dem Überfall kurz vor Mitternacht: Auf der ansonsten zu dieser Zeit menschenleeren Straße herrscht an diesem Freitag überraschend starker Betrieb. Ein blauer Pkw vom Typ Lada fährt Richtung Luckau und hält unweit der Stelle, an der vor einigen Minuten Egon Hahn das Leben aus dem Leib geprügelt worden ist. Ein Mann steigt aus. Der Lada fährt davon. Auf der anderen Straßenseite läuft eine Frau. Sie ist barfuß, trägt die Schuhe in den Händen. Während die Frau unweit der Büsche verschnauft, hinter denen der Tote liegt, setzt der Mann auf der anderen Seite zum Dauerlauf an, so, als wolle er dem Morgen entgegenjoggen. Aus der Ferne kommt ein Trabant angefahren. Er wendet auf der Straße. Der Fahrer steigt aus, diskutiert mit der Dame, die erschöpft ist von ihrem Fußmarsch durch die Nacht. Beide steigen ein und fahren davon. Der Jogger atmet tief durch, nicht außer Puste wegen des kurzen Dauerlaufs, sondern wegen der Anspannung der letzten Minuten. Das Paar hat ihn nicht gesehen, den Toten im Straßengraben auch nicht. Langsam rollt der blaue Lada auf der jetzt wieder verwaisten Straße heran. Der Kraftfahrer öffnet den Kofferraum, während der Jogger den Toten aus dem Straßengraben und die Böschung hinaufzieht. Oben angekommen wickelt er eine Decke, die ihm aus dem Auto gereicht wird, um den Körper und stülpt einen Plastiksack über den blutverschmierten Kopf. An Armen und Beinen gepackt verschwindet Egon Hahn im Kofferraum. Der Lada fährt davon.

Wenige Minuten später knarrt in einem der Dörfer, die rund um Luckau liegen, ein Garagentor. Ein blauer Lada rollt mit abgeblendeten Scheinwerfern hinein. Der Fahrer steigt wortlos aus, wirft die Tür ins Schloss, geht quer über den Hof zum Wohnhaus und verschwindet darin. Der Mann auf dem Beifahrersitz verlässt das Grundstück und klingelt am Haus nebenan. Trotz der fortgeschrittenen Zeit wird ihm sofort geöffnet.

»Axel, komm rüber. Du musst mir helfen.«

Axel Haas schaut seinen Freund Werner Becker ungläubig an. »Hast du wirklich?«

Becker nickt. »Wirst schon sehen.«

Wenige Schritte später in der Garage und nach einem Blick in den Kofferraum auf das zusammengequetschte Bündel Mensch bedarf es keiner weiteren Erklärung. Der Griff an die Halsschlagader bestätigt Haas, was seine Augen längst erfasst haben: In dem Körper ist jeder Funke Leben erloschen. Alles ist voller Blut.

Becker und sein Freund, dem kein Wort über die Lippen kommt, heben den toten Mann aus dem Kofferraum. Becker legt ihm eine Drahtschlinge um den Hals und zieht zu, weil er die Blutung stoppen will. Die Freunde wickeln den Leichnam in Decken und schnüren alles mit Bindedraht, den Becker aus seiner benachbarten Werkstatt holt, zu einem Paket zusammen, Haas erhellt die bizarre Szene mit einer Taschenlampe. Der Gestank, der von der Leiche und den Exkrementen ausgeht, ist kaum noch auszuhalten. Becker öffnet das Fenster, damit wenigstens etwas frischer Wind die stickige Luft in der Garage durcheinanderwirbelt und die beiden Komplizen freier atmen können. Der zum Paket verschnürte Tote wird in einer Ecke abgelegt. Die Blutspuren am Auto beseitigt Becker so gut es geht mit Wasser und einem nassen Lappen. Die beiden Freunde sind sich einig: »Morgen muss die Leiche verschwinden.« Gemeint ist der bereits angebrochene Sonnabend, der Vorabend des 1. Mai. Sie trennen sich für den Rest der Nacht. Becker begibt sich noch einmal zum Tatort, holt das Fahrrad des Opfers und stellt es in einem Nebenraum seiner Werkstatt ab.

Um fünf Uhr morgens ist Becker schon wieder auf den Beinen. Er muss zu einer Motocross-Veranstaltung der Gesellschaft für Sport und Technik (GST). Dort ist er Mitglied und soll für seine Mannschaft beim Wettkampf zum 1. Mai eine Medaille gewinnen. Zunächst aber treibt es ihn an den Ort des Verbrechens. In der Garage hebt er das Leichenpaket in den Kofferraum des Autos. Hinzu kommen zwei Decken, zwei Plastiksäcke, ein Stück Pappe und die Jacke des Opfers. Alles ist mit dem Blut des Toten bespritzt. Er verschließt Pkw und Garage und fährt mit dem Fahrrad auf der Chaussee zur Stelle des mörderischen Überfalls. Auf dem Gepäckträger ist eine Eisenharke befestigt, in der Hand hält er eine Flasche Hydrauliköl. Mit der Flüssigkeit verwandelt der Täter die bereits mit Sand abgedeckte Blut- in eine Ölspur. Mit der Harke wird das im Straßengraben zerdrückte Gras aufgerichtet. Jetzt, so stellt er mit kritischem Blick zufrieden fest, ist kaum noch zu sehen, dass dort vor Stunden noch etwas gelegen hat. Beim Rundumblick fällt ihm ein grauer Plastik-Griff auf, der offensichtlich vom Fahrrad des Opfers stammt. Er steckt ihn ein. Gemeinsam mit seinem Freund Haas fährt Becker wie verabredet zum GST-Wettkampf, bei dem er die erhoffte Trophäe gewinnt. Gegen 15 Uhr ist das Duo zurück und beginnt mit der Beseitigung der Leiche.

Vor ihnen liegt eine Fahrt von etwa einer halben Stunde. Haas kennt eine Stelle, die von Gott und der Welt verlassen scheint. Es ist die Ruine einer alten Schäferei. Die Natur hat die Steine der Gebäude bereits unter sich versteckt. Büsche und Bäume machen sich breit. Das Gelände liegt weit ab von jeder menschlichen Ansiedlung. Dennoch gehen die illegalen Leichenbestatter vorsichtig zu Werke. Akribisch inspizieren sie das Grabfeld. Sie möchten bei der Beisetzung ungesehen und ungestört bleiben. Ein Wildkaninchen ist außer ihnen das einzige sichtbare Lebewesen auf dem Ruinenfeld. Eine Vertiefung im Gelände wird als geeigneter Ort für ihr Vorhaben ausgemacht. Mindestens 2,50 Meter tief soll die Grube werden, legt Haas fest. Sorgsam stechen die Männer mit dem mitgebrachten Spaten die Grasstücke ab und legen sie neben das Loch. Das Graben ist mühsam. Mit dem Grad des Schwitzens sinkt der Vorrat an Kraft und die Lust auf eine weitere Plackerei. Einen knappen Meter vor dem ursprünglichen Ziel legt Werner Becker fest: »Es reicht!« Schließlich liegt ihr Toter nicht in einem angemessenen Holzsarg, sondern steckt in einem unwürdigen Müllsack. Den stopfen sie samt der anderen blutigen Utensilien aus dem Kofferraum des Autos in die Grube und schaufeln Erde darüber. Dabei bricht Haas der Schaufelstil durch. Das unbrauchbare Werkzeug landet schwungvoll im Gebüsch. Sorgsam werden in das festgetretene Erdreich die zuvor ausgestochenen Rasenstücke eingepasst. Danach tragen die Totengräber Äste zusammen und tarnen damit die Grabstelle. Sie sind mit ihrer Art der Bestattung zufrieden. Becker und Haas fahren nach Hause.

Nach dem Beseitigen der Leiche gehen die beiden Männer an das Tilgen der Spuren in der Garage. Mit Eimer, Wasser und Bürste scheuert Becker den Fußboden, auf dem ein großer Blutfleck als Zeugnis des nächtlichen Verbrechens unübersehbar ist. Trotz aller Mühe misslingt die Reinigung. Das Reinigungsgeschwader greift zu schärferen Mitteln und kippt Nitroverdünnung auf die Lache. Die Glasflasche wird auf den Fußboden geworfen, als wäre sie ganz zufällig dort zerschellt. Dann trennen sich die Wege der brüderlichen Freunde. Becker setzt sich in den blauen Lada und verbringt die meiste Zeit des Wochenendes bei seiner Freundin, die in einer ländlichen Kleinstadt lebt.

Die Maifeierlichkeiten sind überall in den Städten und Gemeinden der DDR Höhepunkte des kulturellen und kulinarischen Lebens. Dem arbeitenden Volk werden vielfältige Veranstaltungen angeboten. Es wird getanzt, gelacht und getrunken. Nicht immer nehmen die Festlichkeiten einen fröhlichen Ausklang. Das erleben auch die Gastwirte einer örtlichen Dorfkneipe. Am 1. Mai, dem Kampf- und Feiertag der Werktätigen, müssen sie die Polizei wegen eines Einbruchs rufen. Die Alibiüberprüfung der Dorfjugend am Nachmittag läuft bei Familie Becker zunächst ins Leere. Niemand ist zu Hause. Am Abend schaut der Abschnittsbevollmächtigte (ABV) noch einmal vorbei. Maria Becker ist mittlerweile vom Dienst im Krankenhaus heimgekehrt. Sie weiß, dass Werner bei seiner Freundin ist.

»Wir melden uns, wenn er zurück ist«, verspricht sie.

Die Beckers stehen zu ihrem Wort und klingeln tatsächlich kurz vor Mitternacht höchstpersönlich beim diensthabenden Offizier im Volkspolizeikreisamt in Luckau an der Pforte. Maria Becker, 40 Jahre alt, ihr Sohn Werner, 19 Jahre, und Ute, die 18 Jahre alte Tochter, haben zum Einbruch in der Gaststätte nichts auszusagen. Was sie dennoch erzählen, verschlägt dem Genossen Unterleutnant der K in der Luckauer Polizeidienststelle zunächst die Sprache. Er erfährt von Maria Becker, dass Egon Hahn, ihr 44 Jahre alter Partner, mit dem sie seit 17 Jahren zusammenlebt, vermutlich tot ist. Und dass ihn wahrscheinlich ihr Sohn Werner im Streit getötet hat. Die eher harmlosen Nachforschungen zu einem Kneipeneinbruch entwickeln sich über Nacht zu Ermittlungen über ein Tötungsverbrechen.

Die Aussagen der beiden Frauen, die sie unabhängig voneinander machen, sind vage, sie decken sich jedoch im Kern miteinander. Danach ist es am frühen Nachmittag auf der Arbeitsstelle von Maria Becker zu einem zufälligen Familientreffen gekommen. Werner wollte sich das Auto ausleihen, Ute sich zu ihrem Verlobten abmelden. Dabei habe ihnen Werner gesagt, dass er am Freitag mit dem Vater in der Garage einen Streit hatte und dass »Vati nicht mehr wiederkommt«. Über den Anlass der Auseinandersetzung, was genau geschehen und wo der Vater jetzt sei, habe er sich ausgeschwiegen. Am Abend habe ihr der Sohn das Auto zurückgebracht und sei mit dem Bus wieder zu einer Freundin gefahren, berichtet Maria Becker. Sie habe sich nach Hause begeben und beim Abstellen des Autos auf dem Fußboden der Garage einen rötlichen Fleck bemerkt.

»Den habe ich gleich als Blut erkannt, und mir wurde bewusst, dass mein Sohn am Nachmittag die Wahrheit gesagt hat.«

Ute bestätigt, dass auch sie das Blut gesehen hat.

Dass Egon Hahn Freitagnacht nicht nach Hause gekommen ist und auch am Sonnabend und Sonntag dem häuslichen Herd fernblieb, will die Frauen nicht weiter beunruhigt haben. Maria Becker sagt aus, sie habe vermutet, dass ihr Lebenspartner wieder einmal bei einer Geliebten übernachtet habe. Das sei in der Vergangenheit hin und wieder geschehen.

Werner Becker gibt bei seiner Vernehmung zu, dass er seinen Stiefvater getötet und ihn an einem unbekannten Ort vergraben hat. Demnach sei Hahn am späten Freitagabend nach einem Gaststättenbesuch betrunken in der Garage aufgetaucht. Es sei zu einem heftigen und handgreiflichen Streit um die Benutzung einer Heizsonne gekommen. Der Vater habe gedroht, dass er ihn, wie schon mehrfach angekündigt, umbringen werde. Aus Angst um sein Leben habe sich Werner ein Eisenrohr gegriffen und zugeschlagen. Die Leiche habe er mit dem Auto abtransportiert und sie vergraben. Wo, das werde er aber niemandem verraten, auch der Polizei nicht.

Am Morgen des 2. Mai 1983 übernimmt die MUK der Cottbuser Bezirksbehörde der Polizei die Ermittlungen.

Schon bei den ersten Vernehmungen haben die Kriminalisten erhebliche Zweifel an den Aussagen der Familie. Zu abgesprochen wirken ihre Angaben. Becker bleibt jedoch hartnäckig bei seiner Aussage, dass er seinen Stiefvater in Notwehr erschlagen hat. Wenn das stimmt, könne er ihnen ja zeigen, wo die Leiche vergraben ist, entgegnen die Vernehmer. Becker gibt nach. Er führt die Kripo auf das Ruinengelände und zeigt ihnen die Grabstelle. Die Kriminalisten staunen. Nichts deutet darauf hin, dass hier ein Mensch verscharrt wurde. »Wir hätten die Leiche nie und nimmer gefunden. Es sei denn, der Zufall hätte uns geholfen«, gibt der Leiter der MUK, Hans Jakobitz, zu.

Werner Becker bleibt in Polizeigewahrsam. Am 3. Mai erlässt das örtliche Amtsgericht auf Antrag der Staatsanwaltschaft Cottbus Haftbefehl gegen ihn. Er kommt in Untersuchungshaft.

Die Obduktion der Leiche durch die Gerichtsmedizin ergibt, dass Hahn durch einen kräftigen Schlag auf den Hinterkopf getötet wurde. Zur Zeit der zwei Schläge ins Gesicht war das Opfer bereits tot. Verletzungen, die auf einen zuvor stattgefundenen Kampf hindeuten könnten, finden die Ärzte nicht. Als Tatwaffe vermuten sie einen harten, runden Gegenstand.

Die Kriminalisten konfrontieren Becker mit der Tatsache, dass es nach den Erkenntnissen der Gerichtsmedizin einen anderen Tatablauf gegeben haben muss. Er gibt die Notwehrversion auf und schildert, warum und wie er seinen Stiefvater getötet hat.

Egon Hahn ist in seinem Betrieb ein geachteter Mann. Nach der Übersiedlung aus dem benachbarten Polen qualifiziert er sich an der Betriebsakademie des Kombinates Kraftverkehr zum Berufskraftfahrer. Im Raum Luckau ist er für die regelmäßige Lieferung von Rohmilch aus den Tierproduktionsanlagen zu den Molkereien und von dort zu den Großabnehmern bis nach Berlin verantwortlich. Er ist einsatzbereit, lehnt Überstunden niemals ab und verdient so gutes Geld, von dem er sich den blauen Lada aus der sowjetischen Autoproduktion für über 20 000 Mark kaufen kann. Für seine vorbildlichen Leistungen wird er als »Aktivist der sozialistischen Arbeit« geehrt.

Kurze Zeit nach seiner Übersiedlung in die DDR lernt Hahn seine Lebenspartnerin Maria Becker kennen. Diese ist frisch geschieden. Ihr ältester Sohn ist dem Exmann zugesprochen, die jüngeren Kinder Ute und Werner, damals zwei und drei Jahre alt, bringt sie mit in die Partnerschaft. Das Mädchen und der Junge akzeptieren Hahn, der sich sehr um sie kümmert. Sie sagen Papa zu ihm. Ute ist sein besonderer Liebling. Das Mädchen ist in der Schule pfiffiger als ihr Bruder, der mit ihren Leistungen nicht mithalten kann. Er fühlt sich bald zurückgesetzt und benachteiligt.

Im Laufe der Jahre entwickelt sich der im Betrieb so vorbildlich agierende Mann zu Hause zu einem Tyrannen. Es kommt zu heftigen Auseinandersetzungen innerhalb der Familie. Nicht selten müssen Nachbarn und der ABV schlichten. Vor allem unter Einfluss von Alkohol wird Hahn aggressiv und gewalttätig. Ute

Becker sagt später vor Gericht aus: »Wenn er geschlagen hat, dann nie mit der flachen Hand, sondern immer nur mit der Faust.«

Werner versucht, seine Mutter und die Schwester vor den Gewaltausbrüchen zu schützen. Er wehrt sich, wenn der Vater auf ihn losgeht, oder flüchtet zu seinem Freund Axel Haas, der ein Jahr jünger ist als er. Bei Familie Haas wird er wie ein Sohn aufgenommen.

Als die Gewalt in der Familie zunimmt, will Maria Becker durch die Einnahme von Tabletten aus dem Leben in den Tod fliehen. Werner kann gerade noch rechtzeitig den Notarzt verständigen. Als er seinen Vater einmal überrascht, wie der unbekleidet neben der Schwester auf dem Sofa liegt, werden ihm seine Beobachtungen aus dem Kopf geprügelt. Mitte März 1983 müssen Ute und Werner mitansehen, wie Hahn ihre Mutter brutal zusammenschlägt. Mit einer halb gelehrten Likörflasche macht der rasende Mann Jagd auf den Sohn und schleudert der Tochter einen Stuhl in den Rücken, als die Kinder ihre Mutter beschützen wollen. Nur mit Not können sich die Geschwister in Utes Zimmer retten. Maria Becker wird mit schweren Kopfverletzungen zwei Wochen lang im Krankenhaus behandelt und ist insgesamt fünf Wochen arbeitsunfähig.

An diesem Tag setzt sich der Gedanke erstmals im Kopf von Werner Becker fest: »Ich muss Vater töten.« Mehrfach bemüht er sich über seinen Betrieb, eine LPG, in der er als Mechanisator arbeitet, um eine eigene Wohnung. Als der Stiefvater von den inzwischen volljährigen Kindern verlangt, dass sie sich ab 1. Mai selbst beköstigen sollen, und ihnen die Benutzung bestimmter Wohnräume verbietet, läuft bei Werner das Fass über. Er spricht mit der Mutter und auch mit seinem Freund Axel oft über seinen angestauten Hass.

»Ich muss Vater umbringen. Das ist der einzige Ausweg«, sagt er mehrfach. Ernst genommen wird er mit seiner Ankündigung nicht. Auch nicht, als er in der Werkstatt vorsorglich ein Eisenrohr präpariert.

Am 29. April ist für Werner Becker der Tag der überfälligen Gerechtigkeit gekommen. Mit seinem Freund Axel bastelt er an einem Tandem. Von einem Nachbarn erfährt die Familie am frühen Abend, dass der Vater in einer Gaststätte in Luckau »tankt« und schon mächtig einen sitzen hat. Werner fasst den Entschluss, den er auch seinem Freund mitteilt: »Heute mache ich es.«

Haas, der vom Hass des Kumpels auf den Vater weiß, rät ab. »Lass das sein. Das ist Mord. Dafür wirst du bestraft.«

Becker geht gegen 21.30 Uhr zurück in die Wohnung seiner Familie.

»Ich habe mich jetzt durchgerungen. Ich laure Vater auf und erschlage ihn.« Die Einwände seiner Mutter, dass er das nicht machen kann und er die ganze Familie in Schwierigkeiten bringt, wischt der junge Mann mit einer Handbewegung weg.

»Denk daran, wie oft er uns drangsaliert und geschlagen hat. Das muss ein Ende haben.« Werner Becker verlässt die Wohnung. Die Frau sieht vom Fenster aus, wie ihr Sohn mit dem Fahrrad das Grundstück verlässt. Eine knappe Stunde später ist er wieder da. Er hat das Portemonnaie und die Aktentasche von Egon Hahn bei sich.

»Ich hab's getan. Vater ist tot«, teilt er emotionslos mit. Es sind die gleichen zwei Sätze, die er zuvor zu seinem Freund gesagt hat, der in der Werkstatt noch immer an dem zweisitzigen Fahrrad werkelt.

Maria Werner weint, sinkt zu Boden und fällt für kurze Zeit in Ohnmacht. Der Sohn legt sie aufs Sofa, spricht beruhigend auf sie ein.

»Denk daran, was Vater dein ganzes Leben lang mit dir gemacht hat. Gib mir den Autoschlüssel. Ich muss ihn holen.«

Die Frau erwacht aus ihrer Fassungslosigkeit.

»Ich fahre«, sagt sie entschlossen. Der blaue Lada rollt über die Chaussee zum Tatort. Dort warten Mutter und Sohn, bis die Luft rein ist. Dann laden sie die Leiche in den Kofferraum des Autos und fahren zurück. In der Garage verlässt Maria Becker fluchtartig das Fahrzeug. Sie hastet in die Wohnung. Ihren toten Lebenspartner im Kofferraum will sie nicht sehen. Werner klingelt Axel heraus, der gerade frisch aus der Wanne gestiegen ist. Beide verschnüren den Leichnam, den sie am nächsten Tag vergraben wollen, und versuchen, die Spuren in der Garage zu beseitigen.

Mutter und Sohn legen am nächsten Tag die weitere Strategie fest. Maria Becker soll am Montag bei der Polizei eine Vermisstenmeldung aufgeben. Sie soll sagen, dass der Hahn wahrscheinlich wieder einmal mit einem Weib durchgebrannt ist und sogar ein paar Sachen mitgenommen hat. Um die Glaubwürdigkeit der Aussage zu erhöhen, werden aus dem Kleiderschrank eine lange braune Hose, ein weißes Oberhemd und eine blaue Windjacke des Ermordeten hervorgekramt. Alles wandert in eine Plastiktüte mit der Aufschrift »Hertie«, die aus einem der zahlreichen Westpakete stammt, die die Familie von ihrer Verwandtschaft erhalten hat. Werner Becker wirft die Tüte am Sonntag in eine Kiefernschonung unweit der Autobahn Richtung Dresden.

Der Plan fällt in sich zusammen, als die Polizei nach dem Einbruch in einer Dorfgaststätte routinemäßig Beckers Alibi überprüfen will. Er kann sich zwar nicht erklären, wieso ihn die Kripo so schnell ermittelt hat, doch er lässt sich von seiner Mutter überzeugen, dass man sich nun der Polizei stellen muss. Schnell wird noch die Geschichte mit dem Streit in der Garage und der Notwehr gegenüber dem gewalttätigen Vater konstruiert. Später macht er seiner Mutter heftige Vorwürfe, dass sie ihn zum Gang zur Polizei gedrängt hat, obwohl die eigentlich nur den Kneipeneinbruch aufklären wollte.

»Die hätten mich nie erwischt«, ist er sich sicher.

Einen Tag nach Becker wird auch Haas in U-Haft genommen. Im Oktober 1983 klagt die Staatsanwaltschaft beide an; Werner Becker wegen Mordes, Axel Haas, weil er »durch Begünstigung die sozialistische Rechtspflege beeinträchtigt« hat.

Das Bezirksgericht Cottbus hält nach einer dreitägigen Verhandlung die beiden jungen Männer im Sinne der Anklage für schuldig. Es verurteilt den zur Tatzeit noch 19 Jahre alten Becker wegen Mordes zu fünfzehn Jahren Freiheitsentzug. Gegen den bei der Straftat 18 Jahre alten Haas verhängt das Gericht 18 Monate Gefängnis. Die Aussetzung der Strafe auf Bewährung, die die Verteidigung beantragt, wird abgelehnt. Damit ist Axels Traum von einer Laufbahn als Offizier der Nationalen Volksarmee ausgeträumt. Das Gericht macht in der Urteilsbegründung deutlich, dass der Mord nur durch Umstände aufgeklärt werden konnte – durch den Einbruch in einer Gaststätte –, die von den Angeklagten nicht beeinflusst wurden. Der Mutter des Hauptangeklagten kann im Zuge der Ermittlungen eine Beteiligung an der Planung und Ausführung des Mordes nicht nachgewiesen werden.

Haas wird im April 1984 auf Bewährung aus dem Strafvollzug entlassen. Für Becker öffnen sich die Gefängnistore erst im Mai 1991. Auch ihm wird die Verbüßung der Reststrafe auf Bewährung erlassen.

18. Dezember 1984 am frühen Abend. Als es an der Tür läutet, schrecken Jutta Peters und ihre fünf anwesenden Kinder zusammen. Dabei hat die ganze Familie auf dieses Klingeln gewartet, das hoffentlich Ankes Wiederauftauchen ankündigt. Seit dem Vortag ist die 16-Jährige verschwunden, nicht nach Hause gekommen von einem Arztbesuch. Noch nie ist das eher schüchterne und in sich gekehrte Mädchen ohne Nachricht weggeblieben.

Jutta Peters öffnet die Tür und schrickt zusammen. Die Mutter von sechs Kindern beginnt, am ganzen Körper zu zittern. Nicht Anke, sondern zwei fremde Männer stehen vor der Tür. Deren Gesichtsausdrücke verheißen nichts Gutes. In diesem Moment stirbt das letzte Fünkchen Hoffnung.

»Frau Peters, dürfen wir hereinkommen?«

Es ist die obligatorische Frage, die Einleitung für die schlimme Nachricht, die die Männer überbringen müssen. »Es tut uns sehr leid: Ihre Tochter Anke ist tot.« Jutta Peters und ihre Kinder begreifen in diesem Moment nicht, was die Männer ihnen sonst noch sagen.

»Anke ist einem Tötungsverbrechen zum Opfer gefallen.« Sie versichern den unter Schock stehenden Angehörigen: »Wir tun alles, um Ankes Mörder zu überführen.«

Für Horst Helbig, der bei der Bezirksstaatsanwaltschaft in Cottbus für die Aufklärung von Gewaltverbrechen verantwortlich ist, und Hans Jakobitz, der die ständige MUK der Bezirksbehörde der Volkspolizei (BdVP) leitet, sind das nicht leere Worte in einer dramatischen Situation. Beide sind erfahrene Ermittler. Sie harmonieren gut, sind hartnäckig bei der Verfolgung von noch so aussichtslos erscheinenden Spuren und haben schon viele Verbrechen aufgeklärt. Sie meinen es ernst mit ihrem Versprechen.

Am Vormittag des 18. Dezember erstattet Veronika Walter, geborene Peters, bei der Kriminalpolizei im Volkspolizeikreisamt (VPKA) in Senftenberg Anzeige. Ihre Schwester Anke wird seit dem 17. Dezember gegen 15 Uhr vermisst, erklärt sie einem Oberleutnant der Kripo.

»Ich erstatte die Anzeige, weil meine Mutter gegenwärtig nicht in der Lage dazu ist. Sie ist nervlich sehr mitgenommen«, fügt Veronika hinzu. Anke, so berichtet sie, hatte einen Termin bei einer Ärztin in der Betriebspoliklinik eines großen Industriekombinates in der Nachbarstadt. Trotz der spürbaren Erregung versucht die knapp 23 Jahre alte Frau der Polizei möglichst viele Anhaltspunkte für die Suche nach Anke zu geben. Sie sei um 12.45 Uhr aus der Oberschule gekommen, in der sie die 10. Klasse besucht. Auf dem Weg nach Hause begegneten sich die beiden Schwestern vor der Kaufhalle ihrer Gemeinde in der heutigen brandenburgischen Oberspreewald-Lausitz-Region. Um 13.30 Uhr, als sie vom Einkauf kam, sei Anke schon weg gewesen. Ab 16 Uhr habe die ganze Familie dann ungeduldig auf Ankes Rückkehr gewartet. Gegen 18 Uhr sei der Schwager gemeinsam mit ihrer Schwester und der Mutter zur Poliklinik gefahren und anschließend zur Ärztin nach Hause. Diese habe bestätigt, dass Anke pünktlich zum Sprechstundentermin um 14 Uhr bei ihr war und dass sie den Bus um 16 Uhr hätte erreichen können. Veronika beschreibt das Äußere ihrer Schwester, Bekleidung, Schmuck, Handtasche und den möglichen Inhalt derselben.

»Könnte Anke sich das Leben genommen haben?« Die Frage des Offiziers, der die Vermisstenmeldung aufnimmt, irritiert Veronika. Sie blickt ihr Gegenüber ungläubig an.

»Das kann ich mir nicht vorstellen. Sie hätte meiner Meinung nach gar nicht den Mut dazu. Zum anderen wüsste ich keinen Grund, warum sie so etwas getan haben sollte. Sie hat auch nie eine solche Äußerung gemacht.«

Im VPKA läuft routinemäßig die Fahndung nach der Vermissten an. Die Besatzungen der Streifenwagen erhalten per Funk die Personenbeschreibung, die ABV werden informiert, die Verkehrsunfallmeldungen des zurückliegenden Nachmittags und der Nacht überprüft.

Die Suche hat noch gar nicht richtig begonnen, da überschlagen sich die Ereignisse. Auf dem Weg von einer Tankstelle kommt der 21-jährige Thomas Laenger auf die Idee, mit seinem Moped Enduro noch ein paar Runden auf der Motocrossbahn zu drehen. Die ist nicht weit entfernt von der Hauptstraße, die an dem Industriekoloss vorbei in die Nachbargemeinde führt. Er biegt vor dem Bahnübergang am Werk links ab, umfährt einen Baum, der quer über dem Weg liegt, und sieht in etwa fünf Meter Entfernung etwas Weißes liegen. Er glaubt, dass es die nackten Beine eines Menschen sind. Thomas rutscht das Herz in die Hose. Er rast was die Enduro hergibt nach Hause und alarmiert seinen Freund Dirk Kuhn.

»Du spinnst«, tippt der sich mit dem Finger an die Stirn, lässt sich aber dennoch überreden, nachzusehen. Thomas bleibt aus Furcht an der Weggabelung zur Crossstrecke stehen. Sein Freund geht ziemlich nahe an den Fundort heran.

»Dort liegt eine Frau oder ein Mädchen. Wir müssen sofort den ABV verständigen«, ruft Dirk.

Es ist 12.45 Uhr, als der ABV sich persönlich am Fundort davon überzeugt, dass in der Waldschonung tatsächlich ein totes Mädchen liegt. Von diesem Augenblick an beginnt sich das Räderwerk der Ermittlungen in einem dramatischen und in der Kriminalgeschichte der DDR äußerst ungewöhnlichen Fall zu drehen. Von der Polizei in Senftenberg trifft der Offizier ein, der die Fahndung nach Anke Peters organisieren sollte. Anhand der gerade eingegangenen Vermisstenmeldung gibt es keinen Zweifel, dass es sich um die Gesuchte handelt. Der Fährtenhundeführer des VPKA kommt mit seinem Spürhund. Der Leiter vom Betriebsschutz des Werkes ist wenige Minuten später zur Stelle. Gegen 14.40 Uhr treffen am Fundort die Chefs der Kriminalpolizei sowie des Kommissariats Kriminaltechnik des VPKA Senftenberg, kurz nach ihnen die leitenden Offiziere der Kriminalpolizei und der Kriminaltechnik aus Cottbus ein. Zu dieser Zeit ist der Ort des Verbrechens mit einem rot-weißen Polizeiband in einem Umkreis von etwa 30 Metern abgesperrt. Von den Personen, die bereits vor Ort sind, hat niemand dieses Gebiet betreten. Sie halten mit mehr als 100 Metern Entfernung einen gebührenden Abstand.

Der Leiter der Kriminalpolizei der BdVP beordert die MUK unter Leitung von Major Hans Jakobitz von Weißwasser, wo sie an einem anderen Fall arbeitete, in das etwa 60 Kilometer entfernte Motocrossgelände. Ihr gehören neben Jakobitz sein Stellvertreter, Oberleutnant Matthias Warnke, ein Untersuchungsführer und der langjährige Kriminaltechniker an.

»Schon kurz nach dem Eintreffen war mir klar, dass unsere kleine Truppe allein überfordert ist«, erinnert sich Hans Jakobitz. »Die Situation am Fundort der Leiche, die zum Teil unbekleidet war, ließ kaum Zweifel an einem Sexualverbrechen.«

Die erweiterte Morduntersuchungskommission, der knapp 40 Kriminalisten aus dem ganzen Bezirk Cottbus angehören, wird alarmiert. Es sind erfahrene Teams von Ermittlern, Kriminaltechnikern und Auswertern.

»Alles handverlesene Leute«, urteilt Jakobitz. Sie reisen mit ihren Notfallkoffern inklusive Wechselsachen und Zahnbürsten an und beziehen Quartier in den Wohnunterkünften des Betriebes. In den nächsten Tagen und Wochen und auch über die Weihnachtsfeiertage ist ihr Familienleben auf Kurzbesuche begrenzt.

»Schon nach der ersten Inaugenscheinnahme sind wir davon ausgegangen, dass Fundort und Tatort identisch sind«, erinnert sich Staatsanwalt Helbig. Die Kriminalisten leiten aus dem Bild, das sich ihnen bietet, erste Ermittlungsrichtungen ab.

»Der Täter muss es sehr eilig gehabt haben. Entweder wurde er zu einer bestimmten Zeit an einem bestimmten Ort erwartet oder er durfte, etwa am Arbeitsplatz, nicht länger vermisst werden.«

Helbig nennt Gründe dafür: »Die Leiche war nicht versteckt oder vergraben, sondern nur flüchtig abgedeckt. Der Täter hat auch nicht versucht, das sexuelle Motiv zu verbergen, etwa durch das Bekleiden seines Opfers. Und er wollte unbedingt sicher sein, dass das Opfer tot ist und ihn nicht entlarven kann. Darauf deutete eine Drahtschlinge am Hals hin. Offensichtlich befürchtete er ansonsten den Verlust seiner ganzen Existenz.«

Kurz vor 15 Uhr beginnt die eigentliche Untersuchung des Tatortes. Die Zeit drängt. Es ist scheußliches Winterwetter. Die schwachen Schneeschauer sind bei drei Grad plus in leichten Regen übergegangen. Es ist trübe, die Dämmerung kündigt sich bereits an. Zwar sind Besatzungen der Betriebsfeuerwehr angerückt, die den Tatort mit ihren Scheinwerfern ausleuchten, doch Jakobitz und seine Spezialisten wissen: Manche Details sind nur bei Tageslicht richtig erkennbar. Andererseits könnten Spuren an Klarheit einbüßen, wenn sie nicht rechtzeitig von den Kriminaltechnikern aufgenommen werden. Vorsichtshalber hat die Schutzpolizei ausreichend Planen herangeschafft. Auf dem Waldboden sind Abdrücke von Pkw-Reifen deutlich zu sehen. Die müssen geschützt werden, bevor der Nieselregen sie wegspült.

Die Gruppe, die den Tatort Zentimeter für Zentimeter absucht, ist auf wenige Spezialisten begrenzt: Es sind die beiden Kriminaltechniker der MUK und der örtlichen Kripo sowie der Fährtenhundeführer. Hinzugezogen werden Sachverständige für Trassologie des Kriminaltechnischen Instituts Berlin sowie für gerichtliche Biologie und naturwissenschaftlich-technische Gerichtsexpertise von der bezirklichen Polizeibehörde.

Die Kriminalisten gehen vorsichtig vor. Angesichts der Lichtverhältnisse ist Tempo entscheidend, die Gewissenhaftigkeit bei der Tatortarbeit darf aber nicht darunter leiden: Besichtigen, untersuchen, fotografieren, skizzieren und vermessen sind routinierte Ermittlungsschritte. Erste Fotos vom Tatort entstehen. Der liegt gut einen Kilometer vom Heimatort des Opfers entfernt abseits eines Waldweges in einer Schonung. Die Zugangswege werden gesperrt, um Neugierige fernzuhalten. Gegen 20 Uhr wird der Einsatz unterbrochen. Der Gerichtsmediziner muss auf seine Arbeit an dem toten Mädchen bis zum nächsten Tag warten.

»Das bringt nichts. Möglicherweise vernichtet der Arzt bei der begrenzten Beleuchtung Spuren oder hinterlässt unbewusst andere«, entscheiden Staatsanwalt Helbig und MUK-Leiter Jakobitz. Außerdem ist die Totenstarre am Opfer bereits voll ausgeprägt, so dass die Feststellung des Todeszeitpunkts nicht beeinflusst wird, glauben die Chefermittler. Diese Einschätzung wird im Laufe des Verfahrens noch zentrale Bedeutung erlangen.

Die Männer in ihren weißen Schutzanzügen nehmen am nächsten Tag um acht Uhr morgens ihre Arbeit wieder auf. Neun Stunden lang suchen sie an der Leiche und im näheren Umkreis nach Spuren: Haare, Fasern, Gegenstände, Schuh- und Reifenabdrücke, abgeknickte Zweige, Auffälligkeiten auf dem Waldboden. Jedes Detail wird auf Fotos dokumentiert und im Tatortuntersuchungsprotokoll festgehalten. Wer hatte Zugang zum Tatort und könnte Spuren hinterlassen haben? Die Witterungsverhältnisse werden notiert; Temperatur, Windrichtung, Luftfeuchtigkeit, Sicht, höchste Tages-, tiefste Nachttemperaturen zwischen dem 17. und 19. Dezember.

An dieser Stelle müssen die Ergebnisse dieser akribischen Suche zwar komprimiert, aber dennoch ausführlich dargestellt werden, weil sie wichtig sind für die Klärung dieses Mordfalls.

Das Opfer liegt, als die Polizei eintrifft, auf dem Rücken. Das rechte Bein ist ausgestreckt, das linke angewinkelt. Die Oberbekleidung ist bis unter die Brust hochgeschoben, der Unterkörper entblößt. In gut zehn Metern Entfernung befindet sich eine Wegkreuzung mit einer kleinen Lichtung. Im Einmündungsbereich sind in dem lockeren und feuchten Boden deutlich die Reifenabdrücke eines Pkw zu sehen. Wenn sie vom Auto des Täters stammen, muss er sein Fahrzeug hier gewendet haben, schlussfolgert der Trassologe. Außerdem sind zwei unterschiedliche Profile erkennbar. Die Experten gehen davon aus, dass die vorderen und hinteren Räder mit verschiedenen Reifen bestückt sind. Die Spurbreiten, die genau ausgemessen werden, weisen 20 Millimeter Differenz auf. Über der Reifenspur liegt ein gut ein Meter langer und fünf Zentimeter dicker Knüppel. An einem Baum über der Leiche werden eine helle, leicht gekräuselte Faser und ein blondes Haar gesichert. Sie sind im Geäst fest verankert und haben dem Wind standgehalten. Bei näherer Betrachtung der umstehenden Kiefern Richtung Waldweg werden weitere, verschiedenfarbige Textilfasern gesichert. In der Nähe der Reifenspuren wird ein Plastikbeutel gefunden. Darin befinden sich ein Wattebausch mit Blutanhaftungen und ein zusammengeknülltes Stück Zellstoff. Der Beutel ist locker mit Heidekraut und Moos bedeckt.

An der Bekleidung des Opfers fällt auf, dass die Stiefeletten angesichts des miesen Wetters sehr sauber sind und keine nennenswerten Bodenanhaftungen aufweisen. Um den Hals der Toten ist über dem Rollkragen des Pullovers ein zwei Millimeter dünner Stahldraht geschlungen, dessen Enden fest zusammengedreht sind. Er ist auf den ersten Blick gar nicht sichtbar. Am Draht haftet eine graue, elastische und gummiartige Schicht.

Vom Opfer nehmen die Sachverständigen Geruchsproben. Sterile Tücher werden auf jene Körperstellen gelegt, die der Täter berührt haben könnte. Nach mehreren Stunden Einwirkzeit werden die Proben in Gläsern fest verschlossen. Der Gerichtsmediziner, der im Laufe des Tages die äußere Leichenschau vornehmen kann, nimmt u. a. im Mund einen Abstrich vor. Gerichtsmediziner aus Dresden obduzieren die Tote in der Pathologie des Kreiskrankenhauses in Senftenberg. Gestorben ist das Opfer an den Folgen von Würgen und Drosseln. Unterblutungen im Gesicht deuten auf mehrere Schläge hin. Als Todeszeitpunkt wird der 17. Dezember, 15 Uhr, festgestellt.

Während die Ermittlungen am Tatort noch laufen, beginnt die Suche nach dem Mörder von Anke Peters. Die Strategie haben Helbig und Jakobitz bereits am ersten Abend skizziert und mit den Ermittlungsteams besprochen. Im Mittelpunkt steht zunächst die Rekonstruktion der Personenbewegungen am Nachmittag des Tattages im Bereich der Betriebspoliklinik. Kriminalisten eines Ermittlerteams nehmen sich das Sprechstundenbuch vor. Anhand der Patientenkartei ermitteln sie die Anschriften der Personen, die am 17. Dezember in die kinderärztliche Abteilung bestellt waren. Den Arzttermin hatte Anke noch wahrgenommen, bestätigt die Ärztin wie schon zuvor den Angehörigen auch gegenüber der Polizei. Gegen 14.25 Uhr wurde das Mädchen entlassen. Den Bus nach Hause kurz vor halb drei, der ausnahmsweise einmal pünktlich war, erreichte sie jedoch nicht. Eine Zeugin, die um 14.30 Uhr die Arztpraxis verließ, erinnert sich: Das Mädchen hatte ihr gegenüber gesessen. Die Jacke hatte sie auf den Knien, das Gesicht in ihren Händen vergraben, als denke sie nach: *Warte ich? Gehe ich zu Fuß? Kann ich mit jemandem mitfahren?* Wahrscheinlich, so vermutet die

Kripo, hat sie sich entschlossen, die paar Kilometer zu Fuß zu gehen oder per Anhalter nach Hause zu fahren, da ihr das Warten auf den nächsten Bus um 15.55 Uhr zu lang erschien.

Kurz danach muss sie zu ihrem Mörder ins Auto gestiegen sein. Doch wann? Und wo? War es ein Fremder? Oder ein Bekannter?

»Hört euch in der Familie um. Fragt nach Freunden von Anke. Ob sie sich verabredet haben könnte? Na, ihr wisst schon«, setzt Jakobitz ein paar seiner Leute auf diese Spur an. Bei Sexualdelikten kommen die Täter nicht selten aus dem engeren Kreis der Opfer, ist eine alte Erfahrung der Kriminalisten. Diesmal ist es nicht so.

Tagelang befragen die Kriminalisten im Bereich des Betriebes Hunderte Berufspendler, zeigen ihnen Fotos von Anke, stellen immer wieder die gleiche Frage: »Haben Sie am 17. Dezember ab 14 Uhr dieses Mädchen an der Bushaltestelle oder auf der Straße gesehen?« Auf der Lokalseite der örtlichen Tageszeitung *Lausitzer Rundschau*, die im Raum Senftenberg von gut 30 000 Lesern abonniert wird, bittet die Volkspolizei die Bevölkerung um Mithilfe bei der Aufklärung des Tötungsverbrechens. Eine gleich lautende Notiz erscheint in der Betriebszeitung des Kombinates, in dem rund 6000 Werktätige vor allem aus dem Oberspreewald und der Oberlausitz beschäftigt sind. Veröffentlicht werden das Foto des Opfers, die Personenbeschreibung und die Bekleidung: weinrote Cordjacke mit schwarzem Webpelzkragen, dunkelblaue lange Cordhose, türkisfarbener Silastikpullover mit Querstreifen, grau und dunkelblau gestreifte Fußstulpen (gestrickt), hellgraue Knöchelstiefel sowie eine braune Umhängetasche aus Flockensamt mit Fransen.

Bei den Kriminalisten der Auswertegruppe stapeln sich die Protokolle über Hinweise und Befragungen. Die Ergebnisse aber sind mager. Letztlich reduzieren sich die brauchbaren Anhaltspunkte auf drei Zeugen, die das Opfer zwischen 14.30 Uhr und 15.30 Uhr an zwei unterschiedlichen Stellen gesehen haben wollen.

Durchforstet werden auch die Straftäterkarteien. Sexualtäter herauszufinden ist eine Sisyphusarbeit. Hilfreiche Computer liegen zu dieser Zeit noch im Reich der Träume. Es ist schon ein Fortschritt, dass Tätergruppen nach einem bestimmten Lochkartensystem erfasst sind. Mittels einer Nadelschablone werden die einschlägig Vorbestraften herausgesucht und deren Alibis überprüft. Nichts. Das Ergebnis ist niederschmetternd.

»Unsere größte Hoffnung zur Ermittlung des Täters waren von Beginn an die Reifenabdruckspuren«, erinnert sich MUK-Chef Hans Jakobitz. Die Auswertung der Fahrzeugspur anhand des Radstandes ergibt, dass diese durch Autos der Typen Wolga, Warzawa, Austin Morris, Toyota, Mitsubishi oder Mercedes-Benz verursacht worden ist. Wieder müssen tausende Karteikarten gewälzt werden. Die Ermittlungen konzentrieren sich in einem Umkreis von rund 50 Kilometern auf Halter solcher Fahrzeuge in den Kreisen Senftenberg, Finsterwalde und Calau.

In den Kraftfahrzeugzulassungsstellen werden 170 Fahrzeughalter herausgefiltert, die meisten von ihnen als Besitzer von Autos der Marke Wolga. Das Modell aus sowjetischer Autoproduktion ist in der DDR ob seiner voluminösen Bauart ein Statussymbol. Alle werden zu einem zentralen Kontrollstützpunkt beordert. Dort vergleichen Kfz-Experten die Spurbreiten, Radstände und Reifenprofile mit den Spuren und Erkenntnissen vom Tatort. Überprüft wird auch, ob Räder in jüngster Vergangenheit auf den Achsen gewechselt oder gar ausgetauscht wurden. Nach gut einer Woche ist der Fahrzeugcheck abgeschlossen. Nur drei der 170 Autos haben Reifen aufgezogen, die mit den Profilabdrücken am Tatort übereinstimmen. Die Verdächtigen werden zur Abgabe von Geruchsvergleichsspuren aufgefordert, die ebenso wie die vom Tatort über sterile Tücher aufgenommen und in luftdicht abgeschlossenen Gläsern aufbewahrt werden. Der Stoff aus Baumwolle wird dazu in der Lendengegend auf die nackte Haut gelegt und dort für längere Zeit belassen. In der DDR ist diese Methode in der Öffentlichkeit kaum bekannt. Erst nach 1989 wird mit der Öffnung der Stasi-Archive deutlich, wie intensiv in diesem Wissenschaftszweig geforscht wurde und dass das Ministerium für Staatssicherheit ein umfangreiches Archiv mit illegal beschafften Geruchsproben von DDR-Kritikern angelegt hat.

Auch bei der Polizei wird die Geruchsidentifizierung ab Anfang der 80er Jahre für die Ermittlung von Straftätern genutzt. Grundlage ist eine streng vertrauliche Dienstvorschrift des damaligen

DDR-Innenministers Friedrich Dickel. Der individuelle menschliche Geruch, der im Schweiß vorhanden ist, ist genetisch bedingt und gibt spezifische Hinweise auf einen bestimmten Menschen. Speziell ausgebildete Hunde sind in der Lage, Spuren vom Tatort mit Vergleichsspuren von Tatverdächtigen in Verbindung zu bringen. Zwar sind die Ergebnisse der Spürnasen vor Gericht keine Beweismittel, doch sie können den Weg zum Täter weisen.

Die Ermittler der Cottbuser MUK führt der erstaunliche Geruchssinn der Hunde zu Jürgen Schreiner, der als Ingenieur im Betrieb in der Nähe des Tatortes arbeitet. Den Hunden werden dabei nicht nur die Konserven mit unterschiedlichen Inhalten und in unterschiedlicher Reihenfolge vor die Nasen gesetzt. Sie werden darüber hinaus auch vor Ort eingesetzt und führen die Kriminalisten unabhängig voneinander zum Grundstück des nunmehr Tatverdächtigen. Recherchen im Arbeitsumfeld erhärten den Verdacht gegen den 32 Jahre alten Mann. Für die fragliche Zeit von 14.30 bis 15 Uhr hat er nach Überzeugung der Kriminalisten kein Alibi. Zumindest hat ihn keiner seiner Kollegen in dieser Zeit am Arbeitsplatz gesehen. Die im Betrieb angebrachte Tafel, auf der die An- oder Abwesenheit notiert wird, weist zwar auf seine Anwesenheit im Werk hin, doch exakt und zuverlässig geführt wird diese Kontrolle nicht.

Die Kriminaltechniker nehmen sich Schreiners Wolga vor und finden eine Reihe von Spuren, die darauf hindeuten, dass er mit seinem Auto am Tatort war und Anke Peters darin gesessen hat. Als Verursacher der Reifenprofilspuren, die in der Nähe der Ermordeten gesichert worden waren, können die Reifen des Beschuldigten Schreiner nicht ausgeschlossen werden, heißt es im Gutachten des Kriminaltechnischen Instituts Berlin. Ein blondes Haar, das auf dem Beifahrersitz gefunden wird, könnte vom Opfer stammen. Zwei braune Polyacrylfasern, die an der blauen Hose des Opfers waren, stimmen nach Überzeugung der kriminaltechnischen Gutachter mit dem Material der Schonbezüge aus dem Auto überein. Von den Schonbezügen wiederum werden rote und schwarze Fasern isoliert, die von einer Cordjacke aus einem Bekleidungswerk in Erfurt stammen könnten, wie sie Anke Peters zur Tatzeit getragen haben soll. Die Jacke allerdings wird weder am Tatort noch bei der Hausdurchsuchung bei Schreiner gefunden. Weitgehende Übereinstimmung stellen die Gutachter zwischen dem Draht fest, mit dem Anke Peters erdrosselt wurde, und einem vergleichbaren Draht aus dem Besitz des Tatverdächtigen. Der Silikongummi am Drosseldraht wird als Cenusil identifiziert. Es weist eine gleichartige Zusammensetzung auf wie eine bei Schreiner gefundene Cenusiltube. Allerdings ist die weiße elastische Dichtmasse über den Handel für jedermann zugänglich und gehört bei Handwerkern in Betrieben und bei Heimwerkern zur Standardausstattung.

Jürgen Schreiner wird am 7. Februar 1985 festgenommen. Er wird mit Haftbefehl vom Kreisgericht Senftenberg in die Untersuchungshaftanstalt nach Cottbus gebracht. Die Sachbeweise überzeugen den Haftrichter vom dringenden Tatverdacht des Mordes an Anke Peters. Der 32-jährige bestreitet in mehreren Vernehmungen jede Schuld. Hans Jakobitz erinnert sich, dass der Beschuldigte bei den Befragungen durch ihn und andere Ermittler beherrscht, souverän und ohne sichtbare Zeichen von Nervosität auftrat. Die Reifenspuren am Tatort kann er erklären.

»Ich war mit einer Kollegin am 10. Dezember dort, mit der ich seit einiger Zeit ein intimes Verhältnis habe. Wir hatten in meinem Auto Geschlechtsverkehr. Das haben wir öfter gemacht«, sagt er dem Vernehmer. Die Geliebte bestätigt diese Aussage. Sie schildert den Kriminalisten detailliert die damalige Einfahrt in den Waldweg, an dem acht Tage später Anke Peters gefunden wurde. Von einem Wendemanöver an der Weggabelung, wie es der trassologische Sachverständige aufgrund der Spurenlage bei der Tatortarbeit festgestellt hat, ist bei ihr allerdings nicht die Rede. Können sich Reifenspuren überhaupt so lange halten? Wie war das Wetter in den vergangenen Tagen? Klar, es war kalt. Das hat jeder gespürt. Doch wie kalt? »Hier gibt es doch bestimmt Leute, die genau Buch führen«, wirft bei der Teambesprechung einer der Kriminalisten in die Runde. Die Lösung des Problems liegt nahe. Im benachbarten Betrieb wird das Wetter nämlich sogar professionell gemessen. Vom 9. bis 12. Dezember lagen demnach die tiefsten Temperaturen um den Gefrierpunkt. Tagsüber herrschten Plusgrade. Danach gab es Dauerfrost. Am 10. Dezember hatte es leicht geregnet, vom 11. Dezember bis zum Tattag war es trocken. Die Trassologen müssen nun herausfinden, wie lange sich Spuren unter diesen Bedingungen halten.

Die Vernehmer konfrontieren Schreiner inzwischen mit den anderen Sachbeweisen, dem blonden Haar auf dem Beifahrersitz, den Faserspuren an der Hose des Opfers, die von seinen Autoschonbezügen stammen, den Darstellungen der Geliebten. Bei einer direkten Gegenüberstellung widerspricht er der Frau nicht. Schreiner bleibt bei seinen Beteuerungen, dass er Anke Peters nie gesehen und sie ergo auch nicht in seinem Auto mitgenommen hat.

Doch am 13. Februar 1985 gesteht Jürgen Schreiner unter dem Druck zahlreicher und lang andauernder Vernehmungen sowie der scheinbar unwiderlegbaren Beweise den Mord.

So soll es laut seiner Schilderung, bei der er sich an viele Details der Tat und der weiteren Handlungen erinnert, gewesen sein:

Am 17. Dezember 1984, so sagt er es in ersten Vernehmungen und schreibt es auch in seinem handschriftlichen Geständnis, die später Gegenstand der gerichtlichen Beweisaufnahme sind, ist für ihn auf Arbeit nicht viel zu tun. Den Vormittag verbringt er mit privaten Arbeiten außerhalb des Betriebes, besorgt sich in der Apotheke Tabletten gegen seine Erkältung, geht gemeinsam mit Kolleginnen und Kollegen zum Mittagessen in die Betriebskantine und trifft danach mit seinem Abteilungsleiter einige Absprachen für die am nächsten Tag vorgesehene gemeinsame Dienstreise. Um 14.30 Uhr verlässt er erneut den Betrieb. Er setzt sich in seinen Wolga, der wie immer vor dem Bürogebäude steht, und fährt erneut in die zwei Kilometer entfernte Apotheke. Dort will er sich Hustendragees kaufen, die er am Vormittag vergessen hat. Hinter der Einfahrt bemerkt er ein Mädchen, das mit Armbewegungen deutliche Zeichen gibt, dass es per Anhalter mitfahren möchte. Schreiner entschließt sich spontan, dem Mädchen, das er nicht kennt, zu helfen. Er vergisst die Apotheke und die Hustenbonbons und erklärt sich bereit, Anke Peters wie gewünscht in ihr nur ein paar Kilometer entferntes Dorf zu bringen.

Sehr gesprächig ist Jürgen Schreiners junge Beifahrerin nicht.

»Hab den Bus verpasst«, nuschelt sie. Mehr nicht. Schreiner, der gut aussehende, schwarzhaarige, selbstbewusste und im Umgang mit Frauen erfahrene Mann, betrachtet den schüchternen Teenager neben sich mehrmals von der Seite und findet, dass die Mitfahrerin gewisse Ähnlichkeiten mit seiner geliebten Arbeitskollegin hat. Sexuelle Gefühle regen sich. Er biegt ohne ein Wort der Begründung in den Wald ab und steuert in etwa die Stelle an, an der er ein paar Tage vorher die Zweisamkeit mit der heimlichen Geliebten genossen hat. Schreiner will das Mädchen küssen. Anke widersetzt sich seinen Annäherungsversuchen.

»Komm, hab dich nicht so«, reagiert der und wird in seinem Drang nach sexueller Befriedigung zunehmend energischer. Er spürt, dass er mit seinen Gefühlen nicht auf Gegenliebe stößt. Doch das hält ihn nicht auf.

Schreiner versucht, die Lehne des Beifahrersitzes umzuklappen, was misslingt. Die heftige Gegenwehr des Opfers unterbindet er durch das Einklemmen des linken Armes zwischen seinen Körper und dem Fahrersitz. Ankes rechten Arm hält er mit einer Hand fest, mit der anderen begrapscht er Anke unter dem Pullover, öffnet ihre Hose und entkleidet sie teilweise. Als Anke Peters schreit und um Hilfe ruft, hält ihr Schreiner zunächst den Mund zu, umfasst dann im Verlauf des Kampfes mit beiden Händen den Hals und drückt fest zu. Als er den Würgegriff löst, bewegt sich das Mädchen nicht mehr. Im Gesicht des Opfers breiten sich rote Pünktchen aus, die ihn auf der bleichen Haut förmlich anleuchten. Es sind Petechien, wie die Mediziner sagen, die beim Würgen in großer Zahl auftreten können. Schreiner nimmt sie deutlich wahr. Er gerät in Panik, weiß nicht, ob sein Opfer lebt oder schon tot ist. Seine sexuelle Erregung ist vorbei, ob durch einen Samenerguss oder nicht, das dringt nicht in sein Bewusstsein. Er beschließt, ganz sicherzugehen. Das Mädchen hat ihn erkannt und könnte ihn identifizieren, davon ist er überzeugt. Er wäre ruiniert, würde alles verlieren: die Familie, den Beruf und sein Ansehen im Betrieb, das Haus, den guten Lebensstandard. Der Mann ergreift einen Draht, der neben dem Beifahrersitz liegt, und sticht zunächst mit einem Ende dem Opfer ins Gesicht, um nach Lebenszeichen zu forschen. Dann schlingt er den dünnen Draht um den Hals des Opfers und verknüpft die Enden an der linken Halsseite. Dabei werden der Kragen des Pullovers und die Haare mit eingedreht. Eigentlich hatte er mit dem Draht die Entwässerungsschlitze der Pkw-Türen reinigen wollen, war aber noch nicht dazu gekommen.

Um auf der Beifahrerseite, an der der Boden sandig ist, keine Schuhspuren zu hinterlassen, zieht der Mann das Opfer über den Fahrersitz und trägt es etwa zehn bis fünfzehn Meter in die Schonung. Dort legt er es in der Baumreihe ab. Die Füße zeigen Richtung Auto, ein Bein ist angewinkelt. Mit der linken Faust schlägt er dem Mädchen zweimal ins Gesicht, ergreift einen umherliegenden Knüppel, prügelt damit auf das Mädchen ein und drückt ihn schließlich mit aller Körperkraft auf den Hals. Mit dem Stock läuft er bis zum Pkw und wirft ihn dort weg. Er steigt ins Auto und fährt zurück in den Betrieb. Dort bemerkt Schreiner, dass die Cordjacke und die Umhängetasche des Opfers noch im Auto liegen. Beides versteckt er im Kofferraum hinter dem Reserverad. Im Bürogebäude wäscht sich Schreiner die Hände, die blutig und schmutzig sind, und kehrt zurück an den Arbeitsplatz. Ab 15 Uhr, dafür gibt es mehrere Zeugen, ist Jürgen Schreiner wieder im Büro. Er besorgt Fahrkarten für eine Dienstreise, die für den nächsten Tag geplant ist, und fährt wenig später einen Kollegen in eine Werkstatt außerhalb des Betriebes, in der dessen Auto zur Reparatur steht. Pünktlich zur SED-Parteiversammlung ist er wieder im Betrieb.

Cordjacke und Umhängetasche aus dem Kofferraum verbrennt er später im Heizofen im Keller seines Hauses. Normalerweise ist er nicht gern im Keller, diesmal geht er schnurstracks dorthin. Die Gattin darf die Bekleidungsstücke schließlich nicht sehen.

Die nächsten Tage vergehen in gewohnter Gleichmäßigkeit. Weder die Ehefrau noch die Kollegen im Betrieb bemerken Anzeichen von Unruhe oder Nervosität bei Jürgen Schreiner. Im Januar 1985 gesteht er seiner Ehefrau den intimen Seitensprung mit der Kollegin, und dass er mit ihr am 10. Dezember genau an jener Stelle war, »wo die berühmten Autospuren sichergestellt wurden«.

Nach dem Geständnis gibt es in den folgenden Tagen bis zum 28. Februar sieben weitere polizeiliche Vernehmungen, bei denen es immer wieder um den Tages- und Tatablauf insgesamt und um wichtige Einzelheiten geht. Am 4. März hat Jürgen Schreiner zum ersten Mal Kontakt zu einem Rechtsanwalt. Während des sogenannten »Sprechers« in der Untersuchungshaftanstalt sowie bei einer anschließenden polizeilichen Vernehmung widerruft er sein Geständnis.

»Ich habe mit dem Verbrechen nichts zu tun und habe mir vorgenommen, den Weg zurück zur Wahrheit zu finden«, begründet er den Schritt. »Ich habe geglaubt, dass ich nach dem Geständnis bald Ruhe finde. Doch genau das Gegenteil ist eingetreten. Ich weiß, dass mich die Beweismittel schwer belasten, doch ich kann meine Angaben nicht aufrechterhalten.« Die bisherigen Aussagen habe er sich zusammengereimt. Vieles habe er vor seiner Inhaftierung durch die Diskussionen in der Bevölkerung über den Mord erfahren, anderes sei ihm bei den Vernehmungen vermittelt worden.

Drei Tage später begibt sich Staatsanwalt Helbig in die Haftanstalt. Er will ergründen, warum Schreiner all seine Aussagen zurückzieht, ob sie möglicherweise unter Zwang oder in einer extremen psychischen und physischen Situation entstanden und damit nicht verwendbar sind. Zweieinhalb Stunden dauert die Haftvernehmung. Auf die Frage, warum seine bisherigen geständigen Aussagen unwahr sein sollen, antwortet Jürgen Schreiner: »Es ist so, dass ich mir vergangenes Wochenende nochmals alles durch den Kopf gehen ließ, da mir selbst unvorstellbar war, diese entsetzliche, grausame Tat begangen zu haben, und ich deshalb zu meinem Widerruf am 4. März 1985 kam. Ich wollte selbst nicht wahrhaben und konnte nicht begreifen, eine solche Tat begangen zu haben. Tatsächlich ist es so, dass meine geständigen Aussagen seit dem 13. Februar 1985 der Wahrheit entsprechen.« Auf kariertem Papier schreibt Schreiner in der Haftanstalt ein neues Geständnis. Helbig fügt dem Protokoll der Haftvernehmung einen Vermerk bei. Demnach hat sich Schreiner beim vernehmenden Staatsanwalt für die Hinweise bedankt, dass es nur bei einer wahrheitsgemäßen Aussage für ihn und seine Familie eine Perspektive geben kann.

»Der ist jetzt richtig erleichtert«, deutet Helbig diesen Gefühlsausbruch.

Schreiner bewertet den Ablauf des Gesprächs hinter den Gefängnismauern ganz anders. Der Staatsanwalt habe ihm gesagt, dass sein Widerruf egal sei und dass die Sache sowieso vom Gericht entschieden werde. Am 1. April widerruft er sein Geständnis erneut.

»Der Staatsanwalt hat mich mit seiner Bemerkung, dass die Sache woanders entschieden wird, völlig fertiggemacht«, behauptet er. »Ich war niedergeschlagen und habe keinen anderen Ausweg mehr gewusst, als erneut das Geständnis abzulegen.« Gleichzeitig nimmt er Abstand von seinen Angaben beim psychiatrischen Sachverständigen Prof. Dr. Ehrig Lange in Dresden. Auch ihm gegenüber hatte er den Mord an Anke Peters zugegeben.

Das Verwirrspiel ist damit noch nicht beendet. Es folgen weitere Vernehmungen, bei denen sich Geständnisse und Widerrufe abwechseln. Ende April legt sich Schreiner fest und bleibt bis zum Schluss dabei: »Ich habe am 17. Dezember zwischen 14.30 Uhr und 15 Uhr das Gebäude nicht verlassen und habe mit dem Verbrechen nichts zu tun.«

Die Staatsanwaltschaft klagt im August 1985 Jürgen Schreiner wegen Mordes, versuchter Vergewaltigung und sexueller Nötigung von Anke Peters an. Sie benennt 32 Zeugen und fügt Gutachten u. a. des Gerichtspsychiaters, der Gerichtsmedizin, der Kriminaltechnik, der Technischen Universität Dresden sowie Protokolle polizeilicher Untersuchungsexperimente hinzu.

Der 1. Strafsenat des Bezirksgerichtes verhandelt an vier Tagen im Oktober 1985 über diese Anklage. Schreiner bleibt dabei, dass er mit dem Mord an Anke Peters nichts zu tun hat. Genauer: Er sagt auf Anraten seiner Verteidiger Horst Bludau und Hartmut Sinapius gar nichts zum Tatvorwurf. Die Rechtsanwälte fühlen sich mehr als einmal vom Gericht benachteiligt. Als Sinapius das Abspielen von Tonbandmitschnitten von Haftvernehmungen mit Hinweis auf die Strafprozessordnung verhindern will, wird sein Antrag mit der Begründung abgelehnt, er könne das ja in seine Berufung schreiben.

In der Urteilsbegründung setzt sich der Strafsenat ausführlich mit den Geständnissen und Widerrufen auseinander. Beides muss auf den Wahrheitsgehalt überprüft werden.

Aus den Protokollen ist für das Gericht ersichtlich, dass der Angeklagte von den Vernehmern mit Beweisen konfrontiert wurde. Allerdings waren nach Ansicht der Richter kaum Details enthalten, aus denen er Schlussfolgerungen für Angaben in seinen Geständnissen ziehen konnte. Die in die Beweisaufnahme einbezogenen Tonbandaufnahmen hätten zudem belegt, dass die Vernehmungen sachlich und ohne psychischen Druck geführt wurden.

»Die geständigen Aussagen sind demzufolge nicht unter dem Druck psychischer und physischer Erschöpfung zustande gekommen«, heißt es dazu in der Urteilsbegründung. Das Gericht glaubt zudem der Darstellung des psychiatrischen Sachverständigen Prof. Dr. Ehrig Lange, dass der Angeklagte bei der Begutachtung in Dresden die Einzelheiten des Tatgeschehens in Ruhe vorgetragen hat und diese mit ihm durchgesprochen wurden. In der Hauptverhandlung nimmt die Verteidigung das ohne jeden Kommentar, ohne Nachfragen oder Widerspruch zur Kenntnis.

Das Gericht verweist in der Urteilsbegründung auf das Täterwissen. Es sei »ausgeschlossen, dass der Angeklagte die von ihm in den Geständnissen geschilderten Details des Handlungsgeschehens aus Gerüchten vor seiner Inhaftierung, aus Vorhalten bei Vernehmungen im Ermittlungsverfahren und aus eigenem, logischen Kombinieren ausgesagt haben kann.« Als Beispiele werden die Angaben zur Bekleidung des Opfers genannt, die über die Beschreibungen in den Presseveröffentlichungen hinausgingen – die Ohrstecker, die das Opfer trug, und die Aussagen zum Ablegen der Leiche, die mit den Feststellungen der Kriminaltechniker am Fundort übereinstimmen. Umfang und Intensität der Gewalteinwirkungen auf das Opfer wie Faustschläge, Drosseln mit dem Draht und Schläge mit dem Knüppel decken sich mit den Obduktionsergebnissen der Gerichtsmedizin.

»Er hat nach seinen Aussagen nach dem Würgen der Geschädigten, als sie bereits reglos dalag, in deren Gesicht rote Pickel bzw. Pünktchen und später blutigen Schaum vor dem Mund oder der

Nase festgestellt. Er hat die Wahrnehmung getroffen, dass sie nach dem Zudrücken des Halses mit den Händen zu schlucken und zu husten begann«, stellen die Richter fest.

Nach Überzeugung des Gerichts stammen die Reifenspuren am Tatort eindeutig vom Auto des Angeklagten, und zwar vom Tattag am 17. Dezember 1984 und nicht vom Liebesausflug mit der Arbeitskollegin am 10. Dezember. Diese hielt in der Hauptverhandlung vor Gericht an ihrer Aussage fest, dass es damals kein Wendemanöver mit dem Auto gab und auch an einer anderen Stelle geparkt wurde als dort, wo der Trassologe bei der Tatortuntersuchung die Spur vorgefunden hatte. Große Bedeutung misst das Gericht den Faserspuren im Kofferraum zu. Die wurden von den Kriminaltechnikern erst nach den Angaben des Angeklagten in seinem ersten Geständnis gefunden.

Das Gericht setzt sich auch kritisch mit der Tatsache auseinander, dass im Geäst über der Leiche Faserspuren festgestellt wurden, die nach Erkenntnissen des Kriminaltechnischen Instituts nicht vom Angeklagten und auch nicht vom Opfer stammen. Es findet für diese Fremdspuren eine für den Senat einleuchtende Erklärung: Der Tatort liegt schließlich an einer Motocrossstrecke, die nicht nur für Täter und Opfer zugänglich war.

Die Richter sind sich auch sicher, dass der Angeklagte für die Tatzeit zwischen 14.30 Uhr und 15 Uhr kein Alibi hat. Ein KOM-Fahrer, der Anke Peters noch um 15.15 Uhr auf dem Busbahnhof an der Poliklinik gesehen haben will, müsse sich irren, weil das Mädchen zu diesem Zeitpunkt laut Totenschein bereits nicht mehr am Leben war. Zudem hätten Untersuchungsexperimente der Kripo zu Bewegungsabläufen im Betrieb und zum Tatablauf bestätigt, dass der Angeklagte die Straftat ausführen konnte, wenn er nur für 16 Minuten das Büro verlassen hätte. Ihm habe aber eine bewiesene Tatzeit von einer halben Stunde zur Verfügung gestanden.

Das Bezirksgericht verurteilt Schreiner wegen der Ermordung von Anke Peters, versuchter Vergewaltigung und Nötigung zu sexuellen Handlungen zu einer lebenslangen Freiheitsstrafe. Auch das bisherige tadellose Leben des Angeklagten könne nicht als strafmildernd berücksichtigt werden.

Die Ehefrau von Jürgen Schreiner beschreibt ihn als gutmütig, ruhig und hilfsbereit, als eine »gute Seele von Mensch«. Der Vorgesetzte im Betrieb charakterisiert ihn als einen Mitarbeiter, der seine Aufgaben in guter Qualität, korrekt und termingetreu erfüllt. Auch die offizielle Beurteilung des Betriebes fällt in Bezug auf die Arbeit positiv aus. Bemängelt wird lediglich, dass Schreiner zu freiwilligen unbezahlten Leistungen nicht zu überreden und auch nicht zur Übernahme gesellschaftlicher Verpflichtungen bereit war. Seine Zeit hat Schreiner nach Angaben seiner Ehefrau lieber zu Hause bei Heimwerkerarbeiten verbracht.

Wie erwartet legen die Verteidiger Berufung beim Obersten Gericht der DDR ein. Der Angeklagte habe ein Alibi, und die Zeugenaussagen seien vom 1. Strafsenat des Bezirksgerichtes nicht richtig bewertet worden, lauten die Hauptargumente. Erhebliche Zweifel äußern sie zudem an der Eindeutigkeit von Sachbeweisen wie den Reifenabdrücken im Tatortbereich, den gefundenen Fasern in Schreiners Auto und an der Bekleidung der Toten. Die Rechtsanwälte glauben auch den Angaben auf dem Totenschein nicht und schlussfolgern daraus, dass Anke Peters durchaus nach 15 Uhr noch gesehen worden sein kann. Und sie monieren Verstöße gegen die Strafprozessordnung wie das Abspielen von Tonbandmitschnitten aus Verhören ohne Zustimmung des Angeklagten.

Die Rechtsanwälte Horst Bludau und Hartmut Sinapius finden beim 5. Strafsenat des Obersten Gerichts der DDR offene Ohren. Die höchsten Strafrichter üben erhebliche Kritik am Urteil. Nach ihrer Bewertung weisen die Geständnisse des Angeklagten Widersprüche in sich auf. Sie stimmen auch nicht mit verschiedenen Feststellungen am Tatort und Ergebnissen der gerichtsmedizinischen Sektion überein. Völlig unerwähnt und nicht beachtet habe das Bezirksgericht in Cottbus Spermien, die im Mund des Opfers gefunden wurden.

»Dazu hat der Angeklagte auch keine Angaben gemacht«, heißt es. Für das Oberste Gericht steht fest, dass bis zur Festnahme von Schreiner am 7. Februar neben zahlreichen Gerüchten auch zutreffende Feststellungen zum Leichenfund in der Öffentlichkeit kursierten wie das Erdrosseln des Opfers mit einem Draht.

»Unter diesen Umständen muss die Bewertung von Geständnisinhalten als Täterwissen mit besonderer Vorsicht erfolgen«, bemerkt das Oberste Gericht. Ein zweifelsfreier Beweis dafür, dass in den Geständnissen des Angeklagten nur eigene Wahrnehmungen enthalten sind, wurde nicht erbracht.

Die Mängelliste, die das Oberste Gericht für das erstinstanzliche Urteil aufstellt, enthält zahlreiche weitere Punkte. Nicht ausreichend aussagekräftig sind die Herkunft von Faserspuren, der Haare oder der Bodenanhaftungen an den Pkw-Reifen. Gutachter hätten dazu nicht eindeutig Stellung bezogen, monieren die Richter. Das Bezirksgericht habe sich nicht die Frage gestellt, ob auch ein späterer Todeszeitpunkt als 15 Uhr infrage kommt. Es sei auch nicht zweifelsfrei geklärt, ob der Angeklagte überhaupt den Betrieb verlassen habe, und wenn ja, ob die Zeit von der Abfahrt zur Apotheke bis zur Rückkehr in den Betrieb ausgereicht habe, um die Tat zu begehen.

In Übereinstimmung mit der Auffassung des Generalstaatsanwaltes hebt das Oberste Gericht am 17. Januar 1986 das Urteil auf und verweist es zur erneuten Verhandlung an das Bezirksgericht Cottbus zurück. Es erteilt konkrete Hinweise für Nachermittlungen und verbietet die von den Verteidigern gerügte Verwendung von Tonbandaufzeichnungen aus Vernehmungen in der gerichtlichen Beweisaufnahme.

Die Richter in Cottbus spielen den Ball weiter an die Staatsanwaltschaft und verfügen auf der Grundlage des höchstrichterlichen Urteils umfangreiche Nachermittlungen durch die Gerichtsmedizin, die Kriminaltechnik und die Kriminalpolizei. Die Ergebnisse liegen ein halbes Jahr später vor. Sie fließen in die zweite Verhandlung vor dem Bezirksgericht ein, die im Oktober 1986 stattfindet. Das Gericht verhandelt in der gleichen Besetzung wie im ersten Verfahren vor gut einem Jahr. Der 1. Strafsenat sieht sich durch die ergänzenden Gutachten und neuen Vernehmungen in seiner Überzeugung bestärkt, dass Jürgen Schreiner der Mörder von Anke Peters ist. Es verurteilt den inzwischen 34 Jahre alten Angeklagten erneut zu einer lebenslangen Freiheitsstrafe.

Das Urteil landet auf Betreiben der Verteidiger erneut beim Obersten Gericht der DDR. Die Anwälte begründen ihre Berufung damit, dass Anke Peters zum angenommenen Todeszeitpunkt um 15 Uhr noch gelebt haben könnte. Im zweiten Verfahren vor dem Bezirksgericht war nämlich zur Sprache gekommen, dass der Gerichtsmediziner erst am Tag nach dem Auffinden der Toten an den Tatort gelassen wurde, obwohl er schon am Nachmittag des 18. Dezember anwesend war. Bis dahin gab es keine durch einen Mediziner getroffenen Feststellungen. Der Sachverständige räumte daraufhin vor dem Bezirksgericht ein, dass das Opfer auch weitaus später als um 15 Uhr gestorben sein könnte.

»Hier wurde ein schwerwiegendes Versäumnis zugelassen«, argumentiert Rechtsanwalt Bludau in der Begründung des Berufungsantrages.

Das Oberste Gericht der DDR befasst sich an drei Tagen im Februar 1987 mit der Berufung, mit der die Verteidigung den Freispruch ihres Mandanten erreichen will. Auch hier entscheidet wie beim Bezirksgericht der gleiche Senat in der gleichen Richterbesetzung über das Schicksal von Jürgen Schreiner. Es bewertet dabei nicht nur die Gerichtsakten aus Cottbus, sondern führt eine eigene Beweisaufnahme durch.

Die Zweifel an der Schuld des Angeklagten, die die höchsten Richter bereits in ihrer ersten Entscheidung angemeldet hatten, sind nicht geringer geworden. Die Vorbehalte des Gerichts lesen sich zusammengefasst so: Die in den widerrufenen Geständnissen geschilderte Kontaktaufnahme mit dem Opfer wird durch andere Beweise nicht zweifelsfrei bestätigt. Es gibt keine Zeugen, die den Angeklagten außerhalb des Bürogebäudes gesehen haben. Auch Anke Peters ist in der fraglichen Zeit nicht zweifelsfrei in der Nähe des Busbahnhofes oder auf der Straße erkannt worden. Unklar ist der genaue Todeszeitpunkt. Weder an der Kleidung des Angeklagten noch an dem Rundholz, das zum Mord verwendet wurde, sind Blutspuren des Opfers entdeckt worden. Das im Pkw gefundene

Haar ist kein Beweis, sondern lediglich ein Indiz, weil der Gutachter nur festgestellt hat, dass es vom Opfer stammen könnte. Gleiches gilt für Fasern an der Kleidung des Opfers, die nach Einschätzung der Sachverständigen von den Schonbezügen des Autos herrühren könne. Können, aber eben nicht müssen. So verhält es sich auch mit dem Haar auf dem Beifahrersitz: Es könnte Anke Peters gehören, mehr aber auch nicht. Die Herkunft der Stoffreste, die in Zweigen unmittelbar über der Leiche gefunden wurden, konnte nicht geklärt werden.

Die Richter sind auch nicht von der Eindeutigkeit der Reifenspuren am Tatort überzeugt. Sie stammen nach den Analysen des trassologischen Experten zwar unzweifelhaft von einem Pkw Wolga. Anhand der Profile ist jedoch nicht nachweisbar, dass sie von Schreiners Auto hinterlassen wurden.

Ähnlich verhält es sich mit der gerichtlichen Bewertung von Schreiners Alibi für die Zeit von 14.30 bis 15 Uhr. Unterschiedliche Zeitangaben von Zeugen lassen keinen eindeutigen Schluss über deren Wahrheitsgehalt und Exaktheit zu. Anhand verschiedener Experimente im polizeilichen Ermittlungsverfahren zu Bewegungsabläufen im Büro und zu Fahrzeiten zum Tatort und zurück errechnen die obersten Richter im Gegensatz zu bisherigen Ermittlungsergebnissen, dass dem Angeklagten für die eigentliche Tat nur etwa fünf Minuten zur Verfügung gestanden hätten. Im für ihn günstigsten Fall käme er als Täter nicht infrage.

In dem 26 Seiten umfassenden Urteil des Obersten Gerichts gibt es eine Reihe weiterer Bedenken. So steht fest, dass sich im Mund des Opfers Spermien befanden. Unklar ist für den OG-Senat, wie sie dorthin gelangt sind. Das Bezirksgericht geht von einem Ejakulatio praecon und der Übertragung über die Hand des Angeklagten beim Zuhalten des Mundes des Opfers aus. Das medizinische Gutachten legt aber eher einen direkten Weg nahe.

»In den Geständnissen des Angeklagten findet sich dafür keine Erklärung«, stellen die obersten Richter erneut fest. Insgesamt, so befinden sie, stimmen die Geständnisse nicht ausreichend mit den Feststellungen zum Tatgeschehen überein. Es sei nicht mit Sicherheit auszuschließen, dass der Angeklagte ihm bekannt gewordene

Informationen zusammengefügt und mit weiteren Details angereichert habe. Damit habe er ein glaubwürdig erscheinendes Geständnis ablegen wollen, um seine Lage zu verbessern. In Wirklichkeit könne es aber unwahr gewesen sein.

Die Konsequenz aus diesen Erkenntnissen überrascht nicht. Der 5. Strafsenat des Obersten Gerichts der DDR spricht den Angeklagten am 27. Februar 1987 frei. Nach über zwei Jahren Untersuchungshaft verlässt er noch am gleichen Tag das Gefängnis. Diesen Freispruch hatte neben den Verteidigern überraschend auch der Vertreter der Generalstaatsanwaltschaft gefordert. Für die erlittene U-Haft erhält Schreiner eine finanzielle Entschädigung. Die Schadenersatzansprüche der Angehörigen des Opfers werden hingegen abgewiesen.

Ermittler Helbig setzt sich für die Staatsanwaltschaft Cottbus kritisch mit der Urteilsbegründung des Obersten Gerichts auseinander, um die aus seiner Sicht fehlerhafte Rechtsanwendung durch ein Kassationsverfahren zu korrigieren. Er listet in einem mehrseitigen Papier rund dreißig strittige Passagen aus der Begründung des Obersten Gerichts für den Freispruch auf. Die zunehmend wissenschaftlichere Tatortarbeit durch Spezialisten führe beispielsweise dazu, dass auch Fremdspuren gesichert werden, die weder Täter noch Opfer zugeordnet werden können. Gründlichkeit und Wissenschaftlichkeit dürften sich aber bei der Bewertung solcher Spuren nicht ins Gegenteil verkehren, argumentiert Helbig. Die Feststellungen, dass weder an der Bekleidung des Angeklagten noch am Rundholz Blutspuren des Opfers festgestellt wurden, könne nach Überzeugung des ermittelnden Staatsanwaltes nicht zwingend zur Entlastung des Beschuldigten führen, da Anke Peters nach den Gutachten der Gerichtsmedizin nur wenig geblutet habe. Zentrale Bedeutung misst Helbig den roten Pünktchen im Gesicht des Opfers zu, den Petechien, die der Angeklagte in seinen Geständnissen erwähnte. Laut medizinischer Gutachten seien die Petechien Folge des Würgens gewesen, wie es Schreiner beschrieben habe. Auch das Husten und Schlucken des Opfers lasse sich in das von Schreiner dargestellte Tatgeschehen einordnen und entspreche den Feststellungen der Gerichtsmedizin. Helbig kommt zu dem Schluss, dass in dem Urteil in der Gesamtschau aller Beweisinformationen vordergründig die entlastenden Argumente bewertet wurden und nicht gleichermaßen Berücksichtigung fand, was für die Täterschaft spreche. Ernsthaft Gehör findet Helbig weder bei der Bezirks- noch bei der Generalstaatsanwaltschaft. Ein Kassationsantrag wird nicht gestellt.

Nach dem Urteil kochen die Emotionen hoch. Eigentlich brodelt es schon, bevor das Urteil verkündet ist. Am 26. Februar 1987, einen Tag vor dem offiziellen Richterspruch, wird auf einer Veranstaltung der SED des Industriekombinates verkündet, dass Jürgen Schreiner aus dem Gefängnis entlassen werde, weil er unschuldig sei. Die Nachricht verbreitet sich wie ein Lauffeuer. Am Wohnort der Familie Peters formiert sich eine Art Bürgerinitiative. Die fordert: »Weg mit dem Freispruch und gerechte Strafe für Schreiner«. In der bezirklichen Schöffenkonferenz gibt es heftige Auseinandersetzungen. Ehrenamtliche Richter wollen der Justiz den Rücken kehren. Schreiner erhält Briefe mit Morddrohungen. Einen davon legen die Schreiners in der Kreisdienststelle der Stasi vor und fordern die öffentliche Rehabilitation. Auch die Exgeliebte Schreiners beklagt sich. Das Oberste Gericht habe nach ihrer Ansicht ihre Aussage nicht richtig bewertet.

Der Mordfall Schreiner reicht bis in die politische Wendezeit hinein. In Diskussionen um die Justiz in der DDR wird er als Beweis für die Unabhängigkeit der Richter und Gerichte von Partei und Staat angeführt.

Staatsanwalt Horst Helbig, der inzwischen pensioniert ist, ist auch heute noch von den damaligen Ermittlungsergebnissen überzeugt. »Alles Belastende wurde vom Obersten Gericht nicht zur Kenntnis genommen, alles Entlastende nicht im Zusammenhang mit der Indizien- und Beweiskette bewertet. Wir hätten einen Augenzeugen der Tat gebraucht, um das Gericht zu überzeugen.«

Er sagt klipp und klar: »Das Oberste Gericht der DDR hat damals ein klares Fehlurteil getroffen.«

Hans Jakobitz, der sich nach der Wende aus dem Polizeidienst verabschiedet hat, ist sich sicher, dass mit heutigen wissenschaftlichen Methoden und dem DNA-Beweis dieser Mord aufgeklärt oder Schreiner als Täter zweifelsfrei ausgeschlossen worden wäre. Dass in den Vernehmungen dem Angeklagten Täterwissen auf dem Silbertablett serviert wurde, bestreitet der Mordermittler. »Ich kann doch bei einer Vernehmung nicht immer nur sagen: ›Sie sind es!‹ Wenn Tatverdächtige merken, dass wir nichts haben, streiten sie doch erst recht alles ab. Ich kann sie doch nur mit Beweisen zu einem Geständnis bewegen.«

Noch heute lässt er kein gutes Haar am damaligen Sitzungsvertreter der Generalstaatsanwaltschaft. »Der hat während der ganzen Verhandlung nicht ein Wort gesagt, nicht eine Frage gestellt. Hinterher habe ich ihn gefragt, ob er überhaupt anwesend war. Dafür musste ich mich beim Ministerium entschuldigen. Das war mir in dem Moment auch egal.«

Nachbemerkung

Jürgen Schreiner ist nach dem Urteil des Obersten Gerichts nicht der Mörder von Anke Peters. Er saß zwei Jahre lang zu Unrecht in Untersuchungshaft, wofür er zu entschädigen war. Er gilt durch das Urteil des Obersten Gerichts der DDR als rehabilitiert.

Im Oktober 1987 wurde das Ermittlungsverfahren gegen Unbekannt wegen des Mordes an dem 16-jährigen Mädchen Anke Peters wieder aufgenommen. Mit den Ermittlungen wurde die Kriminalpolizei der Bezirksbehörde der Volkspolizei in Cottbus beauftragt. Die Aufsicht über das Verfahren führte der Generalstaatsanwalt der DDR.

Im März 1988 wurde das Ermittlungsverfahren vorläufig eingestellt. Der Mörder von Anke Peters wurde bis heute nicht ermittelt und lebt weiter auf freiem Fuß. Für die Hinterbliebenen ist das ein zusätzlicher Schmerz.

Der zweite Arbeitstag im neuen Jahr 1989 ist geschafft. Martina Balske freut sich auf den Feierabend. Zufrieden verlässt die gelernte Außenwirtschaftsökonomin ihren Schreibtisch im Betrieb, in dem erstklassige Melkanlagen hergestellt werden. Er ist das agrar-industrielle Herz der Kleinstadt im Süden des heutigen Bundeslandes Brandenburg. Sie nimmt ihr Fahrrad und radelt ohne Eile nach Hause. Ihr Mann, der in der gleichen Firma als Ingenieur arbeitet, muss bereits daheim sein. Sein Fahrrad steht schon an seinem Platz. Gemeinsam haben sie am Morgen kurz nach sechs Uhr das Haus verlassen. Sie fahren immer mit den Rädern zur Arbeit, wenn das Wetter günstig ist.

Martina Balske öffnet die Haustür, als ein Schrei sie zusammenfahren lässt. Vermutlich, so ihr erster Gedanke, hat Manfred, ihr Mann, im Keller einen Schaden an der Heizung festgestellt. Sie öffnet die Kellertür. Nichts. Kein Manfred, der flucht, keine defekte Heizung.

Dann erneut ein gellender Schrei, der das ganze Haus erschüttert. Schock, Verzweiflung, Entsetzen liegen in diesem »Neeeein!«. Dann hört sie auch die Oma wimmern, die mit im Haus lebt. Sie glaubt, die Worte »Juliane ist tot!« zu hören.

Jetzt steigt Panik in Martina Balske auf, sie hastet die halbe Treppe vom Keller nach oben. Im Unterbewusstsein nimmt sie wahr, dass der Frühstückstisch in der Küche nicht abgeräumt ist. Das macht Juliane immer, wenn sie Unterricht in der Produktion einer Schraubenfabrik hat und später als an normalen Schultagen die Wohnung verlässt. Die Tür zum Zimmer ihrer Tochter steht offen. Das Licht brennt. Manfred Balske kniet vor Julianes Bett, unfähig zu begreifen, was seine Augen sehen.

»Juliane ist tot. Sie ist tot. Sie ist tot«, schreit er wieder und wieder.

Martina speichert das entsetzliche Bild, das sich ihr bietet, im Gedächtnis ab. Juliane liegt vor dem Schlafsofa auf dem Rücken.

Die Augen sind geschlossen, der Mund geöffnet. Die Lippen sind blau, auch die Gesichtsfarbe ist nicht mehr rosig, sondern bläulich. Um den Hals ist eine Mullbinde geschlungen und verknotet. Dass ihre Tochter bis auf einen leichten, hellgrünen Pullover entkleidet ist, fällt ihr in diesem Moment nicht auf, obwohl Juliane eigentlich nie ohne Schlafanzughose und Slip zu Bett gegangen ist. Wie in Trance stürzt die Mutter auf ihr Kind zu, rüttelt es, löst den Knoten der Binde. Sie erkennt die Hoffnungslosigkeit ihres Tuns. Juliane ist tot, gestorben durch die Hand eines Fremden. Ermordet! Martina Balske ist wie gelähmt, unfähig zu einem klaren Gedanken. Erst später kommt die drängende Frage: Warum?

Warum ihr Kind, das doch erst 15 Jahre alt war, voller Pläne, voller Hoffnungen, voller Träume, voller Neugier auf das Leben? Das ist nun ausgelöscht und zerstört.

Am 3. Januar, um 16.18 Uhr, klingelt beim diensthabenden Beamten im Volkspolizeikreisamt in Bad Liebenwerda das Telefon. Am anderen Ende meldet sich der Pfarrer aus der Kleinstadt. Er wohnt nur zwei Häuser entfernt von Familie Balske. Der Seelsorger meldet der Polizei das Verbrechen. Funkstreifenwagen und Krankenauto rasen mit Blaulicht zum Haus der Familie. Polizisten sperren den Eingang ab. Die Morduntersuchungskommission wird alarmiert. In weniger als einer Stunde sind die Spezialisten aus Cottbus vor Ort. Die Männer um MUK-Chef Hans Jakobitz wissen, dass Zeit ein entscheidender Faktor für die Aufklärung einer Straftat ist und wie viel von akribischer Arbeit am Tat- oder Fundort eines Verbrechens abhängt. Im Tatortprotokoll wird jede noch so nebensächlich erscheinende Kleinigkeit festgehalten. Fotos werden gemacht, eine Tatortskizze entsteht. Unter einem Fingernagel der Toten wird eine Stofffaser gesichert. Weitere Faserspuren finden sich am Körper des Opfers, am Bettzeug, an der Mullbinde um Julianes Hals, an Schlafanzug und Schlüpfer, die ihr der Täter ausgezogen haben muss. Vom Kopfkissen sammeln die Kriminaltechniker Haare ein. Alles wird in sterile Zellophantüten gesteckt und später im Kriminaltechnischen Institut untersucht.

Wie aber sind der oder die Täter ins Haus gekommen? Die Hauseingangstür ist mit einem Sicherheitsschloss versehen. Von außen hat sie keine Klinke und kann nur mit einem Schlüssel geöffnet werden. Hinweise, dass ein Nachschlüssel benutzt wurde, gibt es nicht. Sonst hätten seine Spezialisten Kratzer am Einsteckschloss gefunden, weiß Jakobitz. Martina und Manfred Balske sind sich sicher, dass sie die Hauseingangstür morgens beim Weggehen geschlossen haben. Die Tür zum zweiten Zugang über die Waschküche ist im gleichen Zustand. Sie besitzt ebenfalls ein Sicherheitsschloss, der Schlüssel steckt von innen. Diesen Weg kann der Täter auch nicht genommen haben.

Bleiben die Fenster. Sie sind geschlossen, vom Keller bis zum Obergeschoss, auch die Scheiben sind intakt. Einbruchspuren gibt es nicht. Die Kriminalisten stehen vor einem Rätsel. Die Zahl der Schlüsselbesitzer ist überschaubar: Neben Vater, Mutter und Tochter sowie der 89 Jahre alten Oma, die ebenfalls im Haus lebt, gehören dazu die Eltern von Martina Balske. Sie leben in der Nähe von Meißen, waren über den Jahreswechsel zu Besuch und sind am Vortag wieder nach Hause gefahren. Außerdem hat noch eine Bekannte, die gelegentlich die Oma besucht, einen Schlüssel. Hat Juliane ihrem Mörder freiwillig geöffnet? War es ein Schulkamerad, der sie abholen wollte? Vielleicht der Sohn einer befreundeten Familie, mit dem sie sich gut verstand? Oder Frank, von dem Juliane der Mutter erzählt hat? Vielleicht ein neuer Bekannter von der Silvesterfeier? Martina Balske glaubt nicht daran. »Meine Tochter war ein vorsichtiger Typ«, sagt sie der Polizei.

Die Kriminalisten tappen im Dunkeln.

»Der Täter kann ja nicht wie ein Geist durch den Schornstein gekommen sein«, schimpft Jakobitz.

»Los, sucht noch einmal«, weist er die Kriminaltechniker an. Er geht mit ihnen in den Keller. Noch einmal werden Zentimeter für Zentimeter die Fenster unter die Lupe genommen. An einem Fenster im Trockenraum für die Wäsche finden sich dann doch winzige Fasern. Die Haltebügel rechts und links weisen leichte Krümmungen auf. Erdreste auf dem Fußboden erscheinen nach diesen Feststellungen in einem neuen Licht. Sie könnten aus einem Blumentopf stammen, der beim Einstieg vielleicht umgeworfen worden ist. Die Wahrscheinlichkeit ist groß, dass sich der Täter genau hier Zugang zum Haus verschafft hat. Jakobitz ist sauer, dass die Kriminaltechniker diese Spuren zunächst übersehen und versichert haben: »Da ist nichts!«

Den Rüffel ihres Chefs müssen sie hinnehmen und arbeiten noch konzentrierter, um die verlorene Zeit aufzuholen. Martina Balske erinnert sich, dass sie am Vortag das Fenster angekippt hatte, damit die Wäsche besser trocknet.

Gerüchte um dieses Verbrechen machen in der Stadt mit den rund 9000 Einwohnern schnell die Runde. Eine kleine Meldung auf der Lokalseite der *Lausitzer Rundschau* zwei Tage nach der Tat bestätigt diese schließlich. »Am 3. Januar 1989 wurde in … eine 15-jährige Schülerin in der elterlichen Wohnung tot aufgefunden. Ermittlungen zur Todesursache werden durch die Volkspolizei geführt.«

Als die Mitteilung in der Zeitung steht, sitzt bereits ein Tatverdächtiger in Polizeigewahrsam. Es ist der 40 Jahre alte Werner Schando. Er ist Hausmeister in der benachbarten Kinderkrippe, bei den Erzieherinnen ein beliebter Kollege, der auch zu den Kindern ein gutes Verhältnis hat.

Zunächst hofft die Kripo lediglich auf Beobachtungen des Mannes. Dieser entscheidende Hinweis auf einen Zeugen kam bei der Vernehmung von Martina Balske am späten Abend des Tattages fast beiläufig: »Eventuell kann der Hausmeister aus der Kindereinrichtung etwas gesehen haben. Er hält sich oft auf dem Hof auf. Heute früh stand er vorn an der Straßenecke, als ob er auf jemanden wartet. Wir haben uns noch gegrüßt.« In letzter Zeit habe sie ihn oft dort gesehen, ohne einen ersichtlichen Grund zu erkennen, ergänzt sie später. Er müsse der Sprache nach ein Berliner sein.

Bei der Zeugenbefragung gibt sich Schando nur wenig kooperativ. Er habe nichts gesehen, interessiere sich auch nicht dafür, was im Haus nebenan passiert ist. Fragen, die sich um den Mord an Juliane drehen, blockt er völlig ab. Dass er über viele Verhörstunden immer und immer wieder zu seinem Tagesablauf Stellung beziehen muss, scheint ihn allerdings nicht zu stören. Er äußert die Vermutung, dass es mit verschiedenen Kellereinbrüchen der vergangenen Tage in der Kleinstadt zu tun habe. Er ist wegen Diebstahls vorbestraft, es sei also kein Wunder, dass er nun in die Mangel genommen werde.

Als Staatsanwalt Horst Helbig das polizeiliche Vernehmungsprotokoll vorgelegt wird, stutzt er. Kein Vernehmer hatte den kleinsten Hinweis auf eine solche Straftat gegeben. Weil sich der Verdacht ableitet, dass Schando der Kellerknacker sein und weitere Straftaten auf dem Kerbholz haben könnte, ordnet Helbig die Einleitung eines Ermittlungsverfahrens wegen verbrecherischen Diebstahls an. Das ist ein triftiger Grund, Schando zunächst nicht aus der Polizeizelle zu entlassen.

Schnell wird ersichtlich, dass der Mann nicht nur der hilfsbereite und nette Kollege für die Erzieherinnen und der liebe Onkel Hausmeister für die Knirpse ist, sondern ein notorischer Dieb mit einem langen Vorstrafenregister. Helbig vermutet, dass er in den Mord an Juliane Balske verwickelt sein könnte. Während der Beschuldigte in der Zelle sitzt, durchsucht die Kripo Schandos Wohnung nach Beweisen, die umgehend in das Kriminaltechnische Institut gebracht werden. Von dort treffen am Nachmittag des 5. Januar erste Ergebnisse ein, die dafür sprechen, dass der Täter gefunden ist.

Staatsanwalt Horst Helbig nimmt sich den Tatverdächtigen persönlich zur Brust.

»Ich habe ihn wie schon am Vortag darauf hingewiesen, dass es nicht nur um Diebstähle geht, sondern auch um ein schwerwiegendes Verbrechen«, erinnert sich Helbig ebenso an seine Worte wie an das hartnäckige Leugnen von Schando. Der behauptet steif und fest, dass er von dem, was der Buschfunk in der Stadt längst vermeldet hat, nichts wisse.

»Ich sage die Wahrheit. Ich habe nichts davon gehört«, versichert er. Den Vorhalt von Helbig, dass es naturwissenschaftliche Erkenntnisse gebe, die eine andere Schlussfolgerung zulassen, quittiert der Beschuldigte mit einem Achselzucken.

»Das kann ich mir nun überhaupt nicht erklären«, entgegnet er gelassen. Er empört sich regelrecht, weil er nach seiner Ansicht eine Straftat zugeben soll, von der er nicht einmal gehört, geschweige denn mit ihr zu tun habe. Für den Funkstreifenwagen, der am Morgen des 4. Januar, als er gegen 4 Uhr zur Arbeit in der Kinderkrippe eintraf, vor dem Nachbarhaus stand, hat er eine einfache Erklärung. »Ich dachte, man macht dort eine Geschwindigkeitskontrolle.«

Es fällt Vernehmer Helbig angesichts dieser Dreistigkeit nicht leicht, gelassen zu bleiben.

»Ich bin dann schon mal etwas deutlicher geworden.« Schando aber spielt weiter den Unwissenden und Unbeteiligten. Weder der Krankenwagen noch der später eintreffende Streifenwagen hätten ihn interessiert.

»Ich bin nicht so ein Mensch, der neugierig ist und alle möglichen Fragen stellt«, begründet er sein Desinteresse.

Helbig hält ihm vor, dass ein Mädchen umgebracht wurde, und konfrontiert Schando mit der Tatsache, dass am Tatort Spuren gesichert wurden, die auf ihn hinweisen. Immer mehr verstrickt sich der Verdächtige in Widersprüche. Er behauptet einerseits, dass er nichts von dem Mädchen und Verbrechen wisse, und weist andererseits darauf hin, dass er als Täter gar nicht infrage kommen könne, weil er ja gar keinen »Zutritt« gehabt hätte. Helbig hakt nach. Wer Zutritt sagt, muss auch wissen, wo der Tatort ist, kontert er. Schando windet sich. Zutritt sei das falsche Wort, er habe damit sagen wollen, dass er nicht dort war.

»Mit dem Verbrechen habe ich nichts zu tun. Das müssen Sie glauben, auch wenn meine Aussagen widersprüchlich sind«, behauptet er immer wieder.

Werner Schando wird durch die Hartnäckigkeit der Ermittler von Minute zu Minute unruhiger. Er kann keine glaubhafte Erklärung dafür liefern, dass seine Haare auf dem Bett von Juliane gefunden wurden. Wie Fasern seiner blauen Wattejacke unter die Fingernägel des Mädchens gekommen sind, an den Schlafanzug, den Schlüpfer.

Minutenlang schweigt er. Ihm ist anzusehen, wie er innerlich mit sich kämpft, wie er nach weiteren Ausflüchten sucht. Schließlich räumt er ein, dass er natürlich wisse, worum es geht.

»Sie sollten mir beweisen, dass ich es war«, begründet er sein bisheriges Leugnen. Er ringt sich nach rund einer Stunde Verhör zur Wahrheit durch. Ausführlich schildert er Motiv und Ablauf der Tat. Drei Stunden nach Beginn der Vernehmung durch Helbig liegt das ausführliche Geständnis des Tatverdächtigen vor.

Bei Familie Schando hing über den Jahreswechsel wieder einmal der Haussegen schief. Es gab häufig Streit in der Ehe, die erst ein gutes Jahr alt ist. Wie sonst auch war die permanente Leere in der Haushaltskasse der Auslöser für diese Auseinandersetzung. Die 800 Mark von Ehefrau Sabine und seine 400 Mark als Hausmeister reichten hinten und vorn nicht. Weihnachten war teuer, größere Anschaffungen für die Ausstattung der Wohnung hatten die Lage verschärft, und der einjährige Sohn Christian wollte auch versorgt sein. Dass ein Teil seines Lohnes gepfändet wird, um Schadenersatz für frühere Straftaten abzustottern, wollte der Ehemann seiner Angetrauten nicht beichten. Schließlich hatte er der Frau die Mär erzählt, dass er wegen Fußballrandale als Fan von Union Berlin Aufenthaltsverbot für die DDR-Hauptstadt bekommen hätte. Dass die »kalte Heimat«, wie eine solche Verbannung aus Berlin im Gaunerjargon hieß, Resultat seiner kriminellen Karriere war, davon hatte die Frau und auch sonst niemand eine Ahnung.

Schando entschloss sich, durch einen Bruch Geld für die Familienkasse zu besorgen. Das villenähnliche Haus der Familie Balske schien ihm dafür wie geschaffen. Das hatte er ständig im Blick, schließlich grenzte es an die Kinderkrippe, in der er arbeitete. Er hatte auf dem Grundstück der Balskes öfter zu tun, weil beide Häuser die Kanalisation teilten. Mit geübtem Blick hatte er erspäht, dass die Türschlösser für einen Profi wie ihn leicht zu knacken wären. Aus Beobachtungen wusste er, dass die Eheleute stets kurz nach sechs Uhr das Haus verließen, dass es noch die alte Dame im Haus gab und die Tochter. Die hatte er meistens an den Fenstern im Obergeschoss gesehen, sicherlich war dort ihr Zimmer, doch ins Obergeschoss wollte er nicht vordringen. Geld vermutete er in den Zimmern im Erdgeschoss. Er hoffte auf reiche Beute, die mussten doch gut verdienen, schließlich waren sie Ingenieure oder so was Ähnliches.

Während sich die Mehrheit der Leute zum Jahreswechsel Gutes vornimmt, fasste Werner Schando am Silvesterabend den Entschluss, am 3. Januar bei Balskes einzusteigen.

Am Morgen, es ist zwischen drei und vier Uhr, schnappt sich Schando den Rucksack, den er am Abend zuvor mit Wechselsachen gepackt hat. Die will er beim Einbruch benutzen und später vernichten. Ihm als einschlägig vorbestraften Dieb ist klar, dass er es mit der Polizei zu tun bekommt, sobald der Einbruch bemerkt wird. Da sollen die Bullen bei ihm keine Spuren finden.

Es ist halb sieben, als er die Zeit für gekommen hält. Im Haus ist alles dunkel. Er weiß aber, dass die Tochter noch drin ist.

»Die hat Ferien oder geht später zur Schule und schläft noch oben«, beruhigt er sich. Der Einstieg ist leichter als erwartet. Er entdeckt im Keller ein angekipptes Fenster. Die seitlichen Halterungen lassen sich leicht zur Seite biegen. Fingerabdrücke wird es nicht geben, schließlich trägt er Lederhandschuhe.

Vorsichtig und leise schlüpft er durch die nicht allzu große Öffnung. Er flucht vor sich hin, als dennoch ein Blumentopf umkippt. So gründlich wie möglich kratzt er mit den Händen die Erde zusammen und schaufelt sie zurück in das Gefäß. Im Keller stehen ein paar Badelatschen mit Kunststoffsohle. Der Einbrecher schlüpft hinein, um im Haus keine verdächtigen Abdrücke seiner Schuhe zu hinterlassen.

Sechs Stufen sind es vom Keller hinauf in die Diele, von der aus mehrere Zimmer abgehen.

Der erste Weg führt den Dieb in das sogenannte Herrenzimmer. Die Taschenlampe kann er auslassen. Durch die Straßenbeleuchtung ist es hell genug.

Der Schreibtisch hat es ihm angetan. Im rechten Seitenfach findet er eine Schachtel mit mehreren Briefumschlägen, in denen Geld unterschiedlicher Währungen steckt. Rubel, ungarische Forint, tschechische Kronen und polnische Sloty verschmäht Schando. Die rote Geldbörse mit Westgeld gefällt ihm schon besser, selbst wenn nur 187 DM drin sind. DDR-Geld findet er nicht. Akribisch rückt er alles auf dem Schreibtisch und in den Fächern wieder zurecht, bevor er den Raum verlässt.

Im nächsten Zimmer erlebt Schando eine unliebsame Überraschung. Obwohl die Vorhänge der Fenster zugezogen sind, bemerkt er eine Person. Die ruhigen Atemzüge verraten, dass sie fest schläft. Er ist überzeugt, dass er sich leichtfüßig bewegen kann wie eine Katze.

»Dass ich kein Tollpatsch bin, habe ich oft genug bewiesen«, wird er später begründen, warum er nicht auf dem Absatz kehrt gemacht und sein gieriges Handeln beendet hat. Er denkt überhaupt nicht daran, umzukehren, sondern geht leise auf die Schrankwand zu. Kurz schaltet er die Taschenlampe ein und leuchtet die Fächer des Möbelstücks ab. Ein Portemonnaie fesselt seine Aufmerksamkeit. Forumschecks im Wert von 16 DM wandern in die Hosentasche.

Dann geschieht, was Juliane Balske das Leben kostet. Beim Umdrehen stößt der Einbrecher gegen die Schultasche des Mädchens. Schlaftrunken schreckt Juliane auf. »Wer sind Sie, was wollen Sie?«, hört er sie fragen.

»Pst, weiterschlafen«, raunt der Unbekannte zurück. Voller Angst ruft Juliane um Hilfe, nicht laut, aber zu laut für Schando. Er stürzt sich auf das Bett und beginnt, das Opfer zu würgen. Beide Daumen drücken auf den Kehlkopf, die Finger umfassen den Hals. Er will, dass die Person, die ihn entdeckt hat, das Bewusstsein verliert. Die Überfallene wehrt sich, greift in die Haare ihres Peinigers, reißt einige heraus.

Wie lange der Täter würgt, ist unklar – für Juliane zu lange. Als sie leblos auf dem Bett liegt, zieht sich der Mörder einen Handschuh aus und legt seine Hand auf die linke, unbedeckte Brust, um den Herzschlag zu prüfen. *Sie ist tot. Was mach ich denn jetzt,* schießt es dem Mörder durch den Kopf. Seine erste Idee: Es soll wie ein Sexualverbrechen aussehen. Dadurch, so seine Überlegung, kann ihm keiner etwas anhaben, wirkt er weniger verdächtig. Denn er ist zwar ein Dieb, aber kein Sexualstraftäter. Ein Dieb macht so etwas nicht. Schando entkleidet sein Opfer bis auf den hellgrünen, kurzärmeligen Pullover. Dann greift er unter den Körper und legt die leblose Juliane vor das Bett auf den Läufer. *Das ist doch Quatsch. Wahrscheinlich hatte das Mädchen noch nie etwas mit einem Jungen. Und dann fliegt die Sache auf,* überlegt er weiter. Im Nachttisch findet er eine Mullbinde, wickelt sie zweimal um den Hals des Mädchens, zieht zu und verknotet die Enden. Er will sichergehen, dass es wirklich tot ist, und hofft nun, dass es wie ein Selbstmord aussieht. Für kurze Zeit knipst der Täter das Licht an, um zu überprüfen, ob er keine Spuren hinterlassen hat. Auf dem Nachttisch stehen zwei Wecker. Er schaltet die Klingeln ab, damit nicht etwa die Oma im Haus alarmiert wird.

Der Mann verlässt das Zimmer über die Diele, zieht die Bade-latschen aus und die Halbschuhe wieder an. Er verschwindet durch den Hauseingang vom Ort des Verbrechens, die Badeschlappen nimmt er mit. Er schwingt sich auf sein Fahrrad, das in der Nähe steht, und fährt damit zu einem Klempner. Bei dem hatte er zwei Blechstreifen bestellt, die er pünktlich abholen will. Schando hatte auf diesen Termin gedrängt, nun will er nicht, dass der Klemp-ner stutzig wird, der außerdem als Alibi herhalten soll. Zurück in der Kinderkrippe tauscht der Hausmeister Halbschuhe, Manches-terhose und blaue Wattejacke gegen Latzhose und Arbeitskittel. Badesandalen und Handschuhe wandern in den Ofen des Heizungs-kellers. Die blaue Wattejacke wird mit Nitroverdünnung übergos-sen. Die war frisch gewaschen. Seine Frau hätte sich gewundert, warum sie schon wieder in die Waschmaschine soll.

Nach dem Frühstück meldet sich Schando unter dem Vorwand nach Hause ab, dass er sein SVK-Buch holen und die Jacke wech-seln müsse. Daheim angekommen steigt er auf den Dachboden. Dort löst er die Scharniere an der nachbarlichen Bodenkammertür und versteckt auf einem Balken über dem Dachbodenfenster das gestohlene Geld. In der Kinderkrippe zeigt er sich an diesem Tag besonders aufgekratzt, macht einen nervösen Eindruck.

Schando wird am 5. Januar 1989 in Untersuchungshaft genom-men. Seine kriminelle Karriere hat mit dem Mord an Juliane ihren abscheulichen Höhepunkt erreicht. Denn der nette Herr Schando, der sein Umfeld so überzeugend täuschen konnte, hat mehr Zeit seines Lebens in Gefängnissen verbracht als in Freiheit.

Munter wie in einer Talkshow und mit einem gewissen Stolz plaudert er später bei Psychiatern über seine Straftaten: Von ein paar Zentnern Kohlen etwa, die er als Arbeiter beim Kohlehandel gestohlen hatte und die der Chef eigentlich mit dem nächsten Lohn verrechnen sollte. »Die Kripo hat mir das aber nicht geglaubt.«

Über eine Verfolgungsjagd mit der Polizei, die mit einem Unfall endete, bei dem seine Verfolger in ihrem Autowrack eingeklemmt wurden, so dass er ihnen entwischen konnte. Nie habe er aus Eigennutz gestohlen, sondern immer, um der Familienkasse Geld zuzuführen, nennt er das Motiv für seine Gaunereien. Von den 25 Jahren seit der Vollendung des 14. Lebensjahres im September 1962, also seiner Strafmündigkeit, bis zur Verhaftung am 5. Januar 1989 hat Werner Schando 19 Jahre in Gefängnissen verbracht. Die längste Zeit ohne Gitter vor den Fenstern verbringt er zwischen der Entlassung im Juni 1987 und der Inhaftierung nach dem Mord an Juliane. Aber nicht etwa, weil er ein straffreies Leben führt, sondern weil er bei einer Vielzahl von Straftaten nicht erwischt wird. Denn nur einen Monat nachdem er im Juni 1987 das Gefängnis verlässt, geht er wieder auf Diebestour. Er stiehlt ein Moped, benutzt es zwei Monate, und als es fast schrottreif ist, lässt er es auf einem Parkplatz stehen. Er klaut von den Kolleginnen in der Kinderkrippe mehrfach Geld, mal einen Forumscheck im Wert von einer Westmark, mal neun oder auch mal fünfzig Mark. Nie räumte er die Geldbörsen ganz leer, so dass Geschädigte oft gar nicht bemerken, dass sie bestohlen wurden. Seine Opfer sind meist Menschen, zu denen er persönlichen Kontakt hat und die ihm vertrauen; Erzieherinnen, Eltern von Kindern, die einen Moment lang das Portemonnaie nicht aufmerksam genug im Auge haben, Bekannte, denen er privat hilft, die ihn dafür bezahlen und die dann auch noch bestohlen werden.

Am 19. Mai 1989 klagt die Staatsanwaltschaft Cottbus Werner Schando wegen Mordes und mehrfachen Diebstahls an. Der 1. Strafsenat des Bezirksgerichtes verurteilt ihn knapp einen Monat später zu einer lebenslangen Freiheitsstrafe. Das Oberste Gericht bestätigt im Oktober 1989 diese Strafe. Im Dezember desselben Jahres strebt Schando in den Wirren der untergehenden DDR durch ein Kassationsverfahren die Aufhebung des Urteils an, stößt damit aber auf Ablehnung.

Schando verbüßt seine Strafe in der Justizvollzugsanstalt Brandenburg. Er ist nach Einschätzung der Leitung des Strafvollzuges ein Musterhäftling, der in Gesprächen mit Psychologen die Straftat aufgearbeitet hat. Ab Mai 1999 werden schrittweise die Haftbedingungen gelockert. Er erhält Ausgang und Kurzurlaube. Kontakte zu einer Baptisten-Kirchengemeinde entstehen. In dieser Evangelisch-Freikirchlichen Gemeinde lernt er eine acht Jahre ältere Frau kennen. Sie heiraten noch während seiner Haft.

Die Staatsanwaltschaft Cottbus beantragt mit Hinweis auf die Einschätzung des Leiters der JVA Brandenburg an der Havel im März 2003 die Aussetzung der Strafe auf Bewährung. Das Landgericht Potsdam ist sich jedoch nicht sicher, dass von Schando nicht doch noch eine Gefahr für die Öffentlichkeit ausgeht. Es beauftragt das Institut für Forensische Psychiatrie der Charité Berlin mit einer entsprechenden Prüfung.

Auf 68 Seiten setzt sich der Gutachter mit der Entwicklung Schandos von einem kleinen Dieb zu einem Gewaltverbrecher auseinander. Er stellt sich die Frage, warum Schando nach 25 Jahren krimineller Karriere mit Eigentumsdelikten ein solch gewalttätiges Verbrechen beging. Er kommt zu Überlegungen, die im gesamten Strafverfahren nur eine untergeordnete oder gar keine Rolle spielten. So könnte das Eindringen gerade in das Haus der Familie Balske über die Erwartung von reicher Beute noch andere Anreize gehabt haben. Erstmals wollte er in eine »Villa« einbrechen, wie er das Haus bezeichnete. Das Ehepaar, das darin wohnte, wurde von ihm als reich eingestuft. Der Gutachter kommt zu der Schlussfolgerung, dass für Schando ein Diebstahl bei den Reichen moralisch gar nicht verwerflich war, sondern von ihm als Lastenausgleich für seine schlecht bezahlte Arbeit gewertet wurde. Auch die Anwesenheit des fünfzehnjährigen Mädchens könnte aus Sicht des Psychiaters animierend gewirkt haben. Nie zuvor war er in Wohnungen eingedrungen, in denen sich Personen aufhielten. Bereits in einer früheren Beziehung habe er sich sehr intensiv mit der 14-jährigen Tochter seiner Partnerin beschäftigt. Das weist darauf hin, dass Schando ein besonderes Interesse für Mädchen in diesem Alter haben könnte. Wollte er bewusst in den Intimbereich von Menschen eindringen?

Grundsätzlich sei es nicht auszuschließen, dass er das Mädchen gar nicht unfreiwillig geweckt hat, sondern sich gezielt auf ihr Bett setzte und Juliane anfasste, so der Gutachter. Er hätte vermutlich fliehen können, ehe das Mädchen einen Blick auf ihn hätte werfen können. Das Risiko einer Erkennung vor der angeblich angestrebten Bewusstlosigkeit durch das Mädchen sei ungleich größer gewesen. Obwohl nicht bewusste sexuelle Wünsche dominierten, habe die Aussicht auf einen engen Kontakt zu dem Mädchen eine gewisse Anziehungskraft ausüben können, schlussfolgert der Arzt. Als bedeutsam wertet er den Griff an die nackte Brust, für den sich Schando extra den Handschuh abgestreift hatte. Statt den Puls am Handgelenk oder an der Halsschlagader zu fühlen, habe es der Busen sein müssen. In allen Vernehmungen gab er dazu als Grund an, dass er mit der Hand die Herztöne hören wollte, als sei die Hand ein Hörorgan. Strafrechtlich relevante Hinweise auf eine sexuell motivierte Straftat fand aber auch der Gutachter nicht.

Insgesamt teilt der psychiatrische Sachverständige die Einschätzung der Haftanstalt, dass dieses Verbrechen mit der schweren Strafe Schando beeindruckt habe und dass es wenig wahrscheinlich sei, dass er nochmals eine Straftat dieser Dimension begehen werde. Gleichwohl empfiehlt er dem Gericht, den Häftling ein weiteres Jahr im offenen Vollzug zu erproben und auch die sozialen Bindungen innerhalb der Ehe, in der Kirchgemeinde und mit anderen Menschen zu beobachten.

Das Potsdamer Gericht schließt sich dieser Auffassung an. Erst im Februar 2005 öffnet sich für Werner Schando das Gefängnistor in die Freiheit. Er zieht zu seiner Frau. Im März 2010 wird ihm die Reststrafe, die auf fünf Jahre zur Bewährung ausgesetzt war, erlassen.

Familie Balske lebt weiter in der Stadt in der Elbe-Elster-Region. Von hier wegzuziehen, diesen Gedanken hatten sie nie. Die geräumige Villa, in der das Verbrechen geschah, haben sie verkauft und sich ein neues Haus gebaut. Im Schrank im Wohnzimmer erinnert ein Foto an Juliane.

Das Ehepaar ist glücklich. Das Glück hat einen Namen: Alexander. Vier Jahre nach dem grausamen Tod der Tochter, ihres bis dahin einzigen Kindes, wurde der Sohn geboren. Alexander ist jetzt 18 Jahre alt und ein Wunschkind. »Für mich hat das Leben erst wieder Sinn bekommen, als der Junge da war.« Mit dem Verbrechen war für Manfred Balske eine Welt zusammengebrochen, doch in diesem Satz liegt Zuversicht.

Nächtelang haben die Eheleute darüber geredet, ob sie noch einmal Eltern werden wollen nach dem Trauma des Verlustes ihrer Tochter. Als die Tat geschah, war Manfred Balske 38 Jahre alt, Martina drei Jahre jünger.

»Ich wollte anfangs kein zweites Kind mehr. Ich war doch mit meinen 35 Jahren zumindest für DDR-Verhältnisse viel zu alt, eine risikobehaftete Spätgebärende«, blickt die Frau zurück. »Mein Mann und Freunde haben mich schließlich überzeugt, dass es vielleicht die einzige Chance ist, über den Tod von Juliane hinwegzukommen.«

Das Schicksal meint es zunächst wieder nicht gut mit dem Ehepaar. Erst zerstört eine Fehlgeburt die aufkeimende Hoffnung auf einen neuen Lebensanfang, dann erkennen die Ärzte bei der zweiten Schwangerschaft, dass der Fötus stark geschädigt ist. Martina Balske entscheidet sich für die gesetzlich mögliche Abtreibung. Dann klappt es endlich. Nagende Zweifel bleiben. »Wir hatten eine Riesenangst, dass unser Kind behindert auf die Welt kommen könnte, weil ich doch schon so alt war«, beschreibt die Frau die Gefühle zwischen Bangen und Hoffen.

Als ihr die Hebamme Alexander unmittelbar nach der Geburt in die Arme legt, ist sie unendlich glücklich. »Mein Mann und ich haben uns vor allem auch darüber gefreut, dass unser zweites Kind ein Junge ist. Ein Mädchen hätte uns vielleicht immer wieder an Juliane erinnert.«

Da ist anfangs aber noch eine andere Ungewissheit. Würde Alexander ihnen vielleicht einmal vorwerfen, dass er ein Alibikind und nur auf der Welt ist, weil Juliane sterben musste? Die Angst ist zum Glück unbegründet. Sie sprechen sehr früh und sehr offen mit ihrem Jungen darüber, dass er noch eine Schwester hat, die nicht mehr lebt, und erklären ihm später, dass sie von einem fremden Mann getötet wurde, weil der unbedingt das Geld aus einem Portemonnaie stehlen wollte.

Die Eltern achten darauf, dass der Junge aufwächst wie seine gleichaltrigen Spiel- und Schulkameraden. Sie packen ihn nicht in

Watte und halten ihn nicht fern von kindlichen Abenteuern. Alexander wird tagsüber in der Kinderkrippe betreut und geht in den Kindergarten. Sein Kinderzimmer im Haus ist das von Juliane, mit den gleichen Möbeln und mit der Schlafcouch der Schwester. Und doch räumt Martina Balske ein: »Wir haben ihn schon extrem umsorgt, uns aber bemüht, ihn das nie spüren zu lassen, dass da auch Angst war wegen Julianes Schicksal.« Martina und Manfred Balske sind stolz auf Alexander, der in Dresden Physik studiert. »Ohne ihn wären wir wohl nie wieder richtig fröhlich geworden«, sagen sie.

Bei diesen Worten drängen sich Tränen in die Augen.

»Der Brief, in dem Sie uns um ein Gespräch gebeten haben, hat uns auch nach den vielen Jahren, die vergangen sind, sehr aufgewühlt«, räumt Manfred Balske ein. »Es stimmt, dass die Zeit Wunden heilt«, sagt er, »doch ganz geht der Schmerz nie weg.«

Julianes Uroma hat das Entsetzen nicht verarbeiten können. Als die Tat geschah, lag sie mit einem Beinbruch in der oberen Etage des Hauses im Bett. Die 89-jährige Frau hatte den ganzen Tag über gespürt, gewusst, dass mit Juliane etwas Schlimmes passiert sein musste, weil sich die Urenkelin nicht wie gewohnt zur Schule verabschiedet und noch einmal nach ihr gesehen hatte.

»Die Oma hat die restlichen acht Jahre bis zu ihrem Tod furchtbar gelitten«, schätzt Martina Balske ein.

Die Eltern von Juliane haben gemeinsam den Verlust des Kindes betrauert und doch unterschiedlich reagiert. Manfred Balske lässt in seine Seele blicken: »Ich habe Juliane gefunden. Ich bin viele Jahre von den schrecklichen Bildern verfolgt worden, vor allem im Schlaf. Das geht nicht aus dem Kopf, niemals.«

Eine Frage quälte ihn auch heute noch, die Frage, auf die es keine Antwort gibt: »Warum?« – »Warum habe ich Türen und Fenster nicht noch besser gesichert? Warum stand die Schultasche da, über die der Täter gestolpert ist? Wir hätten den Diebstahl doch gar nicht bemerkt. Warum ist er nicht einfach abgehauen, sondern hat Juliane erwürgt? Warum …?«

Der Vater geht nach dem gewaltsamen Tod seiner Tochter nahezu jeden Tag auf den Friedhof. Vor allem abends, wenn es still ist. Am Grab seines Kindes versucht er zu verstehen, warum seine

Juliane dort in der Erde liegt. Er spricht mit der toten Tochter und weint um sie.

»Das einzig Gute war der schnelle Fahndungserfolg. Ich weiß nicht, ob ich das ausgehalten hätte, wenn die Polizei den Mörder nicht gefasst hätte. Das wäre noch furchtbarer gewesen.«

Oft war er allein auf dem Friedhof. Seine Frau erklärt ihre Zurückhaltung: »Für mich war im Fall von Juliane der Friedhof nicht wichtig. Ich konnte dort die Trauer um meine Tochter nicht bewältigen wie bei anderen Angehörigen. Ich habe mich zu Hause in die Ecke gesetzt und geheult.« In ihrer einsamen Stille spürt sie die besondere Verantwortung in dieser Ausnahmesituation an der Grenze des Ertragbaren.

»Ich hatte mehr Kraft als mein Mann. Ich musste die ganze Familie zusammenhalten.« Der Gatte nickt. »Meine Mutter hatte eine Herzattacke bekommen, als sie von Julianes Tod erfuhr, und musste lange im Krankenhaus behandelt werden. Mein Vater besuchte sie und wohnte ansonsten die ganze Zeit bei uns. Und da gab es ja auch noch die Oma, die Pflege brauchte«, beschreibt Martina ihr Funktionieren in den Wochen nach dem Mord.

Monate später bricht sie zusammen. Sie kann sich nicht mehr konzentrieren, in der Kaufhalle nicht mehr in der Schlange stehen, kein Auto mehr fahren. »Ich habe Platzangst bekommen.«

Die ist inzwischen überwunden. Sie fährt auch wieder Auto, aber nicht mehr auf der Autobahn. »Ich kann das einfach nicht mehr«, sagt sie.

Noch heute sind Martina und Manfred Balske ihren vielen Freunden und Verwandten für die Unterstützung dankbar. »In einer Kleinstadt wie unserer hat wohl jeder mit uns gelitten«, fasst Martina Balske die damalige Zeit zusammen. »Ganz viele Menschen haben uns geholfen. Wir hatten anfangs jeden Tag ein volles Haus, waren nie allein.«

Das Ehepaar verkriecht sich nicht. »Wir haben uns nicht abgekapselt, haben unsere Trauer aber nicht nach außen getragen, auch nicht durch die Kleidung. Schon nach vier Wochen sind wir wieder arbeiten gegangen.« Sich nicht zu verstecken vor anderen Menschen, um nicht im Gram zu versinken, ist eine wichtige Erfahrung zur Überwindung eines solch schweren Schicksalsschlages. Etwas Sinnvolles zu suchen, womit man sich beschäftigen kann, sich in Arbeit zu stürzen, um die schrecklichen Gedanken zu besiegen, die einen zur Selbstaufgabe treiben könnten, ist eine andere.

In der Familie wird über das Verbrechen kaum noch geredet. Von Juliane haben sie aufgehoben, was Eltern von ihren Kindern bewahren: Fotos von der Tochter als Baby, von der Einschulung, der Jugendweihe. Bilder, die Juliane gemalt hat und in die sie mit kindlicher Schrift Glückwünsche zum Geburtstag für Mutti und Vati geschrieben hat, oder die ersten Briefe aus dem Ferienlager. Auch die Todesanzeige aus der Zeitung für Juliane ist darunter. Die Annonce war vor ihrer Veröffentlichung ohne Rücksprache mit den Eltern zensiert worden. Von wem, wissen sie nicht. Die Trauernden hatten geschrieben, dass ihnen Juliane auf »grausame Weise entrissen« wurde. In der Zeitung stand stattdessen, dass sie »aus ihrem jungen Leben gerissen« wurde, so als sei sie ganz ohne Fremdeinwirkung gestorben.

Heute ist auch diese Wunde verheilt. Martina sagt: »Wenn Eltern ein Kind verlieren, ist das immer besonders schlimm. Im Laufe der Jahre verliert sich der schreckliche Gedanke, wie Juliane gestorben ist. Der Gedanke daran, dass sie nicht mehr da ist, dass sie das Glück eigener Kinder nicht erleben durfte und wir noch nicht das von Enkelkindern, ist stärker als der Umstand, wie sie gestorben ist.«

Der Mörder ihres Kindes hat sich all die Jahre nicht gemeldet, weder aus dem Gefängnis noch nach seiner Entlassung, um Reue zu zeigen und um Vergebung zu bitten. Vom Schadenersatz, zu dem er neben der lebenslangen Freiheitsstrafe verurteilt wurde, haben die Hinterbliebenen keinen Cent gesehen.

»Wir haben uns auch nie darum bemüht. Wir wollen sein Geld nicht. Und verzeihen? Verzeihen können wir ihm nicht.«

Martina und Manfred Balske schauen zum Schrank im Wohnzimmer. Sie blicken auf das Foto von Juliane, und auf das von Alexander. Auf ihre Kinder. Auf die Geschwister, die sich so ähneln und die sich nie kennengelernt haben.

Ein Angeklagter, der mit seinem späteren Opfer eine Beziehung anknüpfen wollte, dafür die Spendierhose anzog und am Ende doch abgewiesen wurde, gesteht vor Gericht:

»Ich überlegte, was ich machen sollte, damit sie das Ausnutzen anderer Personen zu meinen Gunsten sein lassen würde. Ich trug ein Messer bei mir, was ich zu meinem persönlichen Schutz bei mir trug. Ich hatte vor, ihr mit diesem Messer, was ein Fahrtenmesser oder Hirschfänger war, sie damit im Gesicht zu entstellen, in dem ich ihr die Wangen aufschlitzen wollte. Dass sie eine ständige Narbe in ihrem Gesicht hätte und nicht mehr so ansehnlich für Männer oder Jungen war.«

Andrea Hage ist eine hübsche junge Frau, 18 Jahre alt und Mutter einer sieben Monate alten Tochter. Das hält sie nicht davon ab, das Leben vor allem abends und in der Nacht in vollen Zügen zu genießen. Die Tanzgaststätte »Zum Bergmann« im Cottbuser Stadtteil Sachsendorf gehört zu ihrem Jagdgebiet auf Männer, mit denen sich ein Tanzabend angenehm und vor allem preiswert gestalten lässt.

Am 19. November 1987 wartet sie mit der gleichaltrigen und gleich gesinnten Freundin Katja Kalau vor dem Gaststätteneingang auf männliche Zahlmeister, die sie und Katja mitnehmen sollen in den geliebten Trubel und dann das eine oder andere Getränk spendieren werden. Geld hat sie eigentlich keins, die 50 Mark, die sie vor drei Tagen von der Mutter geborgt hat, sind fast ausgegeben. Andrea trägt einen blau-schwarz gemusterten Samtpullover unter einer weißen Jacke, einen schwarzen Samtrock und schwarze Strumpfhosen. Auf den Eindruck, den sie damit bei Männern macht, kann sie sich verlassen.

Danilo Katzberg jedenfalls ist hingerissen beim Anblick der Mädchen. Seine Lust auf eine ereignisreiche Nacht ist besonders ausgeprägt. Sein braunes Notizbüchlein »Geheimnis Geschlechtsverkehr« könnte durchaus wieder einmal einen Erlebnisbericht von einer intimen Nacht mit einem weiblichen Wesen vertragen. Mit großer Geste zückt der 22-jährige schwarzhaarige Galan das Portemonnaie und spendiert Andrea und ihrer Freundin den Eintritt.

»Die Mädchen gehören zu mir«, sagt er dem Türsteher, als er mit den beiden jungen Frauen und seinem Freund Wassja im Schlepptau den zugewiesenen Tisch ansteuert. Mit Wassja ist nach der Kneipentour am Nachmittag durch diverse Lokalitäten der Stadt nicht mehr viel los. Der schläft schon bald bier- und schnapsselig am Tisch ein und wird vom Türsteher nach kurzer Zeit unsanft an die Luft befördert. Katzberg kann sich nun voll auf seine bevorstehende Eroberung konzentrieren.

»Andrea, du siehst gut aus. Du gefällst mir. Wollen wir beide es mal miteinander versuchen?«, umsäuselt er die Angeschwärmte. Gerade beginnt ein Titel, der zur körperlichen Kontaktaufnahme bestens geeignet ist. Da könnte Andrea auch gleich seine feste Lust nach späterer Zweisamkeit spüren.

»Lass uns tanzen«, bittet er.

Die Antwort »Ich kann nicht tanzen« überrascht Katzberg. *Welches Mädchen in diesem Alter und mit der Figur kann denn nicht tanzen*, zweifelt er in Gedanken am Wahrheitsgehalt dieser Ansage. Er ärgert sich über den Korb, den er gerade gekriegt hat.

»Haste mal 'ne Zigarette für mich?«, wird er stattdessen angeschnorrt. Katzberg raucht nur Karo, die billigste aller Zigarettensorten in der DDR. Mit der ist bei schönen weiblichen Geschöpfen kaum Eindruck zu schinden. Katzberg geht zur Bar und kauft eine Schachtel F6 für 3,20 Mark.

»Hier, nimm«, sagt er und reicht dem Mädchen mit großzügiger Geste die Packung. Er selbst bedient sich weiter aus seiner Karoschachtel.

Die Aussichten auf ein nächtliches Erlebnis mit der schönen Andrea schwinden weiter, als sich ein älterer Herr an den Tisch gesellt und großzügig Sekt spendiert. Katzbergs Stimmung wird immer trüber, und als sich Andrea dann auch noch gekonnt und ausgelassen mit der Konkurrenz auf der Tanzfläche vergnügt und sich danach an die Bar einladen lässt, rutscht sie ganz in den Keller. Katzberg sinnt auf Rache.

Mit solchen Gefühlen ist der abgeblitzte Freier nicht allein. Anderes weibliches Stammpersonal im »Bergmann« beobachtet schon seit Wochen mit Argusaugen, wie Andrea, Katja und noch zwei, drei andere Mädchen Männer um die Finger wickeln – meist sind es sowjetische Offiziere in Zivil, die in der Garnisonsstadt Cottbus stationiert und deren Frauen weit weg sind –, sich von ihnen aushalten lassen und sie ziemlich gezielt ausnehmen. Dieses Verhalten mindert die Chancen der Neiderinnen, dasselbe zu tun.

Birgit Geigel und Maria Mante haben sich im Verlauf des Abends geschworen, dass Andrea und Katja diesmal »ein paar auf die Fresse« bekommen werden.

»Nach meinen Vorstellungen sollten beide Mädchen nach dem Gaststättenbesuch Ohrfeigen erhalten. Weitergehende Tätlichkeiten sollte es nicht geben«, sagt Birgit Geigel später bei der Polizei aus. Ihr Plan wird noch konkreter, als sie sieht, wie Danilo Katzberg leidet. Den kennt sie aus gemeinsamer Schulzeit und durch ihre Bekanntschaft mit dessen Schwester. Als sie sich mit Katzberg über die Abreibung für die »Russennutten« unterhält, wie Andrea und die anderen Abzockerinnen vom Stammpersonal verächtlich genannt werden, kündigt dieser an: »Die Alte wirst du erst einmal ein paar Wochen nicht mehr im ›Bergmann‹ sehen.«

Katzberg meint es ernst mit seiner Rache für die Schmach, die Andrea ihm zugefügt hat. Als die Disko das letzte Band für diesen Abend abgespielt hat, verlässt er wild entschlossen die Gaststätte in der furchtbaren Absicht, der undankbaren und unerreichbaren Angebeteten das Gesicht aufzuschlitzen. Er zieht sein Messer aus dem hinteren Hosenbund aus der Scheide und verdeckt die Waffe mit dem rechten Unterarm. Im Bereich der Gaststätte ist zu viel Betrieb, und die gesamte Ladenstraße, in der der »Bergmann« liegt, ist zudem hell erleuchtet. Katzberg überholt Andrea und ihre Freundin und versteckt sich in der Nähe eines Hochhauses an der Ecke Leninallee / Dostojewskistraße. Als die beiden Frauen die dunkle Gestalt wahrnehmen, vermuten sie, dass es sich um einen der Russen handelt, den sie geschröpft haben und der ihnen nun auflauert.

Sie rennen aufgeschreckt davon. Während Katja die Flucht gelingt, hat Andrea in ihren Absatzschuhen keine Chance, dem sportlichen Mann zu entkommen. Als sie Katzberg erkennt, bleibt sie an der Einmündung zur Kleiststraße stehen. Sie ist erleichtert, dass es nur die Diskobekanntschaft von vorhin ist. Doch Katzberg reißt sie sofort an sich, hält sie fest und zieht aus dem rechten Ärmel seiner Wildlederjacke das Messer.

Der junge Mann überlegt kurz, wie er weiter vorgehen soll. Zeit genug für Andrea, die Situation zu begreifen. »Hilfe, der will mich umbringen«, schreit sie in ihrer Todesangst.

Katzberg ist auf diese Reaktion offenbar nicht gefasst. *Ich muss die Frau zum Schweigen bringen*, schießt es ihm durch den Kopf. Ihn beherrscht nur ein Gedanke: *Sie soll endlich den Mund halten. Ich muss sie töten, jetzt und auf der Stelle.* Er sticht ihr das Messer in den oberen Bereich des Halses, zieht es gleich wieder aus der Wunde und rammt seinem Opfer den Dolch in den Brustkorb.

Entsetzt verfolgt ein Fußgänger, der auf dem Heimweg ist, das Geschehen.

»Hilfe, der bringt sie um. Polizei!«, hört Katzberg ihn schreien. Er fühlt sich ertappt, will den unliebsamen Zeugen vertreiben, ihn notfalls mundtot machen. Er wendet sich dem Passanten zu, bedroht ihn mit dem blutverschmierten Messer.

»Komm her, du Schwein«, brüllt er ihn an. Der Mann verteidigt sich mit dem Regenschirm in seiner Hand. Er versucht, dem Tobenden und wie wild auf ihn zustürzenden Verrückten die Waffe aus der Hand und ihn möglichst in die Flucht zu schlagen, um sein eigenes Leben zu schützen und der jungen Frau am Boden helfen zu können.

Andreas Freundin ist inzwischen weit weg. Katzberg gibt später zu, dass er sich auch an ihr vergriffen hätte, wenn sie nicht außer Reichweite gewesen und der Fußgänger nicht eingeschritten wäre. Er hätte ihr die Augen ausgestochen, damit sie erblindet und ihn nicht mehr sehen kann. Außerdem wollte er ihr die Zunge abschneiden. »Sie hätte mich ja noch beschreiben können.«

Inzwischen versucht Andrea unter Aufbietung ihrer letzten Kräfte und ihres Überlebenswillens dem Mörder zu entkommen.

Mehr als sich auf den rechten Arm zu stützen schafft sie aber nicht. Er sticht erneut zu, wieder in den Brustkorb der jungen Frau und danach zwei Mal in den Rücken. *Sie darf bei der Polizei nicht aussagen*, ist sein einziger Gedanke. Dann rennt er davon.

Franz Ellermann ist der Passant, der unverhofft in die dramatischen Geschehnisse einbezogen wird. Nach der Spätschicht im Tagebau Jänschwalde hat er sich mit einem Arbeitskollegen ein paar Feierabendbiere in einer Gaststätte genehmigt und ist auf dem Weg nach Hause, als ihn Katja Kalau anfleht: »Bitte helfen Sie uns doch!« Er erinnert sich bei seiner Vernehmung bei der Polizei, die noch in der Tatnacht erfolgt, an viele Details.

»Der Mann riss die Frau von hinten zu Boden. Sie kam in Seitenlage zum Liegen. Der Mann kniete sich neben die Frau, es kann auch sein, dass er auf ihr kniete, und schlug mit der rechten Hand auf die Frau ein. Es waren mindestens zehn Schläge, weniger auf keinen Fall, eher mehr. Sie waren gegen die Kopfgegend und den Oberkörper der Frau gerichtet. Die Frau schrie währenddessen äußerst ängstlich: ›Der schlägt mich tot!‹«

Dass es nicht Faustschläge waren, mit denen das Opfer traktiert wurde, sondern Messerstiche, nimmt er erst wahr, als er sich selbst der Attacke erwehren muss.

Ellermann benachrichtigt nach der Flucht des Täters von einer Telefonzelle aus die Polizei. Im Volkspolizeikreisamt Cottbus wird 0.24 Uhr als Eingangszeit des Notrufes festgehalten. Der Anrufer meldet, dass in Cottbus in der Kleiststraße in Höhe der Kaufhalle eine weibliche Person schwer verletzt am Boden liegt. Der Offizier vom Dienst alarmiert die Schnelle Medizinische Hilfe (SMH), der Funkstreifenwagen C 23, der in der Nähe ist und per Funk informiert wird, rast zum Unglücksort. Polizeiobermeister Manfred Drexler notiert: »Auf dem Fußweg lag eine weibliche Person in stabiler Seitenlage, die an Hals und Körper mehrere Wunden hatte. Ein Pulsschlag wurde nicht mehr festgestellt.« Der Notarzt kann nicht mehr helfen und bestätigt um 0.32 Uhr den Tod des Opfers. Als Todesursache vermerkt er auf dem Totenschein Stichverletzungen in Thorax, Bauch und Hals.

Vom Täter fehlt jede Spur. Er ist, so sagt Ellermann, wie ein Verrückter weggerannt. Katzberg gibt später zu, dass ihn nur noch ein Gedanke beherrschte: »Nichts wie weg, und so schnell wie möglich, schließlich habe ich gerade mit meinem Messer auf eine Frau eingestochen, sie wahrscheinlich getötet. Bei solchen Verbrechen ist die Kripo immer schnell da, zumal sie bestimmt schon alarmiert ist.« Während der Flucht bemerkt er das Messer, das er in seiner Hand hält. Er will es so schnell wie möglich loswerden, und zwar an einem Ort, an dem es nicht gefunden wird. Schließlich ist es ein Beweismittel. Das Blut des Opfers und seine Fingerabdrücke auf Klinge und Griff würden ihn unweigerlich überführen. Er schmeißt es in einen Gully.

Zu Hause angekommen reinigt Katzberg sich, seine Kleidung und die Schuhe. Er hält es für möglich, dass Andrea überlebt haben könnte. Dann wäre er zumindest kein Mörder, darüber könnte er sich freuen. Andererseits würde sie ihn anzeigen, dann käme er mit Sicherheit ins Gefängnis. Er denkt an Flucht, raus aus der Stadt, raus aus der Lausitz, irgendwo in einem anderen Bezirk will er untertauchen. Je länger er grübelt, desto klarer wird ihm, dass die Polizei ihn finden wird. Schließlich gibt es Zeugen: Andreas Freundin, den Fußgänger ... Außerdem würden viele Besucher der Gaststätte »Zum Bergmann«, seine Bekannte Birgit Geigel und auch das Personal bestätigen, dass er in dem Tanzlokal war und mit Andrea anbandeln wollte. Er zweifelt kaum daran, dass man ihn als Täter ermitteln und zu einer Haftstrafe verurteilen wird.

Katzberg schätzt seine Lage erstaunlich realistisch ein. Die Polizei nimmt umgehend die Fahndung nach dem flüchtigen Täter auf. Während die Kriminaltechniker vor Ort die Spuren sichern, beginnt die MUK noch in der Nacht mit der Ermittlung von insgesamt 13 Zeugen und deren Befragung, die sich über den ganzen nächsten Tag hinzieht. Vor allem Birgit Geigel gibt entscheidende Hinweise auf Katzberg als mutmaßlichen Täter. Katja Kalau kann den Täter gut beschreiben, vor allem seine Kleidung. In Erinnerung ist ihr ein blauer Pullover mit der Aufschrift »Tonic«, die quer über die Brust aufgedruckt war. Das deckt sich ebenso mit Aussagen der Kellnerin, die Täter und Opfer in der Gaststätte bedient hat, wie den Angaben des Türstehers. Am Tatort sichern die Techniker zwei Schuhspuren und machen davon Gipsabdrücke, auffällig sind Kreuze auf den Laufflächen der Sohlen.

Danilo Katzberg ist der Polizei kein Unbekannter. Der Strafregisterauszug weist drei Vorstrafen wegen unbefugter Benutzung von Kraftfahrzeugen, versuchter Vergewaltigung mit Nötigung zu sexuellen Handlungen und mehrfachen Diebstahls aus. Erst am 5. November, also zwei Wochen zuvor, war Katzberg aus der Haft entlassen worden. Ihm wurde ein Zimmer in der Arbeiterwohnunterkunft des Bezirkskrankenhauses zugewiesen. Im Krankenhaus stand für ihn auch der Arbeitsplatz zur Verfügung, den er bereits vor seiner dritten Freiheitsstrafe innehatte. Seinen Aufenthaltsort festzustellen erweist sich in diesem Fall als Routine. Als zwei Offiziere der Kriminalpolizei Katzberg am Nachmittag des 20. November 1987, seinem ersten Arbeitstag im Krankenhaus, vor den Augen seiner Kollegen festnehmen, leistet er keinen Widerstand. Die Warnung der Polizisten, dass sie bei einem Fluchtversuch von der Schusswaffe Gebrauch machen, ist Vorschrift, doch Katzberg hegt solche Gedanken nicht. Das einzige Wort, das ihm über die Lippen kommt, ist: »Warum?«

Mit dieser Frage versucht der 22-jährige Mann Ahnungslosigkeit vorzutäuschen, um seinen Kopf doch noch aus der Schlinge zu ziehen.

Er leugnet zunächst sogar, am Vortag überhaupt in der Gaststätte »Zum Bergmann« gewesen zu sein. Doch die Beweise sind erdrückend. Bei der Durchsuchung seiner Wohnung werden genau jene Sachen beschlagnahmt, die Zeugen beschrieben haben. Die Gipsabdrücke stimmen mit den Sohlen seiner Turnschuhe überein. An der Kleidung befinden sich Blutspritzer. Sie stammen von Andrea Hage, wie später im Labor zweifelsfrei festgestellt wird. Nur die Tatwaffe, das Messer samt Hülle, bleibt verschwunden. Es kann in der Kanalisation nicht gefunden werden.

Andrea Hage hatte nie eine Chance, diese wilde Messerstecherei zu überleben. Bei der Obduktion der Leiche registrieren die Gerichtsmediziner fünfzehn Stichverletzungen, wobei drei Stiche den gesamten Körper durchdringen. Katzberg will sich nur an fünf Stiche erinnern, räumt aber ein, dass alle Verletzungen des Opfers von ihm stammen könnten. Vier Messerstiche sind tief in den Brustkorb eingedrungen und haben die Lunge verletzt. Sie sind nach Meinung der Ärzte von oben nach unten geführt worden, und jeder für sich wäre tödlich gewesen. Auch der Stich ins Gehirn hätte eine tödliche Wirkung gehabt. Dieser an der linken Schädelseite lokalisierte Stich muss mit enormer Wucht ausgeführt worden sein. Die Wunden lassen Schlüsse auf die Beschaffenheit des Messers zu. Die Klinge war mindestens 13,5 cm lang und maximal 2,3 cm breit. Die Messerrückenbreite betrugt etwa 3 mm. Vermutlich war die Waffe beidseitig scharf geschliffen. Diese Einschätzung deckt sich mit der Beschreibung, die Katzberg von dem Messer gibt.

Katzberg überlegt, wie er doch noch einigermaßen glimpflich davonkommen kann. Er formuliert im Februar 1988 einen Brief an den »Werten Herrn Staatsanwalt«, in dem er seine Aussage zurückzieht und als unwahr bezeichnet. Er sei nervlich belastet gewesen und habe den Vernehmungen nicht folgen können, und er unterschreibt »Mit bestem Dank im Voraus«. Auch an einen »Werten Herrn Pfarrer« und an »Liebe Brüder« entwirft er ein Schreiben. Er »möchte dem Glauben der Kirche beitreten sowie in den Kreis aufgenommen werden«, so Katzberg. »Mich erwartet eine schwere Probe, die ich allein nicht durchstehen würde.«

Beide Briefe werden nicht abgeschickt, sondern landen auf dem Tisch der Ermittler. Auf die Frage, warum er das Schreiben an den Staatsanwalt zurückgehalten habe, hat Katzberg eine merkwürdige Antwort. Er wollte noch ein bisschen, etwa bis Juni oder Juli, in der Untersuchungshaftanstalt bleiben. Die Polizei arbeite viel zu schnell an der Klärung der Straftat. Mit seinen Aussagen hätten die Briefe nichts zu tun. An denen halte er weiter fest. »Mir ging es nur darum, die Ermittlungen in die Länge zu ziehen«, lässt er die Kripo wissen.

Die Staatsanwaltschaft klagt den gelernten Heizungsinstallateur Katzberg Mitte März 1988 des vorsätzlichen Mordes an. Was folgt, ist ein juristisches Tauziehen um das Strafmaß für den zur Tatzeit 22 Jahre alten Mann. Dazu gibt es am Ende fünf Urteile, die sich zum Teil gegenseitig aufheben. Das letzte wird fast vier Jahre nach der Tat gefällt. Dabei geht es in keiner der gerichtlichen Instanzen um unterschiedliche Bewertungen der Schuldfähigkeit des Angeklagten, die stand von Anfang an außer Frage. Zwar wird bei Katzberg bei der Begutachtung durch den Direktor der Klinik für Psychiatrie und Neurologie der Medizinischen Akademie Dresden eine Epilepsie mit sehr seltenen Anfällen bestätigt, wegen der Katzberg seit Jahren in Behandlung ist, die kann mit Tabletten aber gut unterdrückt werden. Allerdings könnte die Krankheit bei Alkoholgenuss durchaus zu abnormen Reaktionen führen, stellt der Gutachter fest. Wenn dadurch die Hirnleistung zur Tatzeit gestört gewesen sei, trage Katzberg jedoch die volle Verantwortung dafür, weil er sie schuldhaft herbeigeführt habe. Bei jeder Konsultation hätte ihn der Arzt auf die verheerende Wirkung von Alkohol hingewiesen und absolute Abstinenz verordnet.

Die Schuldfähigkeit wird also nicht angezweifelt – in dem Gerichtsmarathon geht es immer nur darum, ob das Verbrechen für eine lebenslange Freiheitsstrafe brutal genug ausgeführt wurde. Anders als im Strafgesetzbuch der Bundesrepublik, nach dem für Mord zwingend die lebenslange Freiheitsstrafe auszusprechen ist, sieht das Strafgesetzbuch der DDR eine Freiheitsstrafe von nicht unter zehn Jahren bis lebenslänglich vor.

Der Tatablauf ist hier ausführlich und absichtlich mit vielen Details geschildert worden. Auch die schweren und tödlichen Verletzungen des Opfers sind dokumentiert. Der geschätzte Leser kann sich also selbst ein Urteil über die Urteile bilden. Die Kriterien, die eine lebenslängliche Freiheitsstrafe rechtfertigen, sind im Urteil 1 besonders hervorgehoben.

Urteil 1: Das Bezirksgericht Cottbus verhängt im April 1988 gegen Katzberg wegen Mordes eine Freiheitsstrafe von 15 Jahren. Es stellt sich damit gegen den Antrag der Staatsanwaltschaft, die eine lebenslange Haftstrafe gefordert hatte, und folgt dem Antrag der Verteidigung. Im Urteil heißt es zur Begründung: Lebenslängliche Freiheitsstrafe kann nur dann ausgesprochen werden, wenn es sich um ein außerordentlich schweres Verbrechen gegen das Leben handelt. Das ist dann gegeben, wenn der Täter besonders rücksichtslos oder brutal vorgeht, egoistische Motive durchsetzt, sich in der Intensität seines Vorgehens steigert und den Tod durch besonders qualvolle Weise für das Opfer herbeiführt oder sich in hohem Maße rücksichtslos verhält und körperliche Misshandlungen vorausgingen. Auf die von Katzberg begangene Tat bezogen verneint das Gericht das Zutreffen dieser Kriterien. Die Verfolgung des Opfers auf dem Nachhauseweg sei nicht heimtückisch gewesen. Die Tat ist nach Ansicht der Richter nicht unter Anwendung gemeingefährlicher Mittel oder in Verbindung mit anderen schweren Sexual- oder Gewaltverbrechen erfolgt. Auch die Vorstrafe wegen versuchter Vergewaltigung im Jahre 1983 könne nicht als besonders schweres Gewaltverbrechen beurteilt werden. Zudem habe der Angeklagte nicht planmäßig, sondern aus der Situation heraus spontan gehandelt.

Gegen diese Entscheidung legt die Staatsanwaltschaft Protest ein und beharrt auf einer lebenslangen Freiheitsstrafe.

Urteil 2: Der 5. Strafsenat des Obersten Gerichts der DDR weist diesen Protest im August 1988 ab. Das Bezirksgericht habe die hohe Gesellschaftsgefährlichkeit des kriminellen Handelns des Angeklagten zutreffend hervorgehoben. »Sie wird insbesondere durch den hinterhältigen Angriff auf einer öffentlichen Straße, aus krass egoistischen Motiven sowie durch die brutale, hemmungslose Tatausführung charakterisiert«, stellt er fest. Die Verfolgung der Geschädigten durch den Angeklagten auf dem Nachhauseweg hatte das Bezirksgericht jedoch ausdrücklich nicht als heimtückisch betrachtet.

Nun schaltet sich der Generalstaatsanwalt der DDR ein. Die oberste Anklagebehörde verlangt die Kassation des Urteils des 5. Strafsenats des Obersten Gerichtes. Sie sieht in der Zurückweisung des Protestes das Gesetz schwer verletzt.

Urteil 3: Im Juni 1989 befasst sich das Präsidium des Obersten Gerichts mit dem Fall. Es hebt das Urteil seines 5. Strafsenats auf und weist die Sache zur erneuten Entscheidung an diesen Senat zurück. Die gleichen Richter müssen quasi über sich selbst zu Gericht sitzen und sich korrigieren. Das ist in der DDR durchaus gängige Rechtspraxis. Die Vorgabe des Präsidiums lässt an Klarheit nichts zu wünschen übrig. Charakter und Schwere des vom Angeklagten begangenen Verbrechens erfordern den Ausspruch der lebenslangen Freiheitsstrafe, schreiben die Präsidialen den Richtern vor. Der 5. Strafsenat habe verkannt, »dass der Angeklagte ein sehr schweres, von extremer Menschenverachtung geprägtes Verbrechen gegen das Leben begangen habe. Der Angeklagte habe mit großer Intensität und Rücksichtslosigkeit gehandelt. Selbst die absolute Hilflosigkeit seines Opfers und ihre schwachen Lebensäußerungen nach den ersten Tathandlungen hätten ihn nicht gerührt und zur Einsicht gebracht. Zudem habe er sein Opfer hinterhältig auf einer öffentlichen Straße überfallen«.

Urteil 4: Im August 1989 kommt der 5. Strafsenat des Obersten Gerichts der »Weisung« des Präsidiums nach. Er ändert das erste Urteil des Bezirksgerichtes Cottbus im Strafausspruch von damals 15 Jahren in eine nunmehr lebenslängliche Freiheitsstrafe um. In der Begründung folgt er im Gegensatz zu seiner ursprünglichen Auffassung den Feststellungen des Präsidiums des Obersten Gerichts der DDR im Kassationsverfahren.

Urteil 5: Nach der politischen Wende in der DDR strebt nunmehr der Angeklagte ein Kassationsverfahren an und hat damit Erfolg. Richter in Frankfurt (Oder) heben das Urteil des Obersten Gerichts auf und setzen das erste Urteil des Bezirksgerichtes von April 1988 über 15 Jahre Freiheitsentzug wieder in Kraft.

Danilo Katzberg wird im November 2002 aus dem Strafvollzug entlassen.

FÜR IMMER GELÄHMT

Bianca Schmidt findet den Unbekannten, der sie auf der Landstraße unweit der Stadt Lauta am Abend des 28. Mai 1988 anspricht, gleich unsympathisch. Kurze Zeit gehen beide nebeneinander her. Plötzlich fühlt sie einen stechenden Schmerz im oberen Bereich des Rückens. Sie will flüchten und registriert einen zweiten Stich. Sie stürzt zu Boden. Die Beine versagen ihr den Dienst. Der Mann sticht erneut zu. In den Rücken. In den Bauch. Wieder und wieder. Sie kann von der Brust abwärts nichts mehr spüren.

»Los, komm mit, ein Stück in den Wald hinein«, fordert der Täter. Bianca versucht es. Sie ist bei vollem Bewusstsein, doch fortbewegen kann sie sich nicht. Ohne viel Federlesen wird die schwer verletzte Frau an den Armen gepackt und über einen Trampelpfad durch das Unterholz in das Dunkel des Waldes gezerrt. Weit und breit wachsen Kiefern. Sie sind an dieser Stelle sechs bis acht Meter hoch. Nur vereinzelt haben sich Laubbäume in die Monotonie des Nadelwaldes gedrängt, der die Heidelandschaft im Kreis Hoyerswerda prägt. Auf einer Waldlichtung legt der Entführer sein Opfer ab und rennt zurück zur Straße. Bianca Schmidt sieht sich ängstlich um. Die Lichtung schätzt sie auf zwei mal drei Meter. Der Waldboden ist mit Heidekraut, Gras und Lupinen bewachsen. Die Stadt Lauta, bekannt durch das ansässige Aluminiumwerk, ist mehr als einen Kilometer entfernt. Von dort kommt die 22 Jahre alte Frau auf ihrer Reise per Anhalter, von Bad Muskau an der deutsch-polnischen Grenze bis nach Großräschen, ihrem Heimatort. Die junge Frau, Mutter einer kleinen Tochter, wollte nur schnell nach Hause. Bis zu der Minute, als sie auf der Ortsverbindungsstraße von dem Unbekannten mit dem Fahrrad angesprochen wurde, ist alles gutgegangen. Und nun?

Der Mann, der sie so brutal überfallen hat, lässt ihr nicht lange Hoffnung auf ein harmloses Ende dieses Albtraums. Er hat nur das verräterische Rad vom Straßenrand geholt und an eine Kiefer gelehnt. Dann verfolgt er seinen Plan weiter.

»Zieh dich aus«, fordert er von der schwarzhaarigen, schlanken Bianca. Die schüttelt den Kopf. Sie kann es nicht, selbst wenn sie den Wünschen des Unbekannten in dem weißen T-Shirt und der blauen Jeanshose nachkommen wollte, um so ihr Leben zu retten. Der aber lässt von seinem Vorhaben nicht ab. Stück für Stück entkleidet er sein Opfer und schmeißt die Sachen wahllos durch die Gegend. Anschließend lässt auch er die Hüllen fallen.

»Warum machst du das?«, fragt Bianca, obwohl sie die Antwort ahnt.

»Mach die Beine breit«, bekommt sie ungerührt zu hören. Sie sieht seinen erigierten Penis. Der Mann presst ihr die Oberschenkel auseinander und legt sich auf die Frau. Sie kann nur ahnen, was der nackte Mann über ihr treibt, denn sie spürt weder das steife Glied in ihrer Scheide noch den Samenerguss. Nach seiner Befriedigung zieht sich der Vergewaltiger in aller Ruhe an. Den Versuch, auch sein Opfer anzukleiden, gibt er schnell wieder auf, es ist ihm zu anstrengend. Die Blöße der Frau bedeckt er nur lose mit ihrer kunstledernen Jacke.

»Wie soll es jetzt weitergehen?«, fragt die Frau in Todesangst.

»Du wirst das schon überleben. Ich hole einen Krankenwagen«, verspricht der Täter.

Bianca traut ihm nicht. Sie ist sich sicher, dass er die damit verbundene Gefahr der Entdeckung nicht riskieren wird. Ihre Bitte, sie doch wenigstens aus dem Wald, wo sie keiner finden kann, an die Straße zu bringen, lässt ihn kalt.

Bianca Schmidt bleibt blutüberströmt auf der kleinen Waldlichtung bei Lauta zurück. Es ist 22.10 Uhr. Im Schein vorbeihuschender Autos kann die junge Frau die Zeit auf dem Ziffernblatt ihrer Uhr ablesen. Sie ruft verzweifelt nach Hilfe. Vergebens. Die vage Hoffnung, dass der vom Täter versprochene Krankenwagen doch noch eintrifft, hat sie längst aufgegeben. Und dass sie zufällig in der Dunkelheit der Nacht gefunden wird, daran glaubt die Schwerverletzte nicht. Fußgänger benutzen die Straße kaum, und vom Auto aus ist der Tatort nicht zu sehen. Sie nimmt alle Kraft zusammen, um der Straße ein Stück näher zu kommen. Doch die Beine gehorchen den Befehlen des Kopfes nicht, und die Arme allein sind zu kraftlos. Bianca Schmidt dreht sich trotz aller Anstrengung auf der Waldlichtung immer wieder nur um ihren eigenen geschundenen Körper. Erschöpft gibt sie schließlich auf.

20 Stunden später. Regina Walzke und ihre Nichte fahren mit den Fahrrädern spazieren. In die lockere Unterhaltung dringt etwas an ihre Ohren, das schwach und kaum wahrnehmbar ist und wie ein Hilferuf klinkt.

»Halt mal mein Fahrrad«, bittet Regina ihre Nichte.

»Ich gucke nach, was los ist.«

Regina Walzke überquert den Straßengraben und geht den leicht ansteigenden, dicht bewachsenen Waldboden hinauf, der Stimme entgegen. Zehn Meter mag sie zurückgelegt haben, als sie etwas weiß leuchten sieht. Es ist der Arm eines Menschen. Sie glaubt, das er sich leicht bewegt, als wolle er ihr bedeuten: Bitte, komm näher. Zögernd geht Regina Walzke weiter. Überall liegen Kleidungsstücke verstreut. Dann sieht sie eine Frau inmitten der Sachen liegen. Der Körper ist schlank. Und nackt. Das Blut, das ihn bedeckt, hat Fliegen angelockt. Regina Walzke stürzt zurück zu der Stelle, an der die Nichte wartet. Die Frauen halten ein vorbeifahrendes Auto an.

»Dort im Wald liegt eine nackte Frau. Verständigen Sie die Polizei«, fordert Regina Walzke das Ehepaar im Auto auf. Dann eilt sie in den Wald zurück.

»Mir ist so kalt«, stammelt Bianca Schmidt mit zitternder Stimme. »Ich bin von einem Mann vergewaltigt worden.«

Fürsorglich deckt ihre Retterin sie mit einer Jacke notdürftig zu. Sie drückt ihr die Hand und macht ihr Mut. »Halt durch. Gleich kommt ein Arzt. Alles wird wieder gut.«

Kurze Zeit später trifft der Abschnittsbevollmächtigte der Polizei ein. Die Nichte zeigt in Richtung des Tatortes. Von der Straße aus ist nichts Auffälliges zu sehen.

»Ohne Einweisung hätte ich das Opfer nicht gefunden«, bekennt der ABV. Der erfahrene Polizist orientiert sich kurz. Die

Frau am Boden lebt, vielleicht aber nicht mehr lange. Er alarmiert über Funk den diensthabenden Offizier im Volkspolizeikreisamt in Hoyerswerda, der die Schnelle Medizinische Hilfe (SMH) nach Lauta schickt.

Als der Notarzt eintrifft, zittert die Verletzte noch immer am ganzen Körper. Sie ist stark unterkühlt, doch der Kreislauf ist relativ stabil und die Patientin ansprechbar. Die zahlreichen Stiche, die sich über den ganzen Körper verteilen, sind nicht zu übersehen, doch die Verletzungen scheinen auf den ersten Blick nicht so schwerwiegend zu sein. Größere Blutgefäße jedenfalls wurden nicht verletzt. Wieder spricht das Opfer von der Vergewaltigung und davon, dass sie sich nicht bewegen kann. Vorsichtig tragen Sanitäter die Verletzte zum Krankenwagen, der auf der Straße wartet. Mit Blaulicht rast der Sankra ins Bezirkskrankenhaus nach Hoyerswerda. Erst dort werden ihre lebensgefährlichen Verletzungen diagnostiziert.

Für Bianca Schmidt beginnt ein Leidensweg mit langwierigen medizinischen und therapeutischen Behandlungen. Über 30 Wochen bringt sie zunächst im Krankenhaus zu. Doch ärztliche Kunst kann die Folgen des brutalen Überfalls nicht heilen: Bianca Schmidt ist querschnittsgelähmt, sie wird den Rest ihres Lebens im Rollstuhl verbringen.

Nach der Fahrt ins Krankenhaus ist sie körperlich sehr geschwächt, doch sie kann der Kripo schon am nächsten Tag bei der Befragung auf der Intensivstation entscheidende Hinweise geben. Nach ihrer Beschreibung ist der Täter 20 bis 23 Jahre alt, etwa 1, 65 Meter groß und schlank. Das Gesicht ist oval und mit Sicherheit bartlos. Das nackenlange, blonde Kraushaar war möglicherweise mit Mittelscheitel gekämmt. Er trug ein weißes, kurzärmliges Nicki und eine blaue Jeanshose. Unterwegs war er mit einem roten 26er Herrenfahrrad mit Gepäckträger. Sie ist sich sicher, dass sie dem Täter noch nie begegnet ist, ihn aber wiedererkennen würde.

Die Spezialisten der Morduntersuchungskommission aus Cottbus übernehmen den Fall nach dem ersten Zugriff durch die örtliche Kripo von den Kollegen in Hoyerswerda, die selbstverständlich in die weiteren Ermittlungen einbezogen werden. Noch am Abend des 29. Mai beginnt die Tatortarbeit. Sie dauert bis spät in die Nacht.

Der Anblick, der sich den Kriminaltechnikern dort bietet, erinnert an eine wilde Müllhalde. Überall auf der Waldlichtung liegen Kleidungsstücke verstreut, die offensichtlich vom Opfer stammen. Hinzu kommen zwei Schachteln Zündhölzer, eine Schachtel Zigaretten der Marke »Karo«, mehrere Kugelschreiber und zwei Zeitschriften. Weil es in der vergangenen Nacht und auch tagsüber geregnet hat, sind all diese Dinge durchweicht und stark verschmutzt. Schuhabdrücke sind aufgrund des Bodenbewuchses nicht vorhanden. Die Spuren am Tatort bieten keine Anhaltspunkte, die zur Ermittlung des Täters führen könnten.

Staatsanwaltschaft und Kripo gehen in die Offensive und suchen die Öffentlichkeit. In der *Lausitzer Rundschau* wird am 31. Mai 1988 ein Mithilfeersuchen der Kriminalpolizei veröffentlicht. In einem Satz wird darin die Sexualstraftat vom 28. Mai erwähnt. Gesucht werden Personen, die sich zwischen 21 und 23 Uhr im Bereich der Ortsverbindungsstraße aufgehalten haben, und das Ehepaar, das Bianca Schmidt per Anhalter bis Lauta mitgenommen hat. In der nahe gelegenen Kreisstadt Hoyerswerda sowie in Lauta und dort vor allem im Aluminiumwerk, einem der größten Leichtmetallproduzenten in der DDR, werden Handzettel verteilt. Die Fahnder der MUK gehen aufgrund der Aussage des Opfers davon aus, dass der Täter sehr wahrscheinlich in Lauta oder einem der umliegenden Orte zu Hause ist.

Die Öffentlichkeitsarbeit führt schnell zum Erfolg. Aufgrund der Pressenotiz meldet sich das Ehepaar, das Bianca im Trabant ein Stück mitgenommen und in Lauta abgesetzt hat. Zeugen finden sich, die zur Tatzeit den gesuchten Radfahrer gesehen haben. Der Verdacht fällt schnell auf den 19-jährigen Jörg Schneider aus Lauta.

Der Polizei ist der junge Mann nicht unbekannt. Im Sommer 1983 hatte er als Jugendlicher innerhalb kurzer Zeit zwei Mädchen vergewaltigt. Das Ermittlungsverfahren wurde damals eingestellt, weil ein Psychiater dem Jungen für den Tatzeitpunkt geistige Unreife diagnostiziert hatte. Als die Kripo Bianca Schmidt die Bilder von sechs Männern vorlegt, identifiziert sie Jörg Schneider als ihren Vergewaltiger. Schneider gibt schon bei der ersten Befragung am Abend des 2. Juni 1988 die Tat zu. Am nächsten Tag erlässt das Kreisgericht Hoyerswerda Haftbefehl gegen ihn. Die *Lausitzer Rundschau* meldet am 5. Juni den Fahndungserfolg.

»Durch intensive Ermittlungsarbeit wurde am 3. Juni 1988 die Sexualstraftat in Lauta aufgeklärt. Bei einem der Tat dringend Verdächtigen handelt es sich um einen 19-jährigen Bürger aus Lauta, gegen den Haftbefehl erlassen wurde.«

Es folgt der obligatorische Dank an die Bevölkerung für ihre Mithilfe, und danach verschwindet das Verbrechen aus dem Fokus der Öffentlichkeit.

Vielleicht wäre Bianca an jenem Sonnabend unbehelligt nach Hause gekommen, wenn sich Schneider und seine Freunde nach dem Besuch des Pressefestes der *Lausitzer Rundschau* in Cottbus wie zunächst verabredet gemeinsam am Badesee in Lauta abgekühlt hätten. Doch nach dem Genuss einer halben Flasche Kräuterlikör ist nur noch Schneider die Lust auf ein Bad in einem mit Wasser gefüllten ehemaligen Sandschacht geblieben. Und wohl auch das Verlangen nach einem sexuellen Abenteuer. Mit seinen 19 Jahren hat der schwarzhaarige, sportlich wirkende junge Mann schon einige davon mit verschiedenen Freundinnen erlebt. Leicht angetrunken fühlt er seine Manneskraft besonders intensiv. Jörg stärkt sich daheim zunächst mit einem Abendbrot und radelt danach mit seinem roten Fahrrad an den See. In seinen Hosentaschen steckt nicht nur das obligatorische Taschenmesser, sondern auch eine Zeltleine. Die hat er sich vor Wochen in Hoyerswerda gekauft, allerdings nicht in der Absicht, den Strick für seine eigentliche Bestimmung zu nutzen. Er will damit Frauen oder Mädchen fesseln, falls diese vor seinen sexuellen Annäherungen flüchten wollen.

Die Leine weist auf das wirkliche Ziel seines Ausflugs hin. Doch am Badegewässer ist an diesem Abend tote Hose. Lediglich ein älterer Herr genießt dort den schönen Maiabend. Die beiden Männer wechseln ein paar belanglose Worte, dann radelt Schneider davon. Auf dem Rückweg kommt es zur folgenschweren Begegnung mit Bianca Schmidt. Die beginnt harmlos. Schneider fährt zunächst an der jungen Frau vorbei. Sie gefällt ihm, sie regt seine sexuelle Begierde ungewollt an. Er wendet, holt die Fußgängerin, die einen Beutel auf dem Rücken trägt, ein und fragt sie nach dem Ziel ihres Weges. Er bietet der Tramperin an, sie auf dem Fahrrad ein Stück mitzunehmen. Der 19-Jährige hofft, dass sich daraus ein Flirt entwickelt, der ihn der Befriedigung auf seine Lust nach Sex näher bringt.

Außerdem habe ich ja noch den Strick, denkt Jörg Schneider schon voraus. Bianca Schmidt lehnt das windige Mitfahrangebot ab.

»Da bin ich ja zu Fuß schneller«, spöttelt sie. Beide gehen bei dem kurzen Gespräch nebeneinander her. Schneider ist wild entschlossen, den Geschlechtsverkehr zu erzwingen. Die Leine als Fesselwerkzeug spielt in seinen Überlegungen plötzlich keine Rolle mehr. Unbemerkt öffnet der Täter mit der linken Hand in der Hosentasche das Klappmesser und rammt es der Frau in den oberen Bereich des Rückens. Bianca ist von der Attacke völlig überrumpelt. Ihre Flucht misslingt. Erneut sticht der Täter zu, um sie kampfunfähig zu machen. Sie stürzt zu Boden.

Die weiteren Messerstiche – insgesamt sind es zehn – fühlt sie nicht mehr. Bereits der erste oder der zweite Stich im Bereich des vierten bis sechsten Brustwirbelkörpers hat das Rückenmark unheilbar geschädigt, stellen Gerichtsmediziner später fest. Bianca ist sofort und unheilbar querschnittsgelähmt.

Schneider begibt sich nach seiner sexuellen Befriedigung auf den Heimweg. Unterwegs wirft er das Messer weg. Trotz weiträumiger Suche der Polizei mit Metalldetektoren wird die Tatwaffe nie gefunden. Um unliebsamen Begegnungen mit Heimkehrern von einem Dorftanz in der Nachbargemeinde zu entgehen, nutzt er Schleichwege. Nur halbherzig bemüht er sich, die seinem Opfer versprochene ärztliche Hilfe zu organisieren. Er fährt zu einem öffentlichen Telefonhäuschen, das erst kürzlich in der Stadt aufgestellt wurde. Das ist jedoch nur eine leere Hülle. Die Post hatte es noch nicht fertig gebracht, ein Telefon zu installieren. Mehr unternimmt er nicht. Jörg Schneider will nicht als Täter entdeckt werden. Zu Hause wäscht er sich gründlich und entfernt aus seinem Nicki einen Blutfleck, der sich zu seinem Erschrecken auf dem T-Shirt breitgemacht hat. Mit Turnhemd und Turnhose bekleidet und einer Stulle in der Hand setzt er sich zu seinen Eltern ins Wohnzimmer und sieht mit ihnen fern.

Am nächsten Tag treibt ihn die Unruhe in die Nähe des Tatorts. Mehrmals befährt er mit dem Fahrrad die Straße und sucht nach Anzeichen für den Verbleib seines Opfers. Doch er hält nicht an, um sich zu vergewissern, ob die Frau gefunden wurde. Zu groß ist die Angst, dass die Polizei den Ort des Verbrechens beobachtet. Erst am folgenden Dienstag, als ihm die Mutter die kleine Notiz in der Zeitung vorliest, erfährt Jörg Schneider, dass die Frau offensichtlich überlebt hat.

Trotz des schnellen Fahndungserfolges und des umfangreichen Geständnisses vergehen noch Monate bis zur Erhebung der Anklage gegen Jörg Schneider und bis zum Prozess vor dem Bezirksgericht in Cottbus. Die Kripo hegt den Verdacht, dass auf das Konto des Lautaers noch weitere Sexualstraftaten gehen könnten. Ermittlungen zu fünfzehn unaufgeklärten Vergewaltigungen von Frauen im Bezirk Cottbus und darüber hinaus werden neu aufgerollt. Rund zwanzig Vernehmungen muss sich der Beschuldigte im Laufe der Monate stellen. Nicht immer zeigt er sich dabei kooperativ. Er gibt patzige Antworten, fegt in einem Wutanfall das Mikrofon für die Tonbandaufzeichnung vom Tisch, zerreißt Vernehmungsprotokolle, die er unterschreiben soll. Weitere Straftaten sind ihm nicht nachzuweisen. Gegenüberstellungen und Identifizierungen über Fotovorlagen erbringen keine sicheren Beweise. Die Ermittlungen werden wieder eingestellt.

In der Medizinischen Akademie in Dresden wird Schneider intensiv untersucht. Psychiater sollen feststellen, ob der Beschuldigte aufgrund seiner Persönlichkeitsentwicklung für die Taten im Sinne des Strafrechts voll verantwortlich ist. Die Gutachter kommen zu dem Schluss, dass Schneider weder durch den Genuss von Alkohol noch durch andere Umstände außerstande war zu erkennen, dass die Stiche lebensgefährlich sein konnten. Anders als bei den Vergewaltigungen im Jahr 1983, bei denen er aufgrund seiner geistigen Entwicklung noch nicht strafmündig war, muss er diesmal für seine Schuld die volle Verantwortung übernehmen.

Jörg Schneider, der Junge aus einer durchschnittlichen DDR-Arbeiterfamilie, wächst zunächst heran wie die Mehrheit seiner Altersgenossen. Seine Entwicklung nimmt ihren »geregelten sozialistischen Gang«: Die Verhältnisse in der Familie sind geordnet, er geht in den Kindergarten, bekommt mit sechs Jahren die Zuckertüte des Schulanfängers und besucht bis zum Abschluss der dritten Klasse die Polytechnische Oberschule. Das Lernen fällt ihm nicht leicht. Seine Hirnleistung ist weniger entwickelt als bei Gleichaltrigen. Er reagiert mit Schulschwänzerei, Disziplinverstößen und unerledigten Hausaufgaben. Ab der vierten Klasse besucht der Junge eine Sonderschule, die er in der achten Klasse mit befriedigenden Ergebnissen abschließt. Ständige Misserfolge und geistige Überforderungen kompensiert er durch den Aufbau einer Wunschwelt. Er hat ständig Geld in der Tasche, um sich damit Freundschaften zu erkaufen. Wer von den Mitschülern nicht macht, was Schneider will, muss mit Prügel rechnen. Die Schlosserlehre in einer LPG wird durch die Einweisung in einen Jugendwerkhof unterbrochen. Dort lernt er offensichtlich all das, was ihm in seinem relativ behüteten Leben an zwielichtigen Möglichkeiten bisher verborgen blieb.

Nach der Entlassung wohnt Jörg wieder bei den Eltern. Dem Jungen wird eine Tätigkeit als Hilfsschlosser in einem Braunkohlewerk zugewiesen. Der Vater, der in der gleichen Brigade arbeitet, hat sich dafür eingesetzt, um seinen Sohn besser unter Kontrolle zu haben. In den ersten Monaten klappt das ganz gut, dann aber nimmt der Arbeitswille des jungen Mannes ab. Gut gemeinte Ratschläge treffen auf taube Ohren, Fehlschichten sammeln sich an. Die kriminelle Entwicklung nimmt ihren verhängnisvollen Lauf.

Die Staatsanwaltschaft klagt Jörg Schneider Mitte Dezember 1988 vor dem Bezirksgericht Cottbus an. Das anfängliche Ermittlungsverfahren wegen schwerer Vergewaltigung ist um den Vorwurf des versuchten Mordes erweitert worden. Im Prozess, der an drei Tagen im Februar 1989 stattfindet, legt Schneider erneut ein umfangreiches Geständnis ab. Warum er ohne Veranlassung sein Opfer niedergestochen hat, kann er auch den Richtern nicht glaubwürdig erklären. Eine Tötungsabsicht bestreitet er.

Schneider wird wegen versuchten Mordes in Tateinheit mit Vergewaltigung zur höchsten zeitlichen Freiheitsstrafe von 15 Jahren verurteilt. Die Staatsanwaltschaft hat lebenslange Haft gefordert. Diesem Antrag folgt das Gericht ebenso wenig wie der Auffassung der Verteidigung, die auf Körperverletzung und Vergewaltigung plädiert und eine deutlich geringere Strafe beantragt hat.

Beide Seiten versuchen, ihre Rechtsauffassung vor dem Obersten Gericht der DDR durchzusetzen. Die Berufung der Verteidigung wird abgelehnt. Die Generalstaatsanwaltschaft dagegen hat mit ihrem Protest Erfolg. Das Urteil der Cottbuser Richter wird in lebenslänglichen Freiheitsentzug abgeändert.

Nach der Wende kassiert das Bezirksgericht Frankfurt (Oder) das Urteil und wandelt es in eine Jugendstrafe von zehn Jahren um.

Als die Strafvollstreckungskammer des Landgerichtes Potsdam Mitte Dezember 1994 über die vorzeitige Entlassung aus der Justizvollzugsanstalt Brandenburg an der Havel berät, versichert Schneider, dass er nie wieder eine solche Tat begehen werde, die ihm nun sein ganzes Leben anhängt.

Es ist ein Versprechen ohne Wert. Im August 1998 verurteilt das Landgericht Potsdam den Wiederholungstäter wegen schweren Raubes zu sieben Jahren Gefängnis. Nach einem Gerichtsbeschluss wird sein genetischer Fingerabdruck in die bundesweite DNA-Datenbank eingestellt.

Bianca Schmidt stirbt im Alter von 46 Jahren.

Am Abend des 11. August 1986 fahren Barbara Schwarz und ihr Lebensgefährte Peter Sattler in ihrem Trabant 601 auf der Fernverkehrsstraße 101 in Richtung Trebbin. In der Gemarkung Großbeuthen im Kreis Zossen führt diese an einer Müllkippe vorbei. Die 200 Meter lange und 50 Meter breite Deponie, die es offiziell nicht gibt, ist in Fahrtrichtung gut zu sehen. Feldwege führen zur Entsorgungsstelle, auf der vornehmlich Hausmüll und Autoreifen ihr nutzloses Dasein fristen, manchmal suchen Sammler etwas Nützliches unter dem Weggeworfenen. Eine der Zufahrten mündet in eine Wendeschleife. Ein anderer Weg dagegen ist in seiner ganzen Breite durch einen oval aufgeschütteten Sandhaufen abgesperrt. Unweit der Halde befindet sich eine kleine Bungalowsiedlung.

»Guck mal, dort will noch jemand etwas abladen«, weist Peter Sattler auf ein Fahrzeug hin, dass mit dem Kofferraum in Richtung Müllkippe steht. Fahrzeugtyp und Farbe können er und seine Partnerin in der Dämmerung nicht erkennen. Im runden Scheinwerferlicht, das ihnen entgegenstrahlt, sehen sie jedoch schemenhaft die Gestalt eines Mannes.

»Was der wohl jetzt noch unbedingt loswerden will?«, fragt Sattler. Auf jeden Fall muss es dringend sein, sonst hätte der Müllentsorger die Fahrt über den holprigen Feldweg wohl kaum riskiert.

»Der kann sich ja den ganzen Unterboden seines Autos aufreißen«, sagt er zu seiner Freundin auf dem Beifahrersitz. Als die beiden eine Stunde später auf dem Rückweg die Stelle erneut passieren, ist von dem Fahrzeug nichts mehr zu sehen. Durch den hohen Bewuchs ist das Gelände allerdings von dieser Seite aus auch schwer einsehbar.

Am Morgen des nächsten Tages ist Maria Hartmann auf dem Weg zur Müllkippe. Die Rentnerin schleppt einen Eimer mit fauligen Äpfeln, die sie auf ihrem Bungalowgrundstück aufgesammelt hat. Die knapp 200 Meter fallen ihr nicht leicht, doch wohin soll sie sonst mit den Abfällen? Sie hat den Weg fast geschafft, als ihr der Eimer vor Schreck aus der Hand fällt. Vor dem Sandwall, hinter dem die F 101 verläuft, sieht sie einen Menschen bäuchlings am Boden liegen. Der Körper ist bedeckt vom großen Ast eines Holunderbusches, der in der Nähe steht.

»Was ist mit Ihnen? Kann ich helfen?«, ruft sie.

Maria Hartmann geht davon aus, dass ein Betrunkener den Heimweg nicht mehr gefunden hat und an diesem unwirtlichen Ort seinen Rausch nach durchzechter Nacht ausschläft. Doch als das Menschenbündel regungslos bleibt, packt sie die Angst. So schnell die Beine sie in ihrem Alter tragen, läuft die Rentnerin zurück zum Bungalow.

»Bernhardt, komm schnell. Ich glaube, an der Müllkippe liegt ein Toter«, ruft die Frau dem Ehemann zu. Er hält ihre Beobachtung für ein Hirngespinst, geht aber mit ihr zur Fundstelle. Minuten später hat Bernhardt Hartmann keinen Zweifel mehr: Seine Frau hat sich nichts eingebildet. Dort vor ihnen liegt eine Leiche. Das Rentnerpaar informiert Bürgermeisterin Klinkmüller und deren Gatten. Das Bürgermeisterpaar will nicht glauben, dass in ihrer beschaulichen Gemeinde ein Toter auf der Müllkippe entsorgt wurde. Der Mann der Bürgermeisterin nimmt den Fund aus angemessener Entfernung höchstpersönlich in Augenschein. Um 10.20 Uhr klingelt im Volkspolizeikreisamt in Zossen der Notruf. Klinkmüllers melden den Leichenfund.

Die Kriminalisten der Potsdamer Morduntersuchungskommission verschaffen sich einen ersten Überblick. Das blonde, schlanke Mädchen, das leblos am Sandhaufen unter dem Holunderast liegt, ist merkwürdig gekleidet. Der schwarze Pullover mit dem ovalen Ausschnitt ist verkehrt herum, auf links, angezogen. Die dunkelblaue lange Hose sitzt einigermaßen akkurat. Die Füße stecken in Sportschuhen der Marke »Super Sprint«. Ein Schuh ist zugeschnürt, beim anderen hängen die Schnürsenkel lose. An den Füßen trägt die Tote – sie mag 18 Jahre alt sein – nur einen Socken, der wie der Pullover auf links gedreht ist. Die Kleidung und der Körper sind relativ sauber. Die Verschmutzungen stammen ganz offensichtlich vom Fundort. Schwere Verletzungen, etwa von einem Sturz, sind nicht zu erkennen. Dass der Fundort nicht der Tatort ist, darauf weist eine Schleifspur hin, die vom Opfer weg Richtung F 101 führt. Dort bemerken die Kriminaltechniker vier Reifenspuren, die zwar nicht sonderlich gut erhalten sind, aber dennoch durch Gipsabdrücke gesichert werden können. Trassologische Experten finden heraus, dass es sich um Eindrücke von Diagonalreifen handelt, wie sie bei Autos der Marke »Trabant« üblicherweise aufgezogen sind. Die Abstände der Reifenprofile im Boden unterstützen diese Feststellung. Insgesamt ist die Spurenlage dürftig.

Die Leiche des jungen Mädchens, das 1,64 Meter groß und 64 Kilogramm schwer ist, wird noch am gleichen Tag durch die Gerichtsmediziner Dr. Schröpfer und Dr. Semmler obduziert. Ihre Befunde sind eindeutig. Das Opfer wurde erdrosselt, nachdem es zuvor vergewaltigt worden war. Auch was den Todeszeitpunkt angeht, legen sich die Experten fest: am 11. August zwischen 20 und 22 Uhr. Dafür sprechen die noch am Fundort gemessene Körpertemperatur, die Beschaffenheit der Totenflecken und der Mageninhalt. Die Ärzte finden fast unverdaute Wurststücke mit Naturdarm, wahrscheinlich von einer Bockwurst, sowie Reste von Gurken und Tomaten. Der Tod muss zwei bis drei Stunden nach der Nahrungsaufnahme eingetreten sein. Einen deutlichen Hinweis geben die mit langjähriger Erfahrung ausgestatteten Experten den Ermittlern auf das mögliche Tatwerkzeug. Die Drosselmale am Hals weisen auf ein gewundenes Seil in der Art eines Kälberstricks hin. Der Täter muss mit großer Gewalt und von hinten vorgegangen sein. Dafür sprechen der Verlauf der Drosselmarke und die Petechien, die stecknadel- und flohstichgroßen Stauungsblutungen im Gesicht des Opfers.

Bei der Obduktion stellen die Gerichtsmediziner eindeutige Anzeichen dafür fest, dass das Opfer sexuell missbraucht und vergewaltigt wurde. Die Verletzungen belegen, dass die Penetration gegen den Willen des Mädchens, das bis dahin noch keinen Geschlechtsverkehr gehabt hatte, vollzogen wurde. Nach der Tat hat der Mörder möglicherweise versucht, der Toten die rechte Brust abzutrennen. Allerdings sind die festgestellten Schnittverletzungen nicht sehr tief. Druckstellen an Händen und Füßen weisen zudem darauf hin, dass das Opfer gefesselt wurde. Anhaftungen an der Leiche, die auf einen möglichen Tatort schließen lassen, diagnostizieren die Gerichtsmediziner nicht. Die Kleidung, die der Täter dem Opfer in großer Eile angezogen haben muss, ist relativ sauber. Auch der Körper selbst ist kaum verschmutzt. Möglicherweise ist das Mädchen in einem Fahrzeug, einem Gebäude oder auf einer Decke vergewaltigt worden, schlussfolgern die Gerichtsmediziner.

Vom Opfer werden Abstriche aus allen Körperöffnungen sowie Blut entnommen und gesichert. Die odorologischen Experten konservieren acht Geruchsspuren, die bei der Suche nach dem Täter hilfreich sein können.

Neben der Suche nach möglichen Zeugen wie Barbara Schwarz und Peter Sattler steht die Klärung der Identität des Opfers im Mittelpunkt der Fahndung. Die Kriminalisten der MUK tappen zunächst im Dunkeln. Weder in Berlin noch im Raum Potsdam wird ein Mädchen vermisst, das auch nur annähernd Größe, Gewicht und Aussehen der Toten auf der Müllkippe entspricht. Niemand scheint die Jugendliche zu vermissen.

Knapp eine Woche später kommt Bewegung in den Fall. Am 17. August – es ist ein Sonntag – kehrt Heike Weber mit ihrem Sohn Karsten und dem Lebensgefährten Dieter Seidel vom Sommerurlaub auf der Datsche in der Nähe von Sperenberg nach Kleinburgnow zurück. Heike Weber wohnt dort mit ihren Kindern, dem 13 Jahre alten Karsten und der 17-jährigen Martina. Oft ist auch Dieter Seidel bei ihr, der zusammen mit seiner ebenfalls 17 Jahre alten Tochter Susanne in Ludwigsfelde lebt. Die beiden Teenager sind Freundinnen. Sie gehen gemeinsam zur Schule in Potsdam, und ihr Verhältnis ist noch enger geworden, seit Heike und Dieter Lebenspartner sind.

Als die Datschenurlauber nach drei erholsamen Wochen die Wohnung in Kleinburgnow betreten, beschleicht sie sofort ein komisches Gefühl. Eigentlich wollte Martina mit ihrer Freundin Britta noch ein paar Tage zelten fahren. Doch die Campingausstattung steht unberührt an ihrem Platz. Die Wohnung macht einen verlassenen Eindruck, als wäre Martina seit Tagen nicht zu Hause gewesen. Die Blumen lassen die Köpfe hängen. Ein Blick in Martinas Zimmer verrät, dass es seine Bewohnerin wohl schon längere Zeit nicht mehr gesehen hat. Auch das Fahrrad steht nicht an seinem Platz. Ist Martina bei einer Freundin, oder gar bei einem Jungen, den sie kennengelernt hat und noch vor der Familie geheim hält? Heike glaubt das nicht. Sie kennt ihre Tochter gut. Sie haben keine Geheimnisse voreinander. Die Sorge um Martina steigert sich zu Angst, als die Familie erfährt, dass die Freundinnen Susanne und Britta seit Dienstag vergeblich versuchen, Martina zu erreichen. Noch am Sonntagnachmittag, dem Tag der Rückkehr von der Datsche, meldet Dieter die Tochter seiner Lebensgefährtin auf der Polizeiwache in Teltow als vermisst. Seine Freundin Heike ist nervlich am Ende und außerstande, einen klaren Gedanken zu fassen. Anhand des Zahnstatus kann die bisher unbekannte Leiche nun eindeutig identifiziert werden: Es ist Martina Weber.

Martina verbringt das Wochenende vom 9. bis 11. August 1986 auf dem Wochenendgrundstück von Dieter, der mit Heike schon seit zwei Wochen dort ist. Normalerweise legt die Familie die knapp 50 Kilometer von Kleinburgnow in die Sommerlust bei Sperenberg mit dem Auto zurück. Doch diesmal schlägt die Schülerin der elften Klasse Dieters Angebot aus, sie mit dem Auto abzuholen. Sie will die Strecke nun endlich einmal mit dem Fahrrad zurücklegen. Bisher hatte die Mutter ihr das verboten, aber nun setzt sich das Mädchen durch. Sie ist eine begeisterte Radfahrerin und freut sich auf die Tour, die über Stahnsdorf, Ruhlsdorf, Neubeeren, Genshagener Heide, Ludwigsfelde, Wietstock bis nach Glienick und von dort weiter Richtung Sperenberg führt.

Martina tritt mächtig in die Pedalen ihres blauen Damentourenrades. In den Gepäcktaschen ihres »MIFA« stecken ein paar persönliche Utensilien für das Wochenende. Sie kommt gut voran, braucht nicht einmal zweieinhalb Stunden. Schon am Vormittag trifft sie auf der Datsche ein. Die Familie verlebt ein entspanntes

Wochenende mit Baden und Grillen am Abend. Karsten ist noch bis kommenden Mittwoch in Schönefeld im Ferienlager.

Martina freut sich vor allem auf den Montag, für den ein Einkaufsbummel in Berlin geplant ist. Das junge Mädchen ist stolz auf das selbst verdiente Geld aus ihrem Ferienjob, von dem sie sich eine schicke Armbanduhr und für Karsten ein Geschenk kaufen will. Ihr Bruder feiert am Dienstag seinen 14. Geburtstag.

Schon früh am Morgen machen sich die drei Sommerfrischler auf den Weg in die DDR-Hauptstadt. Zwar öffnen die Warenhäuser montags erst ab Mittag, doch bei der Autofahrt und beim Bummel durch die Straßen Berlins vergeht die Zeit. Am »Alexgrill« essen die drei Gäste aus der Bungalowsiedlung zu Mittag, dann stürzen sie sich in das Gewühl des Centrum-Warenhauses am Ostbahnhof. Martina leistet sich eine Damenarmbanduhr. Die »Eurocrom« hat zwar einen stolzen Preis, kostet fast 300 Mark, doch dafür ist es eben auch eine Quarzuhr. Für Karsten kauft die Schwester einen Füllfederhalter. Für DDR-Verhältnisse ist der »Heiko Primus« für zwölf Mark ein Schreibgerät der gehobenen Klasse. Gegen 17 Uhr verdrückt sie schnell noch eine Bockwurst mit Senf und Weißbrot und fährt dann mit den Erwachsenen zurück zum Bungalow.

Nach dem gemeinsamen Abendbrot drängelt Martina auf die Rückfahrt. Auch die will sie mit dem Fahrrad in Angriff nehmen. Schließlich hat sie sich für den nächsten Tag mit ihren Freundinnen Susanne und Britta verabredet, um noch ein paar Dinge für die geplante Zeltreise am Freitag vorzubereiten. Die Mutter und ihr Freund sind von Martinas Idee alles andere als begeistert. Martina lässt sich aber nicht umstimmen.

»Was soll passieren? Es ist noch hell. Ich bin doch auch gut hergekommen.«

Schließlich wird ein Kompromiss gefunden. Das Mädchen lässt sich überzeugen, dass man ein Stück mit dem Auto fährt und es dann die letzten Kilometer mit dem Rad absolvieren kann. Gegen halb acht Uhr abends bricht die Familie auf. Ortschaft für Ortschaft drängelt Martina, dass sie samt Fahrrad abgesetzt werden möchte. Nach etwa zwanzig Kilometern lassen sich die Erwachsenen schließlich erweichen. Sie lassen das Mädchen kurz vor acht Uhr abends auf der Dorfaue in Glienick aussteigen. Die Mutter und der Lebensgefährte können dem Mädchen nicht lange nachwinken. Martina radelt in hohem Tempo davon und ist bald den Blicken entschwunden.

»Wenn sie so weiterfährt, ist sie in einer Stunde zu Hause«, beruhigt Dieter die etwas sorgenvoll dreinblickende Frau an seiner Seite. Das Paar fährt zurück auf die Datsche. Doch Martina kommt daheim niemals an. Irgendwo auf dem Weg von Glienick nach Kleinburgnow begegnet sie ihrem Mörder.

Doch wo? Und wie? Es sind die dringendsten Fragen der Kriminalisten. Finden sie die Antworten darauf, kommen sie dem Täter auf die Spur. Davon gehen sie aus. Doch sie haben wenig in der Hand. Die Reifenspur am Fundort ist im Moment der einzige brauchbare Anhaltspunkt für die Suche. Die Ermittler sind sich zudem sicher, dass sich der Mörder in der Gegend und wahrscheinlich auf Müllkippen gut auskennt. Doch sie wissen noch immer nicht, wo der eigentliche Tatort liegt.

Heike Weber kann ziemlich genaue Angaben zur Bekleidung der Tochter und den Dingen, die sie mitgeführt hat, machen. Martina war bei der Abfahrt mit einem blau-weiß gestreiften Turnhemd mit einem langärmligen roten Pullover darüber, einer kurzen schwarzen Turnhose mit einem Frotteeschlüpfer darunter, blauen Turnschuhen sowie grau-weißen Söckchen bekleidet. Die neue Armbanduhr trug sie am linken Handgelenk. Sie hatte wegen ihrer Kurzsichtigkeit wie immer ihre Brille aufgesetzt. In den Satteltaschen steckten der Füllfederhalter für den Bruder, die Rechnungen und Garantiescheine für die in Berlin gekauften Artikel, ein paar Römerlatschen, blaue Segeltuchschuhe, zwei Slips, der blaue Badeanzug, ein Laib Brot, ein Stück Wurst, die Zahnbürste und das Portemonnaie. Darin waren noch 80 Mark, die vom Einkauf in Berlin übrig geblieben waren, der Personalausweis und die Schilddrüsentabletten. Nichts davon war trotz weiträumiger Suche am Fundort der Leiche entdeckt worden.

Am 30. August veröffentlicht die regionale Zeitung für den Bezirk Potsdam *Märkische Volksstimme* ein Mithilfeersuchen der Volkspolizei. Sie bittet im Zusammenhang mit der Aufklärung eines Tötungsverbrechens an der 17 Jahre alten Martina um Hinweise auf den Verbleib eines blauen 26er Damenfahrrads nebst Satteltaschen. Bereits einen Tag später meldet sich ein Mann mittleren Alters bei der Polizei. Harald Hofmann übergibt zwei Satteltaschen samt Inhalt, die er am Tage der Veröffentlichung des Zeitungsartikels auf der Müllkippe an der Genshagener Heide in einem alten Kühlschrank gefunden haben will. Der zeitliche Zusammenhang macht die Kriminalisten stutzig, zumal an der von Hofmann angegebenen Stelle nichts auf den Tatort des Verbrechens hinweist. Hofmann rückt ins Visier der Ermittler. In den folgenden Tagen wird er als Beschuldigter vernommen. Er korrigiert seine Aussage und gibt zu, dass er die Sachen bereits am 16. August gefunden hat.

An besagtem Samstag ist Harald Hofmann wieder einmal auf der Müllkippe an der Genshagener Heide. Er hat Urlaub und damit Zeit, nach Lebensmitteln für seine Kaninchen zu suchen. Außerdem versorgt er sich von einem angrenzenden LPG-Feld mit Maiskolben. Die Langohren züchtet er für den Verkauf. Mit billigem Futter kann die ohnehin beachtliche Gewinnspanne für einen solchen Vierbeiner beim Verkauf an den staatlichen Einzelhandel noch vergrößert werden. Die in der DDR subventionierten Lebensmittelpreise führen dazu, dass bei dem knappen Angebot die Aufkaufpreise höher sind als die Verkaufspreise. Da lohnt es sich, hinten im Geschäft das Langohr samt Fell abzugeben, das Geld zu kassieren und vorn am Ladentisch ein frisch geschlachtetes Kaninchen zum halben Aufkaufpreis zu kaufen.

Bei seiner Suche nach Verwertbarem auf dem Müllberg findet Hofmann im hinteren Bereich der Kippe unweit einer Feuerstelle im hohen Gras ein blaues Damenfahrrad. Die Vordergabel ist ein wenig verbogen. Auch das Hinterrad hat eine leichte Acht. Neben dem Rad liegen fast neue Satteltaschen und einige Kleidungsstücke, darunter ein langärmliger, zerrissener roter Pullover und eine kurze schwarze Turnhose. Er stopft die Textilien in die Satteltaschen, um sie später als Putzlappen zu verwenden. Erst zu Hause prüft der Sammler den Inhalt. Er findet eine Brille, ein Schlüsselbund, blauweiße Turnschuhe, ein Nicki, Mädchenslips, einen Kugelschreiber, einen Badeanzug sowie Brot und Wurst. Die Lebensmittel verfüttert er an die Katzen, das Fahrrad bringt Harald Hofmann auf Vordermann. Er behebt die Schäden, lackiert es weinrot und schenkt es seiner Tochter, die noch kein Rad besitzt. Der Zustand der Satteltaschen und des Rads lassen Hofmann ahnen, dass beides wahrscheinlich aus einer Straftat stammt. Er vermutet einen Diebstahl. Als der Mann die Zeitungsnotiz liest, steigt Angst in ihm auf, dass man ihm etwas anhängen könnte. Deshalb leugnet er zunächst. Hofmann wird zur Abgabe von Blut- und Speichelproben aufgefordert. Er gibt sie freiwillig ab. Der Tatverdacht erhärtet sich vorerst nicht.

Die Aussagen von Harald Hofmann sind aber von entscheidender Bedeutung für die Suche nach dem Mörder von Martina Weber. Die Genshagener Heide, davon geht die Kripo aus, ist der Tatort. Sie finden bei der weiträumigen Suche Martinas Armbanduhr samt Bedienungsanleitung, Garantieurkunde und Verpackung, die Hülle für einen Patronenfüllfederhalter und fünf abgeschnittene Stücke einer Flechtleine. In größerer Entfernung zur Feuerstelle entdecken die Spurensucher auf einem Feldweg den Schmutzfänger eines Autos. Die Abrissstellen sehen frisch aus. Über die gesamte Breite ist ein sogenanntes Katzenauge angebracht.

Nicht nur die Funde an sich, sondern vor allem die Anhaftungen auf der Kleidung und den Gegenständen nähren bei den Mordermittlern die Hoffnung auf einen Fahndungserfolg. An dem zerrissenen roten Pullover, der bei Harald Hofmann fast in der Putzlappenkiste gelandet wäre, befinden sich zahlreiche Faserspuren. Auch an der kurzen schwarzen Turnhose, die Martina bei der Fahrt mit dem Fahrrad getragen hat, entdecken die Kriminaltechniker Wollfusseln. Gleich aussehende Textilfasern werden auch vom Leichnam, von anderen Kleidungsstücken sowie im Bereich des Tatortes von Ästen, Sträuchern und Gras mit Prenabandabzügen abgenommen. Sie könnten nach Einschätzung der Spezialisten von einer Decke stammen. Am Tatort wird eine solche Decke allerdings nicht gefunden, und auch auf dem Erdboden deutet nichts darauf hin, dass sie an irgendeiner Stelle ausgebreitet und die Vergewaltigung darauf vollzogen wurde. Nach der langen Zeit zwischen Tat und Spurensicherung – immerhin sind drei Wochen vergangen – ist das aber nicht verwunderlich. Verschwunden bleiben auch das Portemonnaie des Opfers samt Inhalt und der Slip, den das Opfer zum Tatzeitpunkt getragen hat.

Die Mitglieder der 30-köpfigen Morduntersuchungskommission konzentrieren sich zunächst auf das persönliche Umfeld des Opfers. Sexualdelikte sind oft Beziehungsstraftaten. Die Statistiken schwanken zwar, sie gehen aber davon aus, dass in 70 bis 90 Prozent der Fälle vor dem Verbrechen eine Täter-Opfer-Beziehung bestand. Familienangehörige, Nachbarn, Schulfreundinnen und Schulfreunde werden verhört und ihre Alibis überprüft. Anhand gelochter Karteikarten werden die Daten einschlägig vorbestrafter Sexual- und Gewaltverbrecher mit Hilfe des Nadelverfahrens durchsucht. Hunderte Besitzer von Autos der Marke Trabant aus dem Umfeld des Opfers und des Tatortbereiches werden von den Kriminalisten überprüft. Die Polizei beobachtet unauffällig die Müllkippen der Umgebung und interessiert sich für Personen mit einer besonderen Vorliebe für Mülldeponien. Parallel erfolgt die Auswertung der Spuren vom Tatort. Vor allem die vielen Faseranhaftungen an der Kleidung werden akribisch unter die Lupe genommen, um ihre Herkunft zu erforschen. Vergleichsproben ergeben, dass sie nicht von Textilien aus dem Umfeld der Familie, etwa von den Schonbezügen im Auto von Dieter Seidel stammen. In Zusammenarbeit mit den Forschern des Chemiefaserkombinat (CFK) Premnitz wird festgestellt, dass europaweit nur dieses eine Kombinat diese spezielle Wolpryla-Fasern für die Produktion von besonders preiswerten Decken verwendet. Nach den Absatzlisten des CFK kommen nur drei Betriebe des Kombinates, die in Kirschau, Aschersleben und Mühlhausen, als Hersteller in Betracht. Anhand der Farbkombination wird der VEB Aschersleben als wahrscheinlichster Hersteller der Decken herausgefiltert. Von den fünf verschiedenen Produkten kommt nach eingehenden Analysen schließlich nur der Deckentyp »Dorit I« als Ursprung der Faserspuren am Tatort infrage. Im Zusammenhang mit den Erkenntnissen der Gerichtsmediziner, dass die Tat entweder in einem Gebäude, einem Fahrzeug oder auf einer relativ sauberen Decke ausgeführt wurde, ist das ein weiteres wichtiges Indiz.

Trotz der »Ermittlungen in alle Richtungen«, wie es im offiziellen Sprachgebrauch heißt, konzentrieren sich die Untersuchungen zur Aufklärung des Mordfalles auf den Vergleich von Blut- und Speichelproben mit den Sperma- und Sekretspuren, die die Gerichtsmediziner dem Opfer entnommen haben.

Jeder Trabant ist für die Ermittler in diesen Tagen und Wochen ein potenzielles Tatfahrzeug, jeder männliche Halter ein Tatverdächtiger. Ende September fällt dem Kripomann Frank Kaiser ein grüner Trabi auf, an dessen hinteren Rädern zwei unterschiedliche Schmutzfänger montiert sind. Auf dem einen prangt über der ganzen Breite ein rechteckiges reflektierendes Glas, dem anderen fehlt ein solches Katzenauge. Das lässt bei dem Kriminalisten, der speziell mit der Suche nach verdächtigen Trabants betraut ist, die Alarmglocken schrillen. Er hält das Fahrzeug auf der Strecke zwischen Glienick und Schulzendorf an, stellt die Personalien des Fahrzeugführers fest und bestellt den 26 Jahre alten Udo Bauer für Anfang Oktober »zwecks Befragung und Abgabe einer Blut- und Speichelprobe« auf das Volkspolizeirevier Ludwigsfelde. Der junge Mann ist nicht überrascht, schließlich ist der Mord an Martina Weber in dieser Gegend das Gesprächsthema Nummer eins.

Bauer, der in einem volkseigenen landwirtschaftlichen Gut als Meister der Rinderproduktion und Schichtleiter in einem Rinderstall arbeitet und nebenbei als Klauenpfleger die Hufe von Bullen und Kühen verschneidet, bringt zur Vernehmung seinen Kalender mit. Auf eine entsprechende Frage von Kripomann Kaiser zu seinem Tagesablauf am 11. und 12. August 1986 liest er aus dem Kalender vor: »Ab 4 Uhr morgens Klauenschneiden.« Er benennt zur Überprüfung der Angaben den Namen eines Kollegen. Nur für die Zeit nach 17 Uhr am 11. August helfen ihm weder Kalender noch Gedächtnis weiter. Möglicherweise sei er auf einer Müllkippe gewesen. Zeugen dafür kann er nicht nennen. Bauer räumt ein, dass Schutthalden auf ihn eine gewisse Anziehungskraft ausüben und er dort öfter nach Interessantem und Brauchbarem herumstöbert, das sich zu Geld machen lässt. Dabei verdient er als

Schichtleiter und Klauenpfleger für DDR-Verhältnisse gut, bringt es auf mehr als 2000 Mark im Monat, in Spitzenzeiten sogar auf bis zu 6000 Mark. Der aus Waren/Müritz stammende Mann lebt hier, ist verheiratet und Vater von zwei Kindern. Durch seine Tätigkeit als Klauenpfleger kennt er sich in der Gegend zwischen Ludwigsfelde, Luckenwalde und Zossen gut aus. Er nennt eine Reihe von Deponien, die er nach eigenen Angaben oft aufsucht. Die in der Genshagener Heide und in der Gemarkung Großbeuthen erwähnt er nicht. Er bestreitet sogar, sie überhaupt zu kennen. Für die unterschiedlichen Schmutzfänger hat er eine einfache Erklärung: Vor drei Monaten habe er einen verloren, und einen gleichwertigen Ersatz mit einem Katzenauge habe er nicht auftreiben können. Da aber Schmutzfänger an den Hinterrädern Pflicht seien, habe er einen ohne Blinkglas angebracht.

Der Kriminalist bittet Udo Bauer um die freiwillige Abgabe einer Blut- und Speichelprobe. Der zögert keinen Moment.

»Wenn ich dem Untersuchungsorgan bei der Aufklärung des Verbrechens helfen kann, ist das doch selbstverständlich«, sagt er in schwülstigem Deutsch und fährt mit dem Kriminalisten in die Poliklinik Ludwigsfelde.

Die Potsdamer Staatsanwaltschaft und die Ermittler der MUK wähnen sich auf einer heißen Spur. Manches weist auf Udo Bauer als möglichen Täter hin: die unterschiedlichen Schmutzfänger an seinem Trabant, die aufgezogenen Diagonalreifen, das fehlende Alibi, sein Herumstromern auf Müllkippen – selbst die angebliche Unkenntnis der beiden tatrelevanten Müllhalden –, die hervorragenden Ortskenntnisse, der Beruf als Klauenpfleger und der damit verbundene Zugang zu Kälberstricken. Zwei Wochen später folgt in der MUK die Ernüchterung. Das Kriminalistische Institut der Volkspolizei, das die Blut- und Speichelproben untersucht, teilt in einem Befund mit, dass Udo Bauer als Verursacher der Spermaspuren nicht in Betracht kommt. Das teilt man ihm zwar nicht mit, polizeiintern gilt er aber als entlastet.

Ratlosigkeit und Frust machen sich unter den Ermittlern breit. Denn alle Versuche, dem Mörder von Martina Weber auf die Spur zu kommen, laufen ins Leere. Innerhalb eines Jahres werden von über 600 Männern Blut- und Speichelproben entnommen. Darunter sind verurteilte Gewaltverbrecher ebenso wie unbescholtene Bürger. Fast alle Befunde sind negativ. Die wenigen Männer, die als Verursacher der Spermaspuren in Betracht kommen können, haben belastbare Alibis. Knapp ein Jahr nach der Ermordung wird Martinas Mutter Heike Weber offiziell informiert, dass das Ermittlungsverfahren zum Mord an ihrer Tochter vorläufig eingestellt wird.

Fünf Jahre später, im November 1991. Zwei junge Mädchen aus Berlin, Sarah, 15 Jahre, und Jessica, 16 Jahre, wollen am Buß- und Bettag Freunde im brandenburgischen Rietzneuendorf unweit der Spreewaldstadt Lübben besuchen. Die Jungs haben sie auf einer Disco in der Gaststätte des Ortes kennengelernt, die Sarahs Vater betreibt. Die blondhaarigen schlanken Mädchen machen sich gegen acht Uhr morgens von Berlin aus auf den Weg. Mit der S-Bahn fahren sie nach Königs Wusterhausen. Dort nehmen sie den Zug Richtung Cottbus und steigen am Bahnhof Brand (Niederlausitz) aus. Dort erhebt sich später Europas größte frei tragende Halle über die Landschaft. Zeppeline sollen dort hergestellt werden, doch noch vor dem ersten Start stürzt das utopische Unternehmen ab. Heute beherbergt die Riesenhalle das Freizeitunternehmen Tropical Islands, das täglich Zehntausende Besucher anlockt. 1991 jedoch gibt es dort nicht viel mehr als Lausitzer Heidelandschaft.

Die letzten sechs Kilometer wollen die beiden Mädchen zu Fuß zurücklegen. Ein Bus fährt in dieser abgeschiedenen waldreichen Gegend nicht. Bis dorthin können Kriminalisten später den Weg der Mädchen verfolgen, dann verliert sich ihre Spur. Sie kommen nie an ihrem Ziel an.

Vier Tage später finden Spaziergänger die nur spärlich bekleidete Leiche von Jessica im Siethener Elsbruch in der Nähe von Ludwigsfelde inmitten von Gestrüpp, Büschen, Gräsern und Unterholz. Am 30. November machen Jäger während einer Treibjagd in der Nähe von Golßen im heutigen Landkreis Dahme-Spreewald in einem Wald unweit der Bundesstraße 115 einen weiteren schrecklichen Fund: Sarah liegt nackt unter einem Berg von Zweigen und Gras. Sie ist, wie ihre Freundin Jessica, sexuell schwer missbraucht und grausam ermordet worden. Jessica wurde erdrosselt. Sarah erstickte mit ihrem Slip als Knebel im Mund am eigenen Blut, hervorgerufen durch Stiche in den Hals und die Brust. Die Fundorte der Leichen liegen etwa 70 Kilometer auseinander.

Die Spurenlage am Tatort unweit von Golßen ist dünn. Ein paar Zigarettenkippen wandern in sterile Plastiktüten, ein Holzknebel wird entdeckt, Reifenabdruckspuren werden mit Gips gefüllt und abgenommen. Ein Gummipfropfen aus dem Türschweller eines Autos ist das wichtigste Indiz. Außerdem befördert die akribische Suche auf dem Waldboden zwei Knöpfe zutage. Sie stammen von Jessicas Bluse und sind der Beweis, dass auch die 16-Jährige an diesem Tatort war und wahrscheinlich an dieser Stelle ermordet wurde. Neben der Leiche von Jessica im Siethener Elsbruch sichern die Kriminaltechniker ein Klebeband, auf dessen Innenseite sich zwei Fingerabdrücke und ein halber Schuhabdruck befinden.

Ein Sachverständiger der DEKRA in Düsseldorf untersucht den Gummipfropfen und grenzt die Herkunft relativ eng ein: Er stammt von einem Audi 100, Baujahr 1982 bis 1984.

»Es war wie die Suche nach der Stecknadel im Heuhaufen«, erinnert sich der Cottbuser Staatsanwalt Horst Helbig. Konzentriert auf Berlin und die Regionen um Lübben, Luckau, Zossen und Königs Wusterhausen kommen noch immer 6000 Autos infrage. Einhundert Polizeibeamte gehen in den kommenden Wochen hundertfach in die Knie und untersuchen Autos der Marke Audi 100. Hundertfach ist auch die Enttäuschung, wenn sie erkennen, dass im linken Türschweller die Gummipfropfen vollständig und auch nicht erneuert sind. Erst der 248. Blick bringt den ersehnten Erfolg. Eine junge Streifenpolizistin prüft im Januar 1992 im Stadtteil Marzahn vor einem Hochhaus einen Audi 100. An dessen Schweller fehlt das Gummiteil. Der Halter kann aber nicht der Täter gewesen sein. Er hat das Auto nämlich erst am 22. Dezember 1991 in einer Werkstatt in Berlin-Steglitz gekauft. Der Fahrzeugbrief offenbart den Namen des Vorbesitzers: Udo Bauer.

Die Ermittler in Cottbus bitten ihre Kollegen der 6. MUK der Berliner Polizei um Mithilfe. Der inzwischen 31 Jahre alte Mann lebt nicht mehr im Dorf unweit von Ludwigsfelde, sondern in Berlin. Er arbeitet auch nicht mehr im Rinderstall und als Klauenpfleger, sondern ist in der Justizvollzugsanstalt in Berlin-Tegel Gefängniswärter im Range eines Obervollzugssekretärs. Recherchen ergeben, dass Bauer den Audi erst im April 1991 für 11 000 Mark gekauft und ihn knapp vier Wochen nach der Tat Mitte Dezember für 4000 Mark an die Werkstatt in Steglitz verkauft hat.

»Zu unserem Glück hat er das Auto nicht 100 Kilometer entfernt über die Grenze nach Polen gebracht und dort verschachert. Wer weiß, wie die Ermittlungen dann ausgegangen wären«, dankt Staatsanwalt Helbig noch im Nachhinein der aufmerksamen Polizistin und dem »Kollegen Zufall«.

Ende Januar 1992 wird Bauer verhaftet und in die Untersuchungshaftanstalt nach Cottbus gebracht. Bereits bei seiner ersten Vernehmung weist er jede Schuld an den Morden von sich.

»Ich bin selbstverständlich bereit, zur Aufklärung beizutragen, auch wenn mir das nicht möglich ist«, beteuert er. Zum Beweis seiner Unschuld lässt er sich freiwillig die Fingerabdrücke abnehmen. Etwas anderes bleibt ihm auch nicht übrig, will er nicht noch zusätzlich Argumente für seine mutmaßliche Täterschaft liefern. Damit aber hat sich seine »ehrliche Bereitschaft zur Mitwirkung« schon erschöpft. Für den Tag der Ermordung der Mädchen hat der nun selbst zum Häftling gewordene Häftlingswärter kein Alibi. Er will um den 20. November herum krankgeschrieben gewesen sein und dennoch in einer Gaststätte bei Ludwigsfelde mit alten Freunden gezecht und in einem Wald ausgenüchtert haben. Auf der Rückfahrt nach Berlin, so gibt er an, habe er dann Jessicas Leiche gefunden und diese zunächst für einen Birkenstamm gehalten. Diesen habe er wegräumen wollen und dabei schockiert registriert, dass das Holz ein lebloses Mädchen war. Um vielleicht noch helfen zu können, habe er der jungen Frau das Klebeband von Mund und Nase gezogen. Dabei müsse sein Fingerabdruck auf das Klebeband gekommen sein. Aus Angst, dass man ihn wegen Trunkenheit am Steuer bestrafen und er seine Arbeit verlieren würde, habe er die Leiche vom Weg geschafft und den Fund nicht der Polizei gemeldet. Als der Untersuchungshäftling erfährt, dass

Experten des Bundeskriminalamtes Wiesbaden herausgefunden haben, dass der Abdruck entsprechend seiner Lage nur beim Aufkleben entstanden sein kann, lässt er sich den Kopf einer Puppe in seine Zelle bringen. Er verrenkt sich die Finger, um zu beweisen, dass sich die Fachleute irren.

Im Prozess vor dem Landgericht Cottbus ändert der Angeklagte seine Haltung nicht. Er erzählt viel, sagt aber offenkundig nicht die Wahrheit. Als das Gericht im Verlauf des Ermittlungsverfahrens ein Geruchsspuren-Gutachten anordnet, reibt er sich mit Knoblauch ein.

»Die trickse ich noch lange aus«, prahlt er gegenüber Mitgefangenen. »Die können mir nichts beweisen.«

Den »Verräter«, der der Staatsanwaltschaft von der Knoblauchbalsamierung und von seinen Schwärmereien über perverse Sexpraktiken in seiner Clique berichtet, droht er »mit den eigenen Händen umzubringen«. Eine Untersuchung und Begutachtung durch den Gerichtspsychiater lehnt der Angeklagte ab. Das Landgericht Cottbus verurteilt Bauer am 3. Januar 1994 wegen Mordes in zwei Fällen jeweils in Tateinheit mit sexueller Nötigung zu lebenslanger Freiheitsstrafe. Die besondere Schwere der Schuld, die eine Entlassung nach Verbüßung von 15 Jahren Haft unmöglich machen würde, stellt das Gericht nicht fest. Der Bundesgerichtshof bestätigt das Urteil.

Im Ermittlungsverfahren zum Mord an den Mädchen Sarah und Jessica aus Berlin spielt der einstige Tatverdacht gegen Bauer im Mordfall Martina Weber 1986 in der Genshagener Heide keine Rolle.

»Davon war uns in Cottbus gar nichts bekannt. Die Potsdamer Kollegen haben sich dazu auch nicht gemeldet. Dabei hatten wir am Anfang der Ermittlungen mit der Potsdamer Polizei Kontakte, weil die Leiche von Jessica in ihrem Verantwortungsbereich gefunden wurde«, wundert sich in der Rückschau der inzwischen pensionierte Staatsanwalt Helbig. »Vielleicht ist das im Trubel der ersten Nachwendejahre untergegangen«, vermutet er.

Vergessen aber ist der Mord an der 17-jährigen Martina nicht, auch wenn das Ermittlungsverfahren vorläufig eingestellt wurde. Beim Landeskriminalamt Brandenburg, das das Erbe des Kriminalistischen Instituts Berlin übernommen hat, sind die 1986 bei Martina Weber entnommenen Abstriche von Körperflüssigkeiten sicher verwahrt. Die Wissenschaft entwickelt sich zu Beginn der 90er Jahre rasant. Aus kleinsten, mit bloßem Auge nicht erkennbaren Spuren wie Hautpartikeln, Blut-, Speichel- und Spermaspritzern oder einem einzelnen Haar können durch die DNA-Analyse menschliche Profile dargestellt werden. Der »genetische Fingerabdruck« entwickelt sich zum erfolgreichsten forensischem Instrument bei der Identifizierung von Tätern. In einer bundesweiten Datenbank, in die alle Landeskriminalämter Personen- und Spurendaten einspeisen, werden die Fingerabdrücke von Gewaltverbrechern gespeichert. Im Jahr 2001 muss auch Udo Bauer, der in der Justizvollzugsanstalt Brandenburg an der Havel seine lebenslange Freiheitsstrafe verbüßt, auf richterliche Anordnung eine Speichelprobe abgeben. Aus der wird sein genetischer Fingerabdruck erstellt.

Im Landeskriminalamt in Brandenburg untersucht die Gerichtsbiologin Dr. Annerose Pieper mit modernsten Analysemethoden Abstriche, die 1986 bei der Obduktion der Leiche von Martina Weber entnommen wurden. Mit einer Speziallampe, mit der Sperma und andere kleinste menschliche Zellanhaftungen sichtbar gemacht werden können, nimmt die Gerichtsbiologin Zentimeter für Zentimeter den schwarzen langärmligen Pullover und die dunkelblaue lange Hose unter die Lupe. Den roten, vom Täter zerrissenen Pullover des Opfers, den der Zeuge Harald Hofmann 1986 ursprünglich zu Putzlappen verarbeiten wollte, sprüht sie mit einem Spray ein, das optisch nicht wahrnehmbare menschliche Zellen farblich aufleuchten lässt. Neben Spuren, die von Martina Weber stammen, findet sie Körperzellen, die eine männliche Person hinterlassen hat. Im April 2003, knapp 17 Jahre nach dem Verbrechen an der 17-jährigen Martina Weber, führt der Abgleich der Personendatensätze in der DNA-Datenbank mit den Spurendaten von damals zu einer Vielzahl von Übereinstimmungen. Als Verursacher des Spermas wird Udo Bauer ermittelt – der Mann, der im Oktober 1986 schon einmal im Netz der Ermittler von Staatsanwaltschaft und Polizei gefangen war und ihnen dennoch entkam.

Bauer ist gerade dabei, aus seiner Gefängniszelle in der JVA Brandenburg an der Havel heraus die Weichen für die Aussetzung seiner lebenslangen Freiheitsstrafe wegen des Doppelmordes an Sarah und Jessica zur Bewährung und seine Freilassung zu stellen, als das Ermittlungsverfahren wegen Mordes an Martina Weber gegen ihn eingeleitet und im Oktober 2003 Haftbefehl erlassen wird. Die neuerlichen Untersuchungen bringen ans Tageslicht, dass eine Kette fataler und in der Folge tödlicher Irrtümer dazu führte, dass Bauer 1986 seinen Kopf aus der Schlinge ziehen konnte. Den Gutachtern des kriminalistischen Instituts Berlin war bei der Untersuchung der Blut- und Speichelproben des Opfers offenbar ein Fehler unterlaufen, in dessen Folge Bauer als Verursacher der festgestellten Spermaspuren ausgeschlossen wurde. Ob dies beim individuellen Auslesen der Laborwerte – Computer gehörten damals noch nicht zum Handwerkzeug der Experten – geschehen war oder ob sich zwischen der Entnahme der Proben am 12. August und der Auswertung sechs Wochen später im Labor die Enzyme verändert hatten, ist nicht mehr feststellbar. Allerdings hätte der Fehler des Polizeiinstituts korrigiert werden können. Zeitgleich analysierte im September 1986 nämlich das Institut für Gerichtliche Medizin der Humboldt-Universität Berlin die am Opfer gefundenen Spuren und kam zu einem völlig anderen Ergebnis. Zwar hätten auch die Gerichtsmediziner der Uni Udo Bauer nicht als Verursacher der Spermaspuren bestimmen können, weil dieser zu den wenigen Menschen gehört, die mit Sekreten nicht zugleich Blutgruppenmerkmale ausscheiden. In ihrem Gutachten schlossen ihn die Universitätsärzte als Verursacher aber auch nicht aus. Der Sachverständige Dr. Wolfgang Keil teilte in einem Schreiben an die zuständige Staatsanwaltschaft mit, dass die Blutgruppenbestimmungen und weitere Typisierungen zurückhaltend zu bewerten und nur von geringer Aussagekraft seien. Eine Antwort erhielt er nicht, ein Informationsaustausch zwischen beiden Instituten fand nicht statt. Die Ermittler vertrauten ihren Experten vom Kriminalistischen Institut der Deutschen Volkspolizei und ließen Udo Bauer trotz der vielen Indizien vom Haken.

Die Abgabe der Blut- und Speichelprobe am 2. Oktober 1986 hat Udo Bauer in Angst und Schrecken versetzt. Er weiß nicht, dass er aufgrund der fehlerhaften Analyse aus dem Kreis der Tatverdächtigen schon wieder ausgeschieden ist. Der zuvor fleißige und zuverlässige Chef eines Rinderstalls und Klauenpfleger leistet sich Fehlschichten und geht trotz aller Ermahnungen und Aussprachen ab Anfang November gar nicht mehr zur Arbeit. Damit riskiert er zwar die Strafverfolgung wegen asozialen Verhaltens, doch sein Plan steht längst fest. Er will trotz aller Risiken die Republikflucht riskieren und sich in den Westen absetzen. Bauer trägt jetzt ganz gegen seine Gewohnheit ständig Personalausweis, Zeugnisse und andere Papiere sowie ausreichend Geld bei sich. Am 15. Dezember 1986 macht er sich auf den Weg. Von seiner Armeezeit her kennt er einen Grenzabschnitt besonders gut. Im Kofferraum des grünen Trabants liegt eine präparierte Sturmleiter. Damit will Bauer die Grenzanlagen übersteigen. Er versteckt die Leiter zunächst in der Nähe der Grenze, weil es noch zu früh am Abend ist. Als er sich kurz nach 21 Uhr anschleicht, um über die Mauer zu klettern, warten bereits Grenzsoldaten in einem Versteck auf den einstigen »Kameraden in Uniform« und nehmen ihn fest.

Die vereitelte »Absatzbewegung zum Feind« nur zwei Monate nach dem Mordverdacht macht die Ermittler nicht sonderlich hellhörig. Zwar wird dem verhinderten Republikflüchtling noch einmal Blut abgezapft, doch eine Speichelentnahme, mit der man hätte feststellen können, ob Bauer bei Sekreten Blutmerkmale ausscheidet oder nicht, unterbleibt.

Diesmal untersucht nur die Humboldt-Universität in Berlin (Charité) diese und weitere Proben von Tatverdächtigen. Der Gutachter Dr. Keil kommt zum gleichen Ergebnis wie schon im Oktober 1986: Udo Bauer kann nicht als Verursacher der Spermaspuren ausgeschlossen werden. Doch weder die Staatsanwaltschaft noch die leitenden Ermittler der MUK reagieren. Sie vertrauen weiter den Ergebnissen des Kriminalistischen Instituts, die den Uni-Experten offiziell gar nicht bekannt sind.

Bauer wäre nicht Bauer, wenn er seine versuchte Republikflucht nicht kategorisch leugnen und den Ermittlern zu viel Fantasie attestieren würde. Der Motor seines Trabi habe gestreikt, deshalb sei er im Grenzgebiet hängen geblieben. Erst unter dem Druck der Beweise räumt er die angeblich spontan über ihn gekommene versuchte Republikflucht ein. Er habe die DDR, zu der er fest stehe, nur aus familiären Gründen verlassen wollen. Seine Ehefrau habe ihm das Leben zur Hölle gemacht, und trotz seines hohen Einkommens sei er »innerlich unzufrieden« gewesen. Redegewandt und voller Pathos erklärt er, dass er letztlich von der Flucht Abstand genommen hätte, weil ihm die Arbeit eigentlich gut gefalle, er seine Tochter liebe und die Ehe doch noch retten wolle. Beiläufig erfährt er in einer der Vernehmungen, dass er nach der Untersuchung der Blutprobe nicht als Mörder von Martina Weber in Betracht kommt. Bauer wird zwar vom Kreisgericht Zossen wegen »versuchten ungesetzlichen Grenzübertritts« schuldig gesprochen, eine Strafe bekommt er aber nicht. Er wird aus der Untersuchungshaft entlassen und gilt weiterhin als unbescholtener Bürger.

Als Bauer im Oktober 2003 im Gefängnis als mutmaßlicher Mörder von Martina Weber vernommen wird, streitet er einmal mehr jede Schuld ab, gibt sich aber kooperativ: »Ich bin selbstverständlich bereit, zur Aufklärung beizutragen, auch wenn mir das nicht möglich ist«, sagt er den Vernehmern. Es ist der gleiche Satz, den die Kriminalisten nach den Morden an Sarah und Jessica vernommen haben. Diesmal aber ist die Beweislast erdrückend. Der genetische Fingerabdruck, den er an Martina und ihren Sachen hinterlassen hat, überführt ihn mit einer Wahrscheinlichkeit von 1 zu 3,5 Billionen als Täter. Bauer behauptet nun, im Vollrausch gewesen zu sein. Da müsse ja sogar sein Sperma besoffen gewesen sein, wenn er sich an nichts mehr erinnern könne, lässt er wissen.

Lieber ein Trunkenbold als ein Serienmörder, scheint nun die Strategie von Udo Bauer zu sein. Die Ermittler der Polizei finden heraus, dass Bauer gern und oft viel trinkt. Hinweise auf eine Alkoholkrankheit gibt es allerdings nicht. Die stellt auch der psychiatrische Sachverständige nicht fest. Vielmehr bemerkt er bei Bauer Anzeichen einer dissozialen Persönlichkeitsstörung, die aber seine Schuldfähigkeit nicht einschränkt.

Bauer startet im Februar 1960 alles andere als traumhaft ins Leben. Seinen Vater lernt er nicht kennen. Der verlässt die Familie, die auf einem Dorf im heutigen Mecklenburg-Vorpommern lebt, kurz nach der Geburt seines zweiten Sohnes und siedelt nach Westberlin um. Die Mutter schlägt sich mit Udo und dessen eineinhalb Jahre jüngerem Bruder mehr schlecht als recht durch. Die drei Bauers wohnen in einer Holzbaracke in einem einzigen, kleinen Raum. Die Mutter versucht, ihre Jungs und sich als Kellnerin durchzubringen. Doch trotz Doppelschichten ist das Geld immer wieder weit vor Monatsende alle. Schmalhans ist Küchenmeister in der Familie. Die Brüder sind sich meistens selbst überlassen. Sie werden zu Hause gekleidet und ernährt, aber enge Bindungen entwickeln sie nicht. Die Kinder können tun und lassen, was sie wollen. Verzapfen sie Blödsinn, gibt es Schläge. Udo bekommt eine Menge davon. Mit seinem Bruder versteht er sich nicht gut, fühlt sich immer benachteiligt. Erst recht, als die Mutter einen neuen Mann kennenlernt und ihn heiratet.

Der Witwer bringt vier Kinder mit in die Ehe und will Strukturen in den Tagesablauf der nun noch kinderreicheren Familie bringen. Bei Udo stößt er auf Widerstand. Der will nur eins: die Freiheit, zu tun und zu lassen, was er will. Die ersten Schuljahre verbringt Udo in einer Dorfschule mit vier Klassen in einem Raum. Bauers sind in dem Dorf als Zugezogene nicht akzeptiert. Die Kinder der Einheimischen haben den »Bastard«, wie sie Udo verächtlich beschimpfen, weil er ohne richtigen Vater aufwächst, auf dem Kieker. Seine Fehlstunden summieren sich, die Erziehungsschwierigkeiten auch, und die Noten sind so schlecht, dass er die zweite Klasse wiederholen muss. Daran ändert sich auch nichts, als die Familie aus dem kleinen mecklenburgischen Dorf in das größere Waren/Müritz umzieht. Auch hier wird Udo einmal nicht versetzt. In acht Jahren Schule schafft er nur sechs Klassen.

Eine Wende scheint sich für den Schwererziehbaren mit der Einweisung in einen Jugendwerkhof anzubahnen. Dort lernt er einen geregelten Tages- und Arbeitsablauf kennen. Überraschend findet er in der Ausbildung zum Melker Spaß daran, der Beste zu sein.

Mit 16 Jahren wird er aus dem Jugendwerkhof entlassen. Zur Familie kehrt der Sohn nicht zurück. Er arbeitet in einer LPG als Melker und bezieht ein eigenes Zimmer. Er lernt eine gleichaltrige Frau kennen und verlobt sich nach kurzer Zeit. Sie ziehen auf ein Dorf in die Nähe von Ludwigsfelde, wo der 19-jährige Udo zum ersten Mal Vater wird. Doch was er selbst nicht erlebt und erfahren hat, kann er seiner eigenen Familie und der kleinen Tochter nicht geben: Liebe, Geborgenheit, Fürsorge, Lebenssicherheit. Er treibt sich auf Zeltplätzen, in Kneipen und Diskotheken herum und verprügelt die Verlobte, wenn sie ihn zur Rede stellt. Das berichtet die Mutter des gemeinsamen Kindes. Er selbst sagt, dass er sich damals getrennt habe, weil sie ihn mit ihrem späteren Ehemann betrog.

Im Kuhstall lernt Udo Bauer seine spätere Ehefrau kennen. Er heiratet die Melkerin und wird zum zweiten Mal Vater einer Tochter. Familiensinn ist für den inzwischen fast 25-Jährigen jedoch weiter ein Fremdwort. Nach Prügelattacken vor Zeugen muss seine Gattin in zwei Fällen die Wunden von einem Arzt behandeln lassen. Sie lebt in ständiger Angst, er lebt seine Frauenbekanntschaften aus. Wenn die hintergangene Ehefrau ihm wegen seiner Fremdgeherei Vorhalte macht, herrscht er sie an, dass sie das »einen Scheiß« angehe. In einem Anflug von Selbstkritik schätzt Bauer einmal im Rückblick auf diese Zeit ein: »Ich habe rumgesoffen, rumgeprügelt, rumgehurt. Ich habe ohne Regeln gelebt.« Der Weiberheld, als der er auf den Dörfern bekannt ist, sucht in seiner Fantasie »Liebe, Wärme, Geborgenheit«. Er fühlt sich im Innersten als »Kuschelkater«, und es gibt auch Frauen, die das in ihm zu erkennen glauben. Andere wiederum erleben ihn als Mann, der nach Sexualpraktiken verlangt, die sie nicht mitmachen möchten. Meistens akzeptiert er solche Ablehnungen.

Das volkseigene Gut für Tierproduktion, in dem er angestellt ist, hat an seinem Schichtleiter und Klauenpfleger nichts auszusetzen. Bauer ist zuverlässig, und er ist zufrieden. Denn als nebenberuflicher Tierhufekosmetiker verdient er bei der Abrechnung der beschnittenen Hufe überdurchschnittlich gut, wodurch er Liebschaften gegenüber sehr spendabel sein kann. Er kennt das Land rund um Ludwigsfelde und die Leute, die es bewohnen wie seine Westentasche. Die sehen dem fleißigen und redegewandten jungen Mann deshalb auch schon mal nach, wenn er besonders ruppig und brutal mit widerspenstigen Tieren umgeht.

So jedenfalls ist das bis zum 11. August 1986. Wie so oft ist Bauer mit seinem Trabant unterwegs. Die gebrauchte Pappe hat er sich erst im Februar für 7500 Mark und damit fast zum Neupreis gekauft. Auf dem sehr begrenzten Automarkt in der DDR gibt es für Benzinkutschen aller Marken kaum Wertverlust. Er repariert das gebrauchte Stück, motzt es auf und lackiert es von beige-weiß auf grasgrün um. Im Kofferraum seines »rollenden Kuhstalls«, wie er das Auto scherzhaft nennt, befindet sich seine Ausstattung für den Job als Klauenpfleger. Dazu gehören Messer, Klauenscheren, ein Skalpell, mehrere über einen Meter lange Kälberstricke aus geflochtenem Hanf sowie ein Knebelwerkzeug, das aus zwei Hölzern besteht, an denen mit Doppelknoten ein Kälberstrick befestigt ist. Der an der Küste geborene Mann kann unterschiedlichste Knoten knüpfen und prahlt vor Bekannten mit seinen Fertigkeiten.

Er fährt zur Müllkippe Genshagener Heide. Auf solchen Deponien herumzustromern und zu stöbern ist sein Hobby. Das Auto hat er auf einem Feldweg abgestellt. Die Landstraße, die dicht an dem Müllberg vorbeiführt, ist gut einsehbar. Es ist etwa 20.45 Uhr, und die Lichtverhältnisse an diesem lauwarmen Augustmontag sind gut. Auf der Straße ist kein Verkehr, als er eine Radfahrerin erblickt, die aus Richtung Wietstock kommt und nach Ludwigsfelde unterwegs ist. Es ist Martina Weber, die die 16 Kilometer von Glienick, wo sie aus dem Auto ausgestiegen ist und ihre Rückfahrt mit dem Rad angetreten hat, bis hierher in einer dreiviertel Stunde geschafft hat. Sie ist jung, blond, schlank, sportlich und flink mit ihrem Rad. Das gefällt Bauer. Das Mädchen entspricht genau seinem Typ. Er mag blonde oder brünette Frauen, schwarzhaarige Damen findet er weniger attraktiv. Er rennt die paar Schritte bis zur Straße, hält die Radfahrerin mit einem Messer in der Hand an und verschleppt sie in den hinteren Bereich der Deponie. Die dortige Feuerstelle ist abgelegen und von der Straße aus nicht einsehbar. Mit Hilfe kann das nur 1,64 Meter große Mädchen nicht rechnen, und gegen den 1,80 Meter großen und 80 Kilogramm schweren Mann hat sie keine Chance. Der reißt ihr am Tatort den roten Pullover vom Hals aus mit aller Gewalt über der Brust auf. Die Bündchen der Ärmel zerschneidet er mit dem Messer. Er zwingt das völlig verängstigte Opfer, sich vollständig zu entkleiden. Nackt, erniedrigt und an Armen und Beinen mit Stricken gefesselt, muss Martina ihre brutale Vergewaltigung ertragen. Eine bunte Wolldecke der Marke »Dorint I« aus dem Kofferraum seines Autos dient dem Verbrecher als Unterlage.

Der bullige Mann über dem Mädchen braucht nicht lange, um sich zu befriedigen. Anschließend erdrosselt er sein Opfer von hinten mit dem Kälberstrick. Danach versucht der Mörder, dem toten Mädchen mit dem Skalpell eine Brust abzuschneiden. In großer Eile zieht er Martina Weber einige Kleidungsstücke an, verstaut ihren Leichnam im Kofferraum und fährt zur 13 Kilometer entfernten Deponie in der Gemarkung Großbeuthen, wo er die Tote ablegt und unter dem Geäst von Holunderbüschen versteckt. An Körper und Kleidung des Opfers hinterlässt er Sperma und Hautspuren, die ihn 17 Jahre später doch noch als Mörder überführen.

Der damalige Leiter der polizeilichen Ermittlungen der Potsdamer MUK, Otto Krüger, hat auch 25 Jahre nach dem Mord an Martina Weber den Fehlschlag nicht vergessen.

»Wir hatten den Mörder schon bei uns auf dem Stuhl. Der fuhr einen Trabant, wie wir ihn suchten, hatte kein Alibi, kannte die Gegend mit all den entlegenen Ecken und besaß eine Vorliebe für Müllkippen. Dann kam das für uns alle überraschende und schockierende Gutachten«, blickt er zurück. »Wir waren maßlos enttäuscht, doch die Aussage, dass Bauer als Täter auszuschließen ist, war eindeutig.« Ein enger Mitarbeiter von Otto Krüger hält noch viele Jahre den Kontakt zur Mutter von Martina aufrecht, macht ihr immer wieder Mut, dass das Verbrechen eines Tages doch noch aufgeklärt wird.

Martinas Mörder bestreitet trotz der erdrückenden Beweise die Tat.

»Ich bin nicht schuldig«, sagt er zum Prozessauftakt am 19. Oktober 2006 vor dem Landgericht Potsdam.

»Ich stehe mit der Vergewaltigung und Tötung von Martina Weber in keinem Zusammenhang.« Wie Sperma und Hautzellen in den Körper des Opfers und an ihre Kleidung gekommen sind, dafür habe er keine Erklärung.

»Ich bin ohne Einschränkungen bereit, zur Aufklärung des Mordes beizutragen und daran mitzuwirken. Das ist mir aber leider nicht möglich. Trotz intensiver Anspannung meines Erinnerungsvermögens kann ich mich nicht daran erinnern, dass ich Martina Weber vergewaltigt und getötet habe«, versichert er wortreich. Bauer berichtet von Alkoholexzessen mit tagelang andauernden »totalen Filmrissen«. Er wolle daher auch nicht ausschließen, dass er das Mädchen in einem solchen Alkoholrausch vergewaltigt und getötet hat.

Diese fadenscheinige Ausrede nimmt ihm das Gericht nicht ab. Das Verhalten vor, während und nach der Tat spreche eine andere Sprache und offenbare eine gewisse Reinwaschungs- und Verdrängungstendenz, wird in dem 141 Seiten umfassenden Urteil der 1. Großen Strafkammer des Landgerichtes festgestellt. Als der Angeklagte auf einem möglichen Laborfehler bei der DNA-Analyse beharrt, ordnet das Gericht während des laufenden Prozesses die Entnahme einer weiteren Speichelprobe an. Die B-Probe bestätigt, dass Bauer der Verursacher aller DNA-Spuren am Opfer ist. Zudem stimmt das DNA-Profil mit den Proben überein, die von Bauer 1994 im Verfahren um den Doppelmord an Sarah und Jessica am Landgericht in Cottbus genommen worden waren. Der Angeklagte ist mit einer Wahrscheinlichkeit von eins zum 530-Fachen der Weltbevölkerung der Mörder von Martina Weber.

Zu einem Geständnis bewegt auch das den Angeklagten nicht. Noch einmal versucht er, die härteste Strafe gegen sich abzuwenden. Am elften und damit vorletzten Verhandlungstag vor dem Landgericht Cottbus gibt er schließlich erstmals nach über 15 Jahren zu, dass er der Mörder von Sarah und Jessica ist. Dass er das im damaligen Prozess geleugnet hatte, sei auf Anraten seines Verteidigers und gegen seine Überzeugung geschehen, schiebt er die Verantwortung sofort von sich. Öffentlichkeitswirksam erklärt sich Bauer im Gerichtssaal bereit, über den Doppelmord zu sprechen. Er bestätigt den Tatablauf, wie ihn das Landgericht Cottbus 1994 festgestellt hat. Nachfragen nach Details blockt er jedoch sofort wieder mit seinem »Erinnerungsverlust« ab. So erfahren die Eltern der Mädchen wiederum nicht, was ihre Kinder ertragen mussten, warum der Täter Jessica die Augen zugeklebt und warum er Sarah geknebelt hat, welches der Mädchen zuerst sterben und ob die Freundin dabei zusehen musste.

Das Landgericht Potsdam verurteilt am 23. Januar 2007 nach zwölf Verhandlungstagen Udo Bauer wegen Mordes an Martina Weber zu einer lebenslangen Freiheitsstrafe und stellt die besondere Schwere der Schuld fest. Damit kann Bauer frühestens nach 20 Jahren einen Antrag auf Haftaussetzung stellen. Er wäre dann 67 Jahre alt.

ANMERKUNG DES AUTORS

Die im Buch geschilderten Verbrechen haben sich in der DDR wirklich ereignet. Da die Strafakten jeweils viele Bände umfassen, hat sich der Autor bei der Schilderung der Verbrechen und ihrer Hintergründe auf die wesentlichen Fakten beschränkt, die zur Aufklärung der Straftaten und zu den Urteilen geführt haben. Zahlreiche Ermittlungsschritte, die dennoch wichtig waren für die Ergreifung der Täter, mussten unerwähnt bleiben. Dialoge und persönliche Aussagen im Buch stammen aus den öffentlichen Hauptverhandlungen vor den Gerichten bzw. sind aufgrund der Ermittlungsakten nachempfunden.

Da es sich um authentische Kriminalfälle handelt, sind die Namen von Opfern und Tätern aus Gründen des Persönlichkeitsschutzes frei erfunden. Das trifft zum Teil auch auf Kriminalisten der Ermittlungsteams zu. Zum Schutz der Hinterbliebenen von Opfern wurden die Bezeichnungen kleinerer Kommunen ebenfalls verfremdet oder weggelassen. Lediglich im Fall »Der Schlächter von Eberswalde« wurde auf die Anonymisierung des Täters und der Verfahrensbeteiligten verzichtet, nicht jedoch auf die der Opfer und Hinterbliebenen.

Bei der Überführung des Mörders von Martina Weber im Fall »Tödlicher Irrtum« haben die Gerichtsbiologin Dr. Annerose Pieper vom Landeskriminalamt Brandenburg sowie der heutige Professor an der Ludwig-Maximilians-Universität München, Prof. Dr. Wolfgang Keil, eine bedeutende Rolle gespielt. Sie haben ihrer Namensnennung zugestimmt.

Mein Respekt gehört Martina und Manfred Balske, die sehr offen über das Leid nach der Ermordung ihrer Tochter gesprochen und berichtet haben, wie sie ins Leben zurückfanden.

Herzlich danke ich dem inzwischen pensionierten Staatsanwalt Horst Helbig und dem damaligen Leiter der Morduntersuchungskommission Hans Jakobitz aus Cottbus für ihre Hilfe und fachliche

Beratung. Gemeinsam haben sie und ihre Mitstreiter durch engagierte und professionelle Arbeit zahlreiche Kapitalverbrechen aufgeklärt.

Hervorheben darf ich die großzügige Unterstützung der Generalstaatsanwaltschaft des Landes Brandenburg.

Danke sage ich allen, die mir beim Schreiben des Buches mit ihren Ratschlägen über die eine oder andere Hürde geholfen haben.

Zur eventuellen wissenschaftlichen Aufarbeitung sind für Interessenten nachfolgend den einzelnen Kriminalfällen die Aktenzeichen (Az) zugeordnet.

1. Der Schlächter von Eberswalde
Az: I BS 2/72 Bezirksgericht (BG) Frankfurt (Oder)
131-51-71 Staatsanwaltschaft (StA) Frankfurt (Oder)

2. Lustmord
Az: 002 BS 10/71 BG Cottbus
131-6/71 StA Cottbus

3. Der Tiegelmörder
Az: 001 BS 13/79 BG Cottbus
131-46 StA Cottbus

4. Asozial
Az: 001 BS 5/80 BG Cottbus
131-18/79 StA Cottbus

5. Keine Chance
Az: 001 BS 20/79 BG Cottbus
131-16/79 StA Cottbus

6. Blutiger Kuss
Az: 001 BS 6/82 BG Cottbus
131-37/81 StA Cottbus

7. Herzstich
Az: 001 BS 10/83 BG Cottbus
131-44/82 StA Cottbus

8. Geiselnahme
Az: 001 BS 20/83 BG Cottbus
131-31/83 StA Cottbus

9. Rache auf dem Land
Az: 001 BS 7/84 BG Cottbus
131-58/83 StA Cottbus

10. Selbstjustiz
Az: 001 BS 26/83 BG Cottbus
131-20/83 StA Cottbus

11. Mord ohne Mörder
Az: 001 BS 15/85 BG Cottbus
131-97/84 StA Cottbus

12. Nach Diebstahl Mord
Az: 001 BS 13/89 BG Cottbus
131-2/89 StA Cottbus

13. Auf offener Straße
Az: 001 BS 2/88 BG Cottbus
131-44/87 StA Cottbus

14. Für immer gelähmt
Az: 001 BS 15/88 BG Cottbus
131-48/88 StA Cottbus

15. Tödlicher Irrtum
Az: 21 Ks 11/04 Landgericht Potsdam
486 Js 11997/03 StA Potsdam

Erdrosselt, vergiftet, zerstückelt

Wolfgang Swat
Der Tote in der Wäschetruhe
Authentische Mordfälle
aus der DDR
224 Seiten, 12,95 €
ISBN 978-3-360-01992-9

Eine schwangere Frau kommt lebensgefährlich verletzt ins Krankenhaus, ihre Eltern werden erstochen in der gemeinsamen Wohnung gefunden. In einer Wäschetruhe finden Spaziergänger einen Toten ohne Kopf. Am Ufer der Elster wird das Motorrad eines vermissten Jugendlichen angespült, wenig später seine Leiche. Fest steht nur: Es war kein Unfall. Wolfgang Swat berichtet nicht nur detailliert über die Verbrechen, sondern über die Ermittlungsarbeit der Polizei, über die verhängten Strafen und die Versuche, Kriminelle zu rehabilitieren, und er enthält dem Leser auch nicht vor, wenn diese scheiterten. Ein spannendes Buch über authentische Fälle in der DDR.

ISBN 978-3-360-02117-5

© 2011 Verlag Das Neue Berlin, Berlin
Umschlaggestaltung: Buchgut, Berlin, unter Verwendung
eines Motivs von picture alliance/ZB
Printed in EU

Ein Verlagsverzeichnis schicken wir Ihnen gern:
Das Neue Berlin Verlagsgesellschaft mbH
Neue Grünstraße 18, 10179 Berlin
Tel. 01805/30 99 99 (0,14 €/Min., Mobil max. 0,42 €/Min.)

Die Bücher des Verlags Das Neue Berlin
erscheinen in der Eulenspiegel Verlagsgruppe.

www.das-neue-berlin.de